国家出版基金项目
NATIONAL PUBLICATION FOUNDATION

U0650429

| 新时代生态文明丛书 |

新时代绿色大学建设理论与实践

郭永园　徐　鹤 / 著

中国环境出版集团·北京

图书在版编目（CIP）数据

新时代绿色大学建设理论与实践 / 郭永园，徐鹤著.
—北京 ： 中国环境出版集团，2021.11（2022.4重印）
（新时代生态文明丛书 / 钱易主编）
ISBN 978-7-5111-4806-3

Ⅰ．①新… Ⅱ．①郭… ②徐… Ⅲ．①高等学校—教育建设—研究—中国 Ⅳ．①G649.2

中国版本图书馆CIP数据核字（2021）第153137号

出 版 人	武德凯	
责任编辑	丁莞歆	
责任校对	任　丽	
装帧设计	金　山	

出版发行	**中国环境出版集团**
	（100062　北京市东城区广渠门内大街 16 号）
	网　　　址：http：//www.cesp.com.cn
	电子邮箱：bjgl@cesp.com.cn
	联系电话：010-67112765（编辑管理部）
	010-67147349（第四分社）
	发行热线：010-67125803，010-67113405（传真）
	印装质量热线：010-67113404
印　　刷	天津科创新彩印刷有限公司
经　　销	各地新华书店
版　　次	2021 年 11 月第 1 版
印　　次	2022 年 4 月第 2 次印刷
开　　本	787×960　1/16
印　　张	16.25
字　　数	250 千字
定　　价	118.00 元

XIN**SHIDAI**
SHENGTAI WENMING
CONGSHU

总　序

随着全球城镇化和工业化的持续推进，世界环境形势日益严峻，对国际政治、经济、贸易及科技发展产生了极其深远的影响，成为构建"人类命运共同体"的主要挑战。目前，低污染、低排放、资源循环利用及对人类和生态系统健康的维系已成为各国政府和人民关注的焦点，全球环境问题的协同治理和绿色可持续发展的逐步推进成为各国的共同愿景。中国正积极参与全球生态建设，成为全球环境治理重要的参与者、贡献者、引领者。当前，迫切需要更多地提出中国方案、贡献中国智慧，以提升中国在全球环境治理中的国际话语权，为国际社会提供更多的公共产品，切实推动构建"人类命运共同体"的全球进程。

党中央和国务院把生态文明建设摆在治国理政的突出位置，明确指出生态环境是关系党的使命、宗旨的重大政治问题，也是关系民生的重大社会问题。党的十八大以来，生态文明建设一直被摆在国家发展的突出位置，已经融入经济建设、政治建设、文化建设和社会建设的各个方面及各项进程之中。党的十九大将建设生态文明提升为中华民族永续发展的千年大计，明确必须树立和践行"绿水青山就是金山银山"的理念，到2035年总体形成节约资源和保护环境的空间格局、产业结构、生产方式、生活方式，生态环境质量实现根本好转，美丽中国的目标基本实现。习近平总书记在2018年全国生态环境保护大会上发表重要讲话，强调要自觉把经济社会发展同生态文明建设统筹起来，着力解决生态环境突出问题，坚决打好污染防治攻坚战，全面推动绿色发展，使我国生态文明建设迈上新台阶。2020年10月，党的十九届五中全会把"生态文明建设实现新进步"作为"十四五"时期经济社会发展的6个主要目标之一，并明确提出了2035年基本实现社会主义现代化的远景目标——广泛形成绿色生产生活方式，碳排放达峰后稳中有降，生态环境根本好转，美丽中国建设目标基本实现。

为了系统性地回顾和总结中国生态文明建设的发展历程和取得的重大成绩，深入剖析新时代生态文明建设面临的挑战，更好地发挥高等院校的"智库"作用，国家发展改革委、清华大学生态文明研究中心和中国高等教育学会生态文明教育研究分会共同组织了"新时代生态文明丛书"的编著工作。本丛书以国家发展改革委为指导单位，由钱易院士担任主编、温宗国教授担任副主编，共有100余位专家、学者参与其中，在组织编写的过程中召开了数次研讨会和书稿审议会，广泛征求了各方意见。

"新时代生态文明丛书"定位为具有较高学术深度的科普读物，内容尽力体现科学性、系统性、权威性和可读性，力图反映新时代生态文明建设的总体思路与发展方向，梳理了中国生态文明的发展历程、新时代生态文明的重要思想，凝聚了近年来中国生态文明建设领域部分相关理论问题、政策分析和实践探索等前沿性研究成果。丛书编著委员会结合新时代生态文明建设的重要内涵和当下的热点问题，将新时代生态文明建设总论、生态文明体制改革与制度创新、生态文明建设探索示范、城市发展转型、生态农业工程、自然生态系统保护、生态文化与传播、绿色大学建设等重大主题作为丛书各分册的核心内容。

习近平总书记在2018年全国生态环境保护大会上指出，我国"生态文明建设正处于压力叠加、负重前行的关键期，已进入提供更多优质生态产品以满足人民日益增长的优美生态环境需要的攻坚期，也到了有条件有能力解决生态环境突出问题的窗口期"。面向2035年基本实现社会主义现代化的远景目标，党的十九届五中全会重点部署了"推动绿色发展，促进人与自然和谐共生"的任务，着重强调要加快推进绿色低碳发展，持续改善环境质量，提升生态系统质量和稳定性，全面提高资源利用效率。希望本丛书的出版能够系统地展示我国新时代生态文明建设的探索之路，凝集一批生态文明先行示范区和试验区的优秀经验与典型案例，为社会各界全面深入地了解新时代生态文明建设的国家战略提供参考，对生态文明建设过程中需要破题的重要改革实践给予启发。

钱　易　温宗国

2020年12月30日

前　言

党的十八大以来，以习近平同志为核心的党中央领导全党全国人民全面推进生态文明建设，使生态环境保护发生历史性、转折性、全局性变化，推动生态文明建设实现理论创新、实践创新和制度创新，开创了社会主义生态文明建设的新时代，形成了习近平生态文明思想。生态文明建设的根本和长远之计是化育人心、培养具有社会主义生态文明观的时代新人，因此建设美丽中国、大力推进生态文明建设必须要充分发挥高等教育在国家发展中的基础性、引领性作用。

20世纪初期以来，欧美地区在短时间内集中性地爆发了以"八大环境公害事件"为代表的大规模环境灾难。其间，大学生作为一个主体积极参与到环境运动之中，也使大学校园的环境污染和能源危机开始引起人们的关注。在此背景下，以减少资源消耗和废弃物产生为重心的绿色校园理念和实践在西方发达国家出现，旨在发挥大学在能源合理利用与保护环境方面的积极作用，实现可持续发展。1998年，由清华大学王大中校长牵头，钱易、唐孝炎、郝吉明等教授共同发起了包括绿色教育、绿色科技、绿色校园在内的绿色大学创建活动，旨在推进大学的可持续发展战略进程，打造具有特有优势与独特风格的绿色大学。2001年，教育部正式批准清华大学建设绿色大学，标志着我国首个绿色大学的创立，揭开了我国绿色大学建设的帷幕。"十一五"期间，全国各高等院校纷纷提出了"资源节约型、环境友好型"两型校园建设的规划和目标任务。

新时代绿色大学建设是以习近平生态文明思想为指导，与西方国家提出的绿色大学建设在理论基础上有着本质的区别。习近平生态文明思想以"生命共同体"为本体论基础，实现了生态唯物论、生态辩证法和生态思维论的统一，旨在达成人与自然、人与人、人与社会的三重和解（和谐）。绿色大学建设在新时代被赋予了新的内涵，即绿色校园不只局限于从自然科学的角度实现资源的节约利用、自然环境的保护治理，还要以实现"人一社会一自然和谐"为目标，在生命共同体的架构下将自然科学、社会科学和人文科学的理论知识融合创新，打造既坚持马克思主义思想、又批判吸收西方绿色校园建设经验、更体现中国特色的绿色化空间载体，为全社会的生态文明建设起到良好的示范与导向作用。

新时代绿色大学建设要在高等院校实现内涵式发展的历史征程中逐步完成。所谓内涵式发展，就是要求高等院校在新时代更好地履行人才培养、科学研究、社会服务、文明传承与创新、国际交流合作的重大使命，具体到生态文明建设领域就是要求高等院校在新时代全面践行习近平生态文明思想，实现与中国特色社会主义事业的有机融合，为新时代培养大批社会主义生态文明观的坚定信仰者、积极传播者、模范践行者，为生态文明建设提供世界领先的科技创新成果，并构建具有中国特色的生态文明学科体系、理论体系和话语体系，为现代化国家治理体系提供优质的智力支撑和参与主体，为以生态价值观念为准则的生态文化体系的构建做好宣传和培育，为共谋全球生态文明建设之路打造高等教育样本。

"生态兴"要以"教育兴"为基础，"生态文明兴"必须以"教育强国"为支撑。高等院校是弘扬生态文明的主要阵地，院校师生是生态文明建设的传播者和主力军。高等院校在新时代落实和践行习近平生态文明思想，就是要实现高等教育的生态化转向，推动以绿色校园为空间载体、以绿色教育为内核根基和以绿色制度为保障体系的"三维一体"的新时代绿色大学建设，为生态文明建设提供全方位的人才、智力和精神文化支撑，为全球生态治理和高等教育发展提供具有中国智慧和中国特色的本土化解决方案。

本书由山西财经大学郭永园教授和南开大学徐鹤教授合作完成。具体分工如下：研究框架由郭永园和徐鹤共同拟定；前六章由郭永园负责撰写，第七章由郭永园和徐鹤共同完成；书稿审定由徐鹤完成。

作　者

2021年7月

目　录

CONTENTS

CONTENTS

第1章

历史沿革

XIN**SHIDAI**
SHENGTAI WENMING
CONGSHU

1.1 国际背景

马克思和恩格斯在《共产党宣言》中曾对资本主义生产力的先进性大加赞扬："自然力的征服、机器的采用、化学在工业和农业中的应用、轮船的行驶、铁路的通行、电报的使用、整个大陆的开垦、河川的通航，仿佛用法术从地下呼唤出来的大量人口——过去哪一个世纪会料想到在社会劳动里蕴藏有这样的生产力呢？"[1]恰恰由于资本主义生产力的巨大先进性，废弃物的排放量远远超过了自然环境的自净能力、恢复能力，生态系统的负载大大增加，原本在农业社会仅是局部的、小规模的生态问题开始演化为大规模，甚至是世界性的环境问题。

英国是工业革命的发源地，也是老牌的资本主义国家。它在享受工业革命带来的众多成果的同时，也最早体会到生态环境破坏的痛楚：1873—1892年，"雾都"伦敦发生了5次严重的烟雾事件，有3 000多人丧生；因污水横流，19世纪中叶以后泰晤士河就成了一条阴沟；1819—1854年，约有2.5万人死于霍乱，1861年又有很多人死于伤寒。但是，长期的惨痛教训并未唤起人们的觉醒，世界范围内各种环境污染事件频发。

进入20世纪，欧美日等发达国家和地区在短时间内集中性地爆发了大规模环境灾难。其中，以比利时马斯河谷烟雾事件（1930年12月）、美国多诺拉镇烟雾事件（1948年10月）、伦敦烟雾事件（1952年12月）、美国洛杉矶光化学烟雾事件（1940—1960年）、日本水俣病事件（1952—1972年间断发生）、日本富山骨痛病事件（1931—1972年间断发生）、日本四日市气喘病事件（1961—1970年间断发生）、日本米糠油事件（1968年3—8月）这"八大环境公害事件"为代表。面对日益严峻的环境污染态势，世界范围内的环境运动也蓬勃兴起。其间，大学生作为一个主体积极参与到环境运动之中，使大学校园的环境污染和能源危机开始引起人们的关注。大学的发展依赖大量的能源供给，大学在运营过程中相比那些简单的社区或企业需要拥有更多的资源（如电力、石油、天然气、水、化学品及其他），相应地，也会产生更多的废弃物。而环境运动则要求保护包括大学师生在内的每个公民理应享有的合法生态权益。在此背景下，以减低资源消耗和废弃物产生为重心的绿色校园理念和实践在西方发达国家出现，旨在发挥大学在能源合理利用与保护环境方面的积极作用，实现可持续发展。这一阶段可以视为绿色大学的1.0版本。

1972年，联合国召开了人类环境会议，签署了《联合国人类环境会议宣言》（以下简称《人类环境宣言》），并在第19项强调了包含大学在内的各类教育机构在环境保护中的重要作用。以此为契机，绿色校园建设开始在全球范围内受到关注并有了本土性的尝试。

1987年，世界环境与发展委员会（WCED）发表了关于人类未来的报告——《我们共同的未来》，首次提出了可持续发展的思想。WCED将可持续发展理解为"我们需要有一条新的发展道路，这条道路不是仅能在若干年内、在若干地方支持人类进步的道路，而是一直到遥远的未来都能支持全球人类进步的道路"。随后，在1992年召开的联合国环境与发展大会上，可持续发展的定义被进一步扩充为一个涉及经济、社会、文化、科技和自然环境的综合概念，包括自然资源与生态环境的可持续发展、经济的可持续发展和社会的可持续发展三个方面，它以自然资源的可持续利用和良好的生态环境为基础，以经济的可持续发展为前提，以谋求社会的全面进步为目标，要求我们的社会发展必须保持经济、资源、环境的协调，即使经济发展同自然资源消耗程度与环境的承载能力保持协调平衡。这一概念的完善与其发展理念形成了较高的契合度，秉承着以人为本的核心理念，集新的自然观、价值观、思维方式和持续性、整体性、公平性、协调性等原则于一体，体现了可持续发展从物质层面走向精神层面、从经济优先转向人文关怀，跳出了经济圈，进入了人文视野，成为家喻户晓的新的发展理念。

而在教育领域，绿色校园则成为实现教育机构可持续发展的主要内容和重要途径，并逐步成为一种全球性共识，这也是绿色大学的最初体现。1999年，英国率先提出了一套绿色校园评价指标体系，使绿色校园建设有了制度性规范和协同性指引。2006年，在国际组织高等教育协会可持续发展联盟（HEASC）的呼吁与倡导下，形成了以可持续发展跟踪、评估和评级系统（Sustainability Tracking, Assessment & Rating System, STARS）为价值标杆的绿色大学评价指标体系[2]。至今，国际上已形成了高等院校可持续发展报告（College Sustainability Report Card）[3]、美国塞拉俱乐部绿色学校排名（Sierra Club Cool Schools）[4]、印度尼西亚绿色大学评价计划（University of Indonesia's Green Metric Program）[5]等9套指标体系，覆盖了多元化的嵌套模型、方法、标准。

1.2 演进历程

1.2.1 环境教育阶段

环境是人类社会赖以存在的物质前提，而教育在人类精神文明中占据主导地位，二者相互影响、相互作用，共同构成人类文明发展的决定性因素。从定义来看，环境包括自然环境与人文环境，指在特定时刻由物理、化学、生物及社会的各种因素构成的整体状态，这些因素可能对生命机体或人类活动直接或间接地产生现时的或远期的作用[6]；教育是培养人的一种社会活动，同社会的发展和人的发展有着密切的联系，凡是增进人们的知识和技能、影响人们的思想品德的活动都是教育。

20世纪40年代，"环境"与"教育"首次被连在一起使用，作为代表上层建筑发展状况的"时代宠儿"而诞生。"环境教育"这一词的创制与发展，在很大程度上归功于过去的先行者，即那些对于教育和环境有着敏锐洞察力的人，以及那些致力于探讨定义、概念，进行课程研究和案例分析且有着重要里程碑意义的人。环境教育一词的创制是对18世纪和19世纪的伟大思想家、教育家、革命家等的重要思想的系统综合。例如，卢梭（Rousseau）、洪堡（Humboldt）、福禄贝尔（Fröbel）、杜威（Dewey）和蒙特梭利（Montessori）等杰出人物就认为环境是重要的教育内容，由于人与环境的交互活动是一个持续不断的历程，也是一种永无休止的活动，教育方法的很多方面都由环境决定。

19世纪后半叶，自然研究的带头人威尔伯·杰克曼（Wilbur Jackman）与乡村规划的创始人格迪斯（Geddes）对环境教育的适用范围与研究方法进行了扩展。1891年，威尔伯·杰克曼指出："自然环境是教育活动的一个不可分割的整体，课堂中被割裂的知识点应同自然合为一体，使学习变得不再彼此孤立。"他将自然作为学生教育的第二场域，在学校中开展了自然研究活动，其目标是带领学生到户外运用经典方法探索环境。1892年，格迪斯首创了使学习者和他们所处的环境建立起直接联系的教育方法。他在英国爱丁堡建立了一座"观察塔楼"，并将其作为最初的野外观察中心（至今仍存在）。格迪斯在运用新思想和野外调查方法、深化"城市和区域调查"方法的同时，十分关注全民教育，为现代环境教育打下基础。因此，格迪斯被认为是在环境特性和教育特性之间建立起所有重要联系的第一人。此后，沿袭前人思想、以研究自然界及其生命为己任的自然研究运动在维多利亚时代脱颖而出，并不断前行。

以研究自然界及其生命为己任的自然研究运动在英国脱颖而出，并在20世纪40年代扩展到乡村研究的领域。环境教育的发展正是得益于自然教育与乡村教育的结合，英国国家环境教育联合会（National Association for Environmental Education in the UK）的变迁就是有力的证明。英国国家环境教育联合会就是从1960年成立的国家乡村环境研究联合会（National Rural Environmental Studies Association）发展而来，其间，它还改称过国家乡村和环境研究联合会（National Rural and Environmental Studies Association）。

1948年，"环境教育"一词首次在国际上被正式提出。世界自然保护联盟（IUCN）在巴黎召开会议期间，其主席托马斯·普瑞查（Thomas Pircthard）提出："我们需要有一种教育方法，可以将自然与社会科学加以综合"，并建议将这种方法称为"环境教育"。此后，这一术语被众多国际组织和研究者在不同场域与不同背景中广泛使用。

1957年，美国的布伦南（Bernen）在学术文章中首次将"环境教育"作为专有名词使用。在此后的很长一段时间内，环境教育一直被视为"保护教育"的同义词。

1970年，环境教育正式确立了自己的地位。世界自然保护联盟与联合国教科文组织（UNESCO）在美国内华达州的佛罗里达学院召开了"学校课程中的环境教育国际会议"。此次会议给出了一个影响广泛、意义深远的定义：环境教育是一个认识价值和澄清观念的过程，这些价值和观念是为了培养、认识和评价人与其文化环境、生态环境之间相互关系所必需的技能与态度。环境教育还促使人们对与环境质量相关的问题做出决策，并形成了与环境质量相关的人类行为准则[7]。与前面的定义相比，此定义将环境教育关注的焦点从自然拓展到社会、经济、文化领域，澄清了价值与概念的问题，凸显了环境教育具有的价值倾向，并且将这种对价值观的探讨与传播作为自身的目标。

1972年是环境教育实现跨越的关键年。联合国在瑞典斯德哥尔摩召开了人类环境会议，签署了《人类环境宣言》，标志着环境教育成为专业性教育在全球范围内得以兴起。这次会议提出了"人类只有一个地球"的口号，规定每年的6月5日为世界环境日，并将"环境教育"（Environmental Education）这一名称确定下来。《人类环境宣言》所申明的第19项原则明确提及环境教育："为了更广泛地扩大个人、企业和基层社会在保护和改善人的各种环境方面提出开明舆论和采取负责行为的基础，必须对年轻一代和成人进行环境问题的教育，同时应该考虑到对不能享受正当权益的人进行这方面的教育。"由此可知，站在历史的转折点上，人类应当清醒地认识到发展与环境必须相互协调，保护与改善日趋恶化的环境是我们义不容辞的责任。要想做到科学合理的保护，最为有效的办法是将环境教育贯穿于我们生活的各个方面。此后，环境问题便成为世界各国政府重点关注的问题，并逐渐将环境保护提上了议事日程，国际组织也对环境教育进行了普及与发展，提高人类的环保意识与推动环境保护事业成为人类的共同课题。

1975年，联合国教科文组织与联合国环境规划署（UNEP）共同发起设立了国际环境教育计划（IEEP）。该计划缘起于联合国环境规划署与联合国教科文组织在贝尔格莱德举行的一次环境教育国际研讨会，这是有史以来级别最高的一次环境教育专题研讨会，对环境教育的目标作出了明确规定，即促进全人类去认识、关心环境及其有关问题，并促使个人或集体具有解决当前问题和预防新问题的知识、技能、态度、动机和义务。此次会议通过了《贝尔格莱德宪章》，对环境教育在环境保护中所起的重要作用作出高度评价，规定了环境教育的目的、对象（包含正规学校教育和非正规教育）及指导政策。此次会议在议题与内容的设置上系统讨论了环境教育的性质与原理、存在的问题及发展趋势，表明了人类对环境教育的认识已告别了在物质层面仅停留在活动表征的单一行为规约，转向了在精神层面将其内化升华为人的自身情感与深刻认知。

1977年，联合国教科文组织和环境规划署在苏联格鲁吉亚加盟共和国首都第比利斯举行了首届政府间环境教育会议，并签署了《第比利斯政府间环境教育会议宣言》（以下简称《第比利斯宣言》）。《第比利斯宣言》中有4个最具影响力的部分，使此次会议被视为国际环境教育发展史上的一座里程碑，并推动国际环境教育走向高潮：①对环境教育作出具体定义，即环境教育是一门属于教育范畴的跨学科课程，其目的直接指向问题的解决和当地环境的现实，它涉及普通、专业和校内外所有形式的环境教育过程；②对环境教育的特点进行了系统阐述，明确规定了环境教育的任务与目标（包括意识、知识、态度、技能和参与5个部分）、指导原则及国家水平的发展战略等；③为国际环境教育制定了基本理念和标准体系，呼吁加盟国要有意识地将能够体现环境关怀的活动及内容引入教育体系与教育政策之中；④将环境教育所关注的内容从自然拓展到社会和经济，并最终拓展到人类的思想与精神领域。这些特征决定了环境教育作为终身学习的过程，要以跨学科、实践参与的方法培养学习者的批判性思维和参与、决策、合作的意识。这样的定位使环境教育不仅作为一个独立学科，而且作为一种新的教育思想，向工业化以来实证主义范式统治下的现代教育提出了质疑与挑战。

1982年，在肯尼亚首都内罗毕召开了由105个国家首脑、环境问题专家、联合国机构等出席的内罗毕会议，发表了《内罗毕宣言》和5项决议。会议指出：人类无节制的活动还在促使环境日益恶化；与其花很多钱、费很多力气在环境破坏之后亡羊补牢，不如提前预防；预防性行动应包括对所有可能影响环境的活动进行妥善的规划，还应通过宣传、教育和训练，提高公众和政界人士对环境重要性的认识。此次会议重点强调了第比利斯会议后环境教育在培训方面存在的严重缺陷：一方面，忽视了环境教育在高等学校与非正式性教育学校中的教育培训任务；另一方面，还未开展对工人、管理者、技术人员等社会人员的培训。此次会议指出了每个人在参与改善环境问题上行动的重要性，强调了重视和加强对教师、专家、企业管理者与决策者进行环境教育培训的重要性，以及向媒体、一般大众及科学家提供信息的重要性，在人类环境保护的发展沿革中起着承前启后的作用。

1.2.2 可持续发展教育阶段

可持续发展是在全球面临经济、社会和环境三大问题的情况下，人类基于对自身生产和生活行为的反思以及对现实与未来忧患的觉醒而提出的全新的人类发展观。

1987年，世界环境与发展委员会在《我们共同的未来》中将可持续发展理解为"我们需要有一条新的发展道路，这条道路不是仅能在若干年内、在若干地方支持人类进步的道路，而是一直到遥远的未来都能支持全球人类进步的道路"，这条道路即可持续发展之路。

1988年，联合国教科文组织将"为了可持续发展的教育"作为主题词汇，并提出"可持续发展教育"（Education for Sustainability，EfS）的早期倡议。

1989年6月7—10日，在比利时布鲁塞尔举行了将环境教育纳入欧洲综合大学教育之中的地区性研讨会，探讨了环境教育在综合教育、综合性大学教育中的地位及研究生水平以上的环境教育等问题。

1991年，国际野生生物保护学会（WCS）发表了《关心地球——迈向可持续生活的战略》，率先指出环境教育应重新定向，迈向可持续发展教育，并正式将可持续发展教育确定为环境教育的核心目标。

1992年召开的联合国环境与发展大会将可持续发展的定义加以扩充，认为它是一个涉及经济、社会、文化、科技和自然环境的综合概念，包括自然资源与生态环境的可持续发展、经济的可持续发展和社会的可持续发展三个方面，并要求我们的社会发展必须保持经济、资源、环境的协调。

1994年，在可持续发展委员会（CSD）的倡导和努力下，联合国教科文组织提出了具有国际创意的基于环境、人口与发展的可持续发展教育计划（EPD）。这一计划的提出，使可持续发展教育的着眼点更注重人类社会的整体和谐发展，推动各国可持续发展大学（Sustainability-oriented University）的建设。

1997年，联合国教科文组织发表了《教育为可持续未来服务：一种促进协同行动的跨学科思想》报告。同年12月，为纪念第比利斯会议召开20周年，联合国教科文组织和希腊政府在塞萨洛尼基举行了"国际社会与环境会议：可持续未来教育和公众意识"，正式确立了可持续发展教育在国际上的地位。可持续发展理念的确立标志着人类社会进入一个崭新的发展时代，推动了可持续发展教育的诞生。绿色大学的雏形——可持续发展大学在实现了从环境教育中"脱壳"后被引入公众视线。可持续发展大学指学校自身的发展是可持续的，它将可持续发展的理念运用于统筹大学的人才培养、科学研究、社会服务、文化传承与创新、校园建设等各个方面，最终为实现人的可持续发展和社会的可持续发展服务。具体来看，可持续发展大学是以可持续发展为导向的大学，它包含两方面的目标：一是要为人的可持续发展和社会的可持续发展服务；二是要引领人的可持续发展和社会的可持续发展。可持续发展大学建设是一个全方位、立体化的过程：在教学方面，传统大学强调学科分类、知识导向，可持续发展大学则强调学科的整合和知识人才的道德负荷；在科研方面，传统大学关注的多为工业文明时代的经济社会问题，可持续发展大学则关注人与自然和谐共生、人类可持续发展；在社会服务方面，传统大学不太强调大学的社会服务功能，可持续发展大学则认为服务社会发展是大学的重要责任和存在价值，并强调在服务社会的过程中要有系统集成性的解决方案和可持续发展的社会责任；在文化传承创新方面，可持续发展大学更强调校园生活要体现绿色人文和低碳模式，学校的资源配置和运行要符合可持续发展原则；在校园建设与管理方面，传统大学基本不考虑校园运行的生态效果和效率，或者偶有一些象征性的校园绿色化建设项目，可持续发展大学则强调建设资源节约型和环境友好型的大学校园。

2012年，联合国可持续发展大会在巴西里约热内卢召开（又称"里约+20"峰会），为促进人类可持续发展提供了一个新的契机，使我们放眼全球，并各自在当地行动起来，以确保我们共同的未来。此次会议确定了两大主题：如何建立绿色经济以实现可持续发展并使人们摆脱贫困，包括给发展中国家提供支援，让它们能找到绿色的发展途径；如何改进可持续发展的国际协调工作。其间，联合国教科文组织在可持续发展教育边会上公布了一份题为《塑造明天的教育："联合国可持续发展教育十年国际实施计划"2012年报告》，对学校如何实施可持续发展教育作出了系统阐述：①可持续发展教育必须进行各学科之间的融合，这关乎教师如何教和教什么，或者学生要学习什么；②可持续发展教育必须体现在课程当中，同时也应体现在课程建设当中，而且应该采用不同的方式（包括科技、文化及本土化、地区化等各种渠道）来普及可持续发展教育，传统的应试教育同可持续发展教育是相背离的，要想给学校、个体、社会提供更加可持续发展的空间，就必须给可持续发展教育提供更多的生存空间，而不是挤压或排斥它；③可持续发展及绿色社会需要我们具有新的能力，这也给教育和教师提出了新的挑战；④学校教育同社区教育及在职教育之间的分界线应越来越模糊，也就是说三者间应实现更好的联动，可持续发展教育应该体现混合式学习或跨领域学习的内容。身处全球化中，大学应承担起探索可持续发展的重担，寻找与自然和谐共处的方式。

1.2.3　绿色大学阶段

绿色大学可以视为可持续发展理念在教育领域的一个重要产物，其定义为满足当代师生及社会接受教育的需求，但不危及后代师生及社会满足他们接受教育需求的能力的大学。

1972年的《人类环境宣言》是绿色大学发展的滥觞。该宣言首次提出高等教育永续性，并提出了24项指导原则，其第19项指导原则提到，从小学教育、中学教育到成人教育阶段均需要接受环境教育。1977年的《第比利斯宣言》延续了《人类环境宣言》的理念，提出了环境教育的需求和主要特征，并为大学教育、特殊训练、国际与区域合作、资讯的接收、研究与实验、人员训练、大众的训练与教育、科技与职业教育及教育计划提供了国际行动策略的指导原则，同时希望一般大学在工作方针中能够融入环境与可持续发展。

1990年发表的《"为了可持续发展的未来"大学校长协会塔乐礼宣言》（以下简称《塔乐礼宣言》，见附录1）是在位于法国塔乐礼的杜夫特大学举行的"大学在环境管理与可持续发展中的角色国际研讨会"中，由欧美大学校长与主要领导人共同发起签署的。该研讨会广泛地探讨了全球环境问题、管理与可持续发展问题，以及大学应扮演的角色，并阐明了大学在环境保护与可持续发展中的关键性角色及迫切需要性，即大学无论在过去、现在与未来均扮演着保护环境与追求永续发展的重要角色。《塔乐礼宣言》声明，"大学校长必须发起、支持和动员校内外的一切资源来对这项紧急挑战做出反应。"该宣言唤起了美国与全球各地对高等教育可持续发展的重视，提出了包含教学、研究、营运、拓广与服务等在内的"十大行动计划"，并针对个别机构或组织形塑相关内容。截至2014年，全世界已有超过472所大学联署，范围扩至全世界各洲各国，在亚洲则包括中国内地、印度、日本、韩国、中国香港、马来西亚、菲律宾、泰国、越南等国家和地区。

1990年，美国布朗大学实行了"绿色布朗大学"计划。该计划将环境责任作为绿色大学策略的指导原则，以促进资源保护和废物减量为目标，让学生进行环境策略研究，其内容涉及学校用电、建筑物能量系统、水的保护、回收计划、绿色消费等方面。华盛顿州立大学成立了可持续发展与环境委员会（SEC），致力于提高其在所有运营领域的可持续发展绩效，以满足当代人的需求，同时又不损害满足子孙后代需求的能力。SEC共有7项主要职责：①就可持续发展和环境问题，向相关部门提供方案、建议和支持；②与华盛顿州立大学相关部门、教职员工、学生等就可持续发展政策、程序和问题进行协调和沟通；③协调华盛顿州立大学和与可持续发展和环境相关的机构、项目之间的沟通交流；④每年回顾大学的可持续性发展和环境问题；⑤向执行委员会发送需要资金的提案或提议的政策变更，以供批准或进一步发展；⑥每年审核可持续发展和环境统计数据以及向学生、员工、教师、访客、利益相关者和监管机构提供的关于校园可持续发展和环境的信息，并提出改进建议；⑦管理学生绿色基金，并为具体问题设立其他小组委员会。

1991年，在加拿大哈利法克斯举行了"国际大学协会与联合国可持续发展大学行动研讨会"，发表了《哈利法克斯宣言》，强调大学对于永续发展的重要性，认定大学在改善环境上扮演着领导角色，并且大学社区也必须重新思考与构建环境方针以促进当地、国家甚至是国际的永续发展。

1992年，在巴西里约热内卢召开了联合国环境与发展大会，制定并通过了

《21世纪议程》，其中在第36章"促进教育、公众认识和培训"中提到要"朝向可持续发展重订教育方针"。

1993年，在日本京都举行了"第九届大学国际联盟组织圆桌会议"，发表了《京都宣言》。《京都宣言》对绿色大学的主要贡献在于要求一个国际化大学必须对大学的可持续性设置一些计划，其特征在于不只是通过环境教育来提升大学的可持续性，还要通过对自然的管理（经营）来达到这一目标。

1995年7月，在英国召开了"英国大学生的环境责任"全国性会议，发表了《未来可持续发展的大学生宣言》。这个宣言与1990年由大学校长等制定的《塔乐礼宣言》具有同等意义。1997年，英国的25所大学共同成立了"高等教育21世纪委员会"（HE-21），拟定了关于高等院校可持续发展的行动策略。在HE-21的绿色大学策略中，负责大学运作的职员被视为重点宣教对象，他们需要首先懂得如何创建绿色大学。

1999年，美国密歇根大学制订了绿色密西根大学的前驱计划，并于1999年冬季学期推出一系列绿色教育课程。

2001年4月，韩国正式筹建了第一所绿色大学。绿色大学筹备委员会以培养21世纪市民环保活动家为宗旨，计划在2003年完成该项目。主持创建的人员主要来自文化教育部门、民间社团、企业、宗教组织。绿色大学的学部及大学院系将设立医学、市民活动、生态环境、生命农业替代教育、生态村落等专业。

2010年，印度尼西亚大学（UI）发起了世界绿色大学评比（UI GreenMetric World University Rankings），用以评估大学在可持续发展方面的努力。该评比旨在创立一个在线调查机制，评估全世界大学可持续发展计划与政策。基于环境、经济与平等3项概念，该评比的各项指标与分类彼此相关，并在指标设计与权重上力求客观公平。评比工具采用环境永续性的概念，包含环境（自然资源利用、环境管理和污染防治）、经济（利润和节省成本）、社会（教育、社区和社会参与）3个要素。相比之下，参与该评比所需收集与缴纳的相关资料相对简洁，作业时间合理。2010年，共有来自35个国家的95所大学参与，包括美洲的18所、欧洲的35所、亚洲的40所与大洋洲的2所。截至2016年，全世界共有来自75个国家的515所大学参与了评比。这说明世界绿色大学评比在当时已被认可为世界第一且唯一的校园永续性评鉴。该评比最近的一次专家工作坊于2013年11月21日开设，来自世界各地的大学校长及与会代表分享了他们的经验，包括诺丁汉大学、威尼斯大学、墨尔本大学、维也纳农业大学、新莱昂自治大学、泰国农业大学、蒙库国王科技大学、大叶大学与马来西亚工艺大学等。

1.3 概念厘定

绿色大学作为一个起源于西方国家的概念，其英语表达主要有两种：Green University和Sustainability-oriented University。我国早期的部分学者和我国台湾地区将其译为可持续发展大学、永续大学，还有部分学者将其译为生态大学，但目前通常翻译为绿色大学。本书统称绿色大学，代表高等教育对于人类社会发展应负的重要责任，旨在降低大学在运作时对环境产生的不良影响，逐渐将应对领域延伸至通过发展环境教育提升所有人员的环境意识方面，并将可持续发展与环境保护的观念融入大学教育中，充分发挥大学的教育功能。

2001年4月，中共中央宣传部、国家环保总局和教育部联合发布《2001—2005年全国环境宣传教育工作纲要》，明确提出在全国高等院校逐渐开展创建绿色大学活动。绿色大学的主要标志是，学校能够向全校师生提供足够的环境教育教学资料、信息、教学设备和场所；环境教育成为学校课程的必要组成部分，学生切实掌握环境保护的有关知识，师生环境意识较高；积极开展和参与面向社会的环境监督和宣传教育活动；环境文化成为校园文化的重要组成部分，校园环境清洁优美。依据这一指导意见，我国学者从不同的研究角度切入对绿色大学概念的界定展开了大讨论。从理念来看，绿色大学就是以可持续发展理念为指导，立足学校长远发展来组织和实施学校当前的各项工作，保持学校持续发展潜力的大学[7]。可以说，绿色大学就是要在学校建设和各项具体工作中全面体现可持续发展的思想和环境保护的原则，追求学校的各项工作达到对于学校办学条件而言的最优化。从功能来看，绿色大学在可持续发展战略的指导下，十分重视基本教育功能和科研功能，始终承担着人才培养的重要责任。从实现途径和措施来看，建设绿色大学是不断完善自我管理、改进教育手段、降低教育投入、提高办学效率和效益的过程，是通过制订系统的绿色行动计划、开展有效的绿色教育活动、创设良好的绿色文化氛围将可持续发展思想和理念融入大学的各项教育和管理活动的过程，是通过不断自我否定进行连续、可持续的自我创新的过程。从任务来看，绿色大学把可持续发展思想融入大学教育的全过程，并努力保持自身持续发展的潜力，培养具有可持续发展意识的新一代世界公民，推进社会可持续发展的进程。

绿色大学的创建是时代赋予高等院校的新使命，要把可持续发展和环境保护的理念渗透到各项工作中，并使之成为现代高等教育全面发展的重要组成部分，这对我国承担应对全球气候变化的国家责任和国际义务具有十分重要的现实意义和长远的战略意义。基于此，绿色大学应当构建较为完备的体系，以承接时代使命。绿色大学的具体内涵包括绿色教育、绿色校园、绿色科研、绿色实践、绿色管理5个方面。

第一，绿色教育。绿色教育指全方位的环境保护和可持续发展意识教育。这种教育需渗入自然科学、技术科学、人文和社会科学等综合性教学和实践环节中，并成为全校学生的基础知识结构和综合素质培养要求的重要组成部分。首先，应设置这方面的通识与专业课程，以便于提升教育质量，如开设与生态环境保护、可持续发展直接相关的绿色课程；其次，应经常或定期开展环境教育与可持续发展教育的专题讲座或专题讨论，设置专题讲座或研讨会辅助课堂教学的开展；最后，应培养一批具有绿色发展理念、适于从事环境教育和可持续发展教育的教师队伍，提高绿色教育的质量。

第二，绿色校园。绿色校园是绿色大学建设的具体形式。高等院校有责任为在校的所有人员营造一个处处充满绿色、时时体现节能环保、人与自然和谐相处的生态校园。将校园打造成一个为师生、员工提供学习、工作和生活的良好场所，能够起到环境育人的积极作用。绿色校园可以在3个方面进行规划：①生态园林景观，即学校在生态环境伦理学和可持续发展理念指导下建设的与本校历史、文化氛围及建筑风格相协调的可供师生游憩观赏的园林景观；②绿化美化工程，即为了逐步提高校园绿色覆盖率和生物多样性，使整个校园规划合理、布局宜人，通过种草、植树等措施使校园的可绿化地全部绿化美化；③污染控制措施，指学校采用环境无害化的清洁技术治理校园环境污染，使学校自身产生的污水、垃圾、噪声和烟气等污染得到有效预防和控制，实现校园污染的"零排放"。

第三，绿色科研。绿色科研是绿色大学建设的重要内容。绿色科研就是将环境保护和可持续发展理念贯穿于科研工作的各个方面，引导科研工作实现可持续发展，实现环境与经济效益双赢的科学研究。通过加强绿色技术研究，开展环境污染治理与环境质量改善，开发符合清洁生产原理的新工艺和新技术，一方面能为绿色教育和绿色校园建设提供理论和技术支撑，另一方面能为国家的生态工业、生态农业建设及可持续发展提供新理论和新技术。

第四，绿色实践。绿色大学在开展绿色实践的过程中，可以充分利用自身的示范行为，促进学校所在社区践行可持续发展和环境保护理念。通过绿色课程实践与绿色社会实践2个渠道推动绿色大学建设：①推动绿色课程走出课堂、走向社会，即通过相关课程的野外参观和调查，让学生深刻领会可持续发展和生态环境保护的重要性；②鼓励师生积极参与公益实践，倡导师生参加环保监督、环保培训、社区专题服务活动和环境社会调查的实践。

第五，绿色管理。绿色大学应树立可持续发展办学理念，以绿色创新精神来提高办学水准。通过成立专门进行绿色大学建设和环境教育的机构，对绿色大学的未来发展做出规划，有利于降低管理成本和提高管理效率，提升高等院校全方位建设工作的质量。

1.4 中国探索

在国际社会的影响与带动下，我国于20世纪70年代开始关注环境保护与可持续发展。1978年，国务院提出"普通中学，要增加环境保护的教学内容"，而后国家教育委员会要求普通中学开设环境教育选修课，出版环境保护方面的教材，并且将环境教育内容写入义务教育课程计划与学科教学大纲。1992年，联合国在巴西里约热内卢召开的世界环境与发展大会上发表了《21世纪议程》，使可持续发展成为世界性的热点议题。1992年以后，我国大批高等院校开设了与环境保护相关的学科、系和学院，环境类专业门类日趋齐全，形成了覆盖环境工程、环境科学、环境规划与管理、生态学等的既交叉又综合的研究领域。部分综合大学和师范院校相继建立的资源环境系或环境教育研究机构陆续开展了有关环境教育的专题理论研究，并积极面向社会开展环境教育培训和成人教育等。1994年，《中国21世纪议程》经国务院第十六次常务会议审议通过，与绿色校园相关的绿色大学建设开始受到广泛关注并从局部开始实践。自1996年开始，国家教育委员会与世界自然基金会（WWF）等国际组织合作，开展了中国中小学绿色教育行动。2000年，国家环保总局和教育部联合表彰了全国第一批"绿色学校"，这些学校发挥了先锋示范作用。

1996年，清华大学环境工程系的钱易、井文涌等专家向清华大学提出建设绿色大学的建议，倡导建设清洁校园、可持续发展校园，建设生态清华园。时任清华大学校长的王大中院士非常支持，组织召开了几次座谈会，邀请包括吴良镛院士在内的专家及学校各部门负责人进行研讨。1998年，由王大中校长牵头，钱易、唐孝炎、郝吉明等教授共同发起了包括绿色教育、绿色科技、绿色校园在内的绿色大学创建活动，旨在在清华大学内部推进可持续发展战略进程，打造具有特有优势与独特风格的绿色大学。2001年，教育部正式批准清华大学建设绿色大学，标志着我国首个绿色大学的创立，拉开了我国绿色大学建设的序幕（表1-1）。

表1-1　我国部分高等院校绿色大学创建及建设活动

学校名称	时间	创建	具体活动
清华大学	1998年	开启了我国绿色大学建设的先河，确立了以"绿色教育、绿色科技、绿色校园"为核心的绿色大学典型模式	—

学校名称	时间	创建	具体活动
南开大学等19所高等院校学生会	2001年	联合提出创建绿色大学的倡议	—
云南省14所高等院校	2001年	向全省高等院校发出倡议,希望其积极加入全国绿色大学的创建行列中	—
广州大学	2001年	在环境教育的基础上进一步完善绿色教育计划	—
北京师范大学	2002年	提出在广东珠海校区建设全国首家符合国际标准的绿色大学的设想并开始实施	—
中山大学	2002年	提出创建绿色大学的设想,开展绿色大学评估标准的研究工作	—
烟台大学	2005年	大学生科技创新基金项目"绿色大学规划与建设的研究——以烟台大学为例"通过评审立项并得到校长的支持,由此开展了一系列绿色校园活动	开展节约型校园、节水节电大型签名、节约型宿舍评比等活动
	2006年	开展"绿色烟大——烟大人环境意识调查"活动,按人数10%的比例向全校师生发放并回收3 000份包括"绿色意识""绿色烟大""绿色行动"等6部分内容的调查表	为建设"绿色烟大"提供资料,也为其他学校建设绿色大学提供参考
西安交通大学	2007年	对污水资源化问题进行研究,建成小型污水处理站,可作为高等院校相关专业学生的实习基地	以实际行动证明在校园建设中水回用设施和小型污水处理站是可行的

以清华大学为典型代表的中国绿色大学创建的核心内容主要包括3个方面。
①绿色教育,指为本科生、研究生增设一批有关可持续发展及环境保护的必修课

程和选修课程，并积极推动学生的绿色教育课外实践。清华大学早在1977年就在土木工程系设立了环境工程专业，1984年又成立了环境工程系，而后成立环境学院，以便于学生进行专业的环境科学学习。自1998年起，清华大学把"可持续发展与环境保护概论"确定为全校必修课。1998—2000年，所有本科生都要学这门课，由钱易、井文涌等4位教授共同讲授。直到现在，钱易院士和井文涌教授还共同给学生上课。这门课程由钱易院士牵头，2006年被评为国家精品课。清华大学各学科专业都开设了环境人文、绿色技术、工业生态、资源能源、环境管理等课程，全校非环境学科专业开设与环境相关的课程总计126门，涵盖环境污染控制，能源与生态保护，环境、经济与社会等方面，同时还结合专业教学开展了循环经济、清洁生产、节能减排等知识和方法教育。②绿色科技，指加强环境污染治理与环境质量改善方面的科学研究，开发一批符合清洁生产原理的新工艺、新技术；加快重大环境科技成果的转化工作，建设规模化、集成化的科技环保企业和示范区；加强环境软科学研究，为国家和地区的相关决策提供科学依据。1998年以来，清华大学承担大气污染治理、城市及工业污水回用、建筑节能、新能源开发利用等绿色科研项目近千项，取得绿色科研成果及专利300余项，其中有62项绿色科研成果获得省部级以上奖励。③绿色校园，指分阶段实施校园绿化工程，重视植物多样性，并逐步提高校园绿化覆盖率，使校园成为多种生物的保护地；同时，建设与学校历史、文化氛围及建筑风格相协调的园林景观。1998年以来，清华大学在校园绿化方面发生了翻天覆地的变化，校园绿化面积近136万m^2，绿化覆盖率达到54%，还编写了全面介绍校园树种文化的著作《清华园树木》。

1997年9月，华东师范大学环境教育中心成立。这是我国第一个进行环境教育与可持续发展教育的高等教育工作机构，集相关项目运作、环境教育研究、师资培训、教育试验等于一身。同年10月，西南师范大学环境教育培训中心成立。同年12月，北京师范大学环境教育培训中心成立。哈尔滨工业大学自1999年9月成立大学绿色教育办公室后，也为全校学生开设了"科学技术与可持续发展""环境社会学"等选修课，并在学生中扶持绿色协会等学生绿色组织。该校还就学生论文提出相关要求：如果论文不涉及环保问题，则必须就其研究对环境的影响作出评价，分析其是否符合可持续发展的要求。2000年，在世界自然基金会的资助下，哈尔滨工业大学召开了"第一届全国大学绿色教育学术研讨会"，会议的内容包括绿色教育的学术探讨、教学观摩和荒野考察。2003年，中山大学实施绿色大学创建行动，设置并开通了绿色大学网页。

2001年，高校环境教育国际学术研讨会在沈阳召开，就绿色大学工作达成5项结论：①绿色大学的概念、评估标准在理论与实践上还有待继续探索；②积极开设绿色课程，内容主要包括环境哲学、环境伦理道德、环境科学知识、环境管理与评价、环境经济与可持续发展，以培养学生的环境道德与环境责任感；③支持学生的环保社团活动，建立环境教育实践基地，向社会传播环境保护和可持续发展理念；④将环境意识体现到校园建设活动中，使学校成为环境优美的生态园；⑤绿色大学的建设势在必行，但任务艰巨，有很多工作要做，需要争取政府和社会的认同、支持和积极参与。

2010年7月，我国将可持续发展教育正式纳入《国家中长期教育改革和发展规划纲要（2010—2020年）》，其"战略主题"部分明确要求"重视可持续发展教育"，使可持续发展教育成为我国越来越多的校长与教师推进教育改革与创新的指导思想。同年10月，《教育部关于推进"绿色大学"建设的指导意见》（第一稿）向部分高等院校校长征求意见。此后，全国各省（区、市）纷纷支持绿色大学的创建活动，相关主管部门授予了一批高等学校"绿色大学"的称号（表1-2）。全国普通高等院校绿色大学创建情况见附录2。

表1-2　全国省（区、市）主管部门授予的绿色大学一览[8]

学校	时间	评审级别	授予单位
山西农业大学	2001年	省级	山西省教育厅
江汉大学	2002年	市级	武汉市环保局、教育局
广西大学、广西师范学院、广西民族学院、广西医科大学、桂林电子工业学院、桂林理工大学、梧州市高等专科学校、广西广播电视钦州分校	2004年	自治区级，第一批绿色大学	广西壮族自治区党委宣传部、环保局、教育厅

学校	时间	评审级别	授予单位
新疆大学、新疆农业大学、石河子大学、伊犁师范学院、喀什师范学院、克拉玛依职业技术学院	2005年	自治区级	新疆维吾尔自治区
中国矿业大学环境与测绘学院、徐州市建筑工程职业技术学院	2005年	市级	徐州市
广西师范大学、河池学院、柳州师范高等专科学校	2006年	自治区级，第二批绿色大学	广西壮族自治区党委宣传部、环保局、教育厅
百色学院、广西生态职业技术学院、右江民族医学院	2010年	自治区级，第三批绿色大学	广西壮族自治区党委宣传部、环保局、教育厅
辽宁对外贸易学院	2010年	市级	大连市
贵州大学、贵州师范大学、贵州民族大学、贵州交通职业技术学院、贵州广播电视大学、贵州师范学院、贵阳学院、毕节学院、遵义师范学院、贵州财经大学、贵阳医学院、凯里学院	2010—2012年	省级	贵州省

　　2011年5月，香港中文大学、南京大学、台湾中央大学三校联合发起成立海峡两岸绿色大学联盟，其宗旨在于为应对全球气候和环境变化担负起时代赋予大学的责任与使命，培养具有良好可持续发展意识、环境保护理念和相关知识技能的高层次人才，研究发展绿色科技，推动低碳社会、低碳经济的发展。2016年9月，浙江大学、台湾成功大学、北京师范大学也加入了海峡两岸绿色大学联盟。各高等院校就推动联盟内绿色科研和课程合作、绿色校园建设与管理人员培训、提升学生环保竞赛专业水平、扩大联盟社会影响并为政府部门提供咨询意见等议题开展了深入交流，并达成重要共识。

　　2012年，党的十八大将生态文明建设纳入中国特色社会主义事业总体布局，标志着中国共产党对中国特色社会主义规律认识的进一步深化，昭示着要从建设生态文明的战略高度来认识和解决我国的环境问题。

2017年，习近平总书记在党的十九大上作报告时明确提出要创建"绿色学校"，让绿色大学成为新时代绿色生活方式和绿色发展理念的主要实现路径，从而使绿色大学再次成为关注重点。

2018年5月，由南开大学、清华大学、北京大学三校首倡的中国高校生态文明教育联盟正式成立，国内150余所高等院校加盟。中国高校生态文明教育联盟旨在以生态文明思想和理念化育人心、引导实践，构建高等院校生态文明教育体系，带动和引导全民生态文明教育，肩负起培育生态文明一代新人的新使命、新任务。中国高校生态文明教育联盟成立后，将通过学校之间、学科之间的密切对话、交流与合作共同开展生态文明教育体系、教学方法和知行途径等方面的研究探索；集萃生态文明相关优秀教师、教材、课程，共享生态文明优质教育资源；着力开展生态文明教育系列教材编写、生态文明教育共享课程开发、生态文明基本学理研究、高校生态文明教育门户网站建设、大学生生态文明实践创意平台搭建等方面的工作。

2020年，在新冠肺炎疫情全球蔓延的背景下，全国近400位联合国教科文组织中国可持续发展教育全国工作委员会的专家组成员和生态文明与可持续发展教育实验学校的校长联合发出倡议，按照《国家中长期教育改革和发展规划纲要（2010—2020年）》和"十三五"教育规划要求，在已经确定将可持续发展教育作为战略主题的基础上，进一步将生态文明教育与可持续发展教育共同作为实现《中国教育现代化2035》的战略主题，并尽快融入教育全过程。

参 考 文 献

［1］中共中央马克思恩格斯列宁斯大林著作编译局．马克思恩格斯文集：第二卷［M］．北京：
人民出版社，2009．

［2］The Sustainability Tracking, Assessment & Rating System［EB/OL］．［2019-07-23］.
https：//www.stars.org/get involved/mannel.

［3］Green Report Card.College Sustainability Report Card［EB/OL］．［2019-07-16］.http：
//www.greenreportcard.org/about.html.

［4］GBIG. Sierra Club Cool Schools［EB/OL］．［2019-07-21］.http：//www.gbig.org/
collections/15036/resources.

［5］Greenmetric.UI Green Metric［EB/OL］．［2019-07-22］. http：//www.greenmetric.ui.ac.
id.

［6］What is the Environment in the Context of Health? [EB/OL].[2006−05−02]. https：//www.
who.int/quantifying_ehimpacts/publications/preventingdisease2.pdf.

［7］王民．绿色大学的定义与研究视角［J］．环境保护，2010，38（12）：47-49.

［8］叶平，迟学芳．从绿色大学运动到全国生态文明宣传教育［M］．北京：中国环境出版集团，
2018.

第2章

指导思想

2.1 马克思主义生态思想

思维是一种意识活动，是以社会存在为基础的，是由现实的物质资料生产方式决定的，但社会意识具有相对的独立性、能动性和超前性。思维与现实的不同步及其本身的超越性正如艺术与生活的关系一样："艺术源于生活，但高于生活。"经典著作总能超越自身所处的时代而迈入不朽之境地，为后来者参考借鉴，成为可贵的思想宝库。正因此，虽然马克思所处的时代与现代社会有较大的差别，但是并不能由此否认马克思主义生态思想的当代价值。正如萨特指出的那样，马克思哲学"仍然是我们时代的哲学，它是不可超越的，因为超越它的情形还没有被超越"[1]。研究马克思主义生态思想不是为了从其作品中找到解决生态危机的具体方案，而是运用马克思、恩格斯的思维方式来分析我国的生态文明建设。

生态思想就是人们在深入探讨环境问题的本质和规律的基础上形成的关于生态问题的理论化和系统化的理性认识，是指导人们通过自觉协调人与自然环境的关系建设环境友好型社会的主要思想方法和工作方式。马克思主义生态思想是关于人与环境关系问题的理论化和系统化的认识概括，是马克思主义辩证自然观、社会历史观、实践唯物主义、环境哲学和环境伦理学等诸多学科知识的有机统一[2]。马克思主义中的环境思想通常被认为是由日本一桥大学教授岩佐茂在其代表作《环境的思想》中提出的。他认为，环境思想就是研究环境问题的实现方式，马克思主义集中地体现为辩证自然观和环境伦理思想，马克思主义中的环境思想可以解读为在关注资本主义大量生产—大量消费—大量废弃的生活方式的同时重新认识、改变人的生存方式，把生活方式与人的生存方式联系起来[3]。但是需要注意的是，马克思主义生态思想不仅包括岩佐茂提出的环境思想，也包含生态发展之义，是在正确掌握自然规律的基础上实现人的自由全面发展。

马克思并没有专门针对生态文明问题的论述，马克思、恩格斯有关生态文明的思想散见于马克思的自然观、劳动观、历史观和社会有机体思想等方面，以及《1844年经济学哲学手稿》《德意志意识形态》《资本论》《哥达纲领批判》《政治经济学批判大纲》《论住宅问题》《英国工人阶级状况》《神圣家族》《自然辩证法》《反杜林论》等作品中。

马克思主义生态思想可以概括为4个部分：①生态价值论，这是马克思主义生态思想的旨归，体现了马克思主义生态思想的根本目标追求；②生态整体论，这是马克思主义生态思想的显著特征，也是马克思主义生态思想有别于其他环境思想的一个主要方面，马克思立足于唯物史观，摒弃了传统哲学思维中的人与自然二元对立的思想，提出人与自然应当是一个统一的社会有机体思想，生态良好是人的自由全面发展的重要前提；③生态危机论，这是马克思主义批判性的体现，通过对资本主义社会基本矛盾的分析指出资本主义的本质决定了其生态危机出现的必然性，并将成为资本主义覆灭的重要原因之一；④生态社会论，这是马克思主义生态思想的未来观，或者说是马克思主义未来观中的生态维度，马克思在对资本主义生产方式进行批判的基础上提出了循环经济等可持续发展思想，通过分析物质生产方式的生态化提出以克服人的异化，尤其是人与自然的异化来实现人与自然的和解。

1.生态价值论

在价值的位阶上，马克思认为自然界对于人类的产生、生存和发展具有本源地位，是人类社会存在和发展的前提和环境。首先，马克思认为人是自然界的产物。"历史本身是自然史的即自然界成为人这一过程的一个现实部分。"恩格斯也说过："人本身是自然界的产物，是在自己所处的环境中并且和这个环境一起发展起来的。"其次，马克思认为人类的存续发展要以自然界所提供的物质资料为基础。马克思认为，人与自然通过"物质交换"的过程使生物与自然环境之间维系着以物质、能量和信息交换为基本内容的有机联系。马克思指出"那些现实的、有形体的、站在稳固的地球上呼吸着一切自然力的人，他本来就是自然界，直接地是自然存在物，是自然界的一部分"[4]。人离不开自然界，要靠自然界生活。基于此，马克思坚持人与自然统一的观点，反对将两者对立。恩格斯指出，自然科学的发展使人类有能力认识并控制那些至少是由我们最常见的生产行为所造成的较远的自然后果，而"这种事情发生得越多，人们就越是不仅再次地感觉到，而且也认识到自身和自然界的一体性，那种关于精神和物质、人类和自然、灵魂和肉体之间的对立的荒谬的、反自然的观点，也就越不可能成立了，这种观点自古典古代衰落以后出现在欧洲并在基督教中得到最高度的发展"[5]。

在价值的具体内容上，马克思认为生态对于人类社会有两方面的价值。一方面，自然界是人类生存和发展的外部环境，为人类提供生存、享受和发展的资料。"感性的外部世界"给人类提供了生命活动的外部环境，为人类的劳动提供了资料，"没有自然界，没有感性的外部世界，工人什么也不能创造"，即人并没有创造物质本身。甚至人创造物质的这种或那种生产能力，也只是在物质本身预先存在的条件下才能进行的。土地是我们的一切，是我们生存的首要条件。而"所谓人的肉体生活和精神生活同自然界相联系，不外是说自然界同自身相联系，因为人是自然界的一部分"[5]。另一方面，马克思从经济学的角度论证了生态的经济价值。马克思认为，自然资源是社会财富，自然资源是商品价值的来源，因此生态具有使用价值，通过劳动实现人与生态系统之间的"物质交换"。马克思在《资本论》中提出"种种商品体，是自然物质和劳动这两种要素的结合……劳动是财富之父，土地是财富之母"，"劳动加上自然界才是一切财富的源泉，自然界为劳动提供物料，劳动把物料转变为财富"。[6] "土地"在此表征生态系统，意指商品的价值是工人通过对自然资源的社会劳动而实现的。"自然界一方面在这样的意义上给劳动提供生活资料，即没有劳动加工的对象，劳动就不能存在。"[7]生态的经济价值还体现在社会分工依赖自然而发展。人类社会改造世界和实现自我发展并不是凭空想象的，劳动进步和社会分工也不是孤立的、单向度的，这些必然要以一定的自然环境为依托。尤其是在以自然经济为主导的社会形态中，生态的多样性是社会分工产生和强化的重要条件，而且对社会的产业分化和发展起着决定性的作用。"资本的祖国不是草木繁茂的热带，而是温带。不是土壤的绝对肥力，而是它的差异性和它的自然产品的多样性，形成社会分工的自然基础，并且通过人所处的自然环境的变化，促使他们自己的需要、能力、劳动资料和劳动方式趋于多样化。"[8]

马克思、恩格斯生态价值观的延伸就是尊重自然的思想。恩格斯认为，人类的物资生产和生活必须顺应自然的客观规律，尊重自然，唯有人与自然和谐共生方可实现人类社会的可持续发展。如果违背自然规律，破坏生态环境，那么人类社会将会遭遇自然界的报复，必然会出现违反自然、满目疮痍、日益败坏的自然界。恩格斯先知般地指出："不要过分陶醉于我们人类对自然界的胜利。对于每一次这样的胜利，自然界都对我们进行报复。""我们决不像征服者统治异族那样支配自然界，决不像站在自然界之外的人似的去支配自然界——相反，我们连同我们的肉、血和头脑都是属于自然界和存在于自然界之中的；我们对自然界的整个支配作用，就在于我们比其他一切生物强，能够认识和正确运用自然规律。"[9]

2.生态整体论

马克思的生态整体论一方面是指人与自然是辩证统一的整体。马克思认为，人与自然是一种辩证关系，即人类社会是自然的产物，同时又反作用于自然界，生态问题可以看作是自然和社会两个方面互动的消极结果。恩格斯认为，人是自然界不断发展进化的产物，自然界是人类赖以生存和发展的物质基础。自然界就它本身而言不是人的身体，而是人的无机的身体，也就是说，自然界是人为了不致死亡而必须与之形影不离的身体。人的物质生活和精神生活同自然界不可分离，就等于说，自然同自己本身不可分离，因为人是自然界的一部分[10]。马克思指出，人类活动对自然界有能动的反作用。恩格斯认为，正是由于人类的能动作用才使人类社会由原始的蒙昧时代进入文明社会，即"手的专业化意味着工具的出现，而工具意味着人所特有的活动，意味着人对自然界的具有改造作用的反作用，意味着生产"[5]。恩格斯还认为，人的实践活动"不仅迁移动植物，而且也改变了他们的居住地的面貌、气候，甚至还改变了动植物本身，以致他们活动的结果只能和地球的普遍灭亡一起消失"[5]。

马克思的生态整体论另一方面的含义是生态系统是整个社会有机体的一个部分。马克思唯物史观认为人类社会是一个具有特定结构、功能、发展规律的有机开放系统，是活动和发展着的社会有机体，要对人类社会进行系统的把握，反对孤立地、片面地、静止地和机械地看待人类社会。马克思认为，人类社会是经济结构、政治结构和文化结构相互联系、相互作用的一个有机整体。社会不是一个坚实的结晶体，而是一个能够变化并且经常处于变化过程中的有机体。按照人们社会交往活动的领域和价值目标的不同，社会有机体可分属于经济领域、政治领域、文化领域和生态领域。

3.生态危机论

资本主义社会在马克思、恩格斯的视野中存在两个基本矛盾：一是为大众所熟知的资本主义社会生产力和生产关系之间的矛盾——生产社会化与资本主义生产资料私有制之间的矛盾，即在消费上是生产无限扩大的趋势与劳动人民购买力相对缩小的矛盾，在生产上是个别企业中生产的有组织性与整个社会生产的无政府状态的矛盾，在阶级关系上是资产阶级与无产阶级的矛盾；二是人与自然的矛盾，这也是基于第一个矛盾，即资本的逐利性造成了人的无限欲望，两者叠加的结果使资本主义的无限扩张生产与有限的自然资源产生了不可协调的矛盾，其外显为频发的生态事件。

资本主义生态危机的根源是资本主义的生产方式所产生的人类社会需求与自然界供给之间的对立，而且生态危机通常是与资本主义的经济危机相伴相生的。西班牙的种植场主曾在古巴焚烧山坡上的森林，他们认为以木灰作为肥料足够让最能盈利的咖啡树使用一个世代之久，至于由此引发的倾盆大雨冲毁了毫无保护措施的沃土而只留下赤裸裸的岩石，又与他们有什么相干呢？在当时的生产方式下，面对自然界和社会人们注意的只是最初、最明显的结果，而后人却惊讶地发现：造成上述结果的行为所产生的较远后果竟完全是另外一回事，在大多数情况下甚至是完全相反的；需求和供给之间的和谐竟变成二者的两极对立，每十年一次的工业周期过程就显示了这种对立，德国在"崩溃"期间也体验到了这种对立的小小的前奏；以自己的劳动为基础的私有制，必然进一步发展为劳动者丧失财产，同时一切财产越来越集中在不劳动的人的手中……[5]

马克思在揭示资本主义生产方式造成的生态危机的同时，还指出资本主义生态危机的全球性。由于资本主义生产开启了"世界历史"，资本主义的生产并不局限于某一区域，而是将全球作为其原料供应地、产品生产地和商品市场，这就使资本对环境的破坏行为扩展到全球，环境污染和生态破坏发生了国际性转移。

4.生态社会论

马克思认为，未来社会是人自由而全面发展的社会，是人与自然、人与人和解的社会。恩格斯明确地用"人类同自然的和解以及人类本身的和解"来表述未来社会人与自然、人与人之间的关系。共产主义不仅应在社会生产关系上摆脱资本主义的异化束缚，还应包括审美意义上的共产主义、良好的自然生存环境。人类本身的和解，即人与人之间社会关系的和解是人与自然关系和解的前提，离开了人与人的社会关系而妄图实现人与自然的单方面和解是不可能的。换言之，马克思将生态文明社会作为克服资本主义生态危机、削减人与自然异化的出路，通过生态文明社会的构建实现人与自然的和谐统一。

马克思认为，实现人的全面自由发展与自然环境密不可分：自然环境是人类物质生产和生活的自然基础，因此也就成为实现自由全面发展的自然形式内容。自然的发展变化是有规律的，而且是可以被人类所认识的。恩格斯认为，人类社会和自然界发展演进中出现的各种事件似乎总的来说是由偶然性支配着的。但是，在表面上是偶然性在起作用的地方，这种偶然性始终是受内部的隐蔽着的规律支配的，而问题只是在于发现这些规律。我们对自然界的全部统治力量，就在于我们比其他一切生物强，能够认识和正确运用自然规律。恩格斯还认为，人类社会之所以能够生成、繁衍、进化，其根本原因就在于人能够正确认识和运用自然规律为人类社会服务。可以说，自然环境一直没有脱离马克思的人类解放理论范畴，与人类社会相结合后才成为马克思人类解放理论的分析基础。人与人的和解、人与社会的和解是人与自然的和解的前提，人与自然的和解是人与人、人与社会的和解的客观基础。换言之，共产主义不仅要实现人与人、人与社会的和解，实现人的解放和社会的解放，还要实现人、社会与自然界的和解。

马克思指出，"一旦社会占有了生产资料，商品生产就将被消除，而产品对生产者的统治也将随之消除。社会生产内部的无政府状态将为有计划的自觉的组织所代替，个体生存斗争停止了。于是，人在一定意义上才最终地脱离了动物界，从动物的生存条件进入真正人的生存条件。人们周围的、至今统治着人们的生活条件，现在受人们的支配和控制，人们第一次成为自然界的自觉的和真正的主人，因为他们已经成为自己的社会结合的主人了"。"人们自己的社会行动的规律，这些一直作为异己的、支配着人们的自然规律而同人们相对立的规律，那时就将被人们熟练地运用，因而将听从人们的支配。人们自身的社会结合一直是作为自然界和历史强加于他们的东西同他们相对立的，现在则变成他们自己的自由行动了。至今一直统治着历史的客观的异己的力量，现在处于人们自己的统治之下了。只是从这时起，人们才完全自觉地自己创造自己的历史；只是从这时起，由人们使之起作用的社会原因才大部分并且越来越多地达到他们所预期的结果。这是人类从必然王国进入自由王国的飞跃。"[5]

恩格斯对社会占有生产资料的共产主义社会的特征进行了展望。所谓社会占有生产资料，就是指整个社会只存在一个唯一的经济主体，这个主体就是整个社会，除此之外不存在任何其他的经济主体。社会占有生产资料，人们成为自己生产活动的主人，过去曾经统治着人们的生活条件受到人们的支配和控制，"人们第一次成为自然界的自觉的和真正的主人，因为他们已经成为自己的社会结合的主人了"，社会规律也为人们所熟练掌握。这时，人们由于认识和驾驭了自然和社会的必然性，就能够完全自觉地创造自己的历史，这就是共产主义社会即自由王国的到来，所以共产主义社会是人的自由得到充分实现的社会，是人自由自在地创造自己的生活的社会。

2.2 中国化的生态治理思想

中华人民共和国成立以来，党和国家高度重视环境保护。在继承马克思主义生态思想的基础上，立足我国国情，借鉴国内外相关理论，不断探索并形成了中国化的生态治理思想。

2.2.1 第一代领导集体的生态治理思想

在继承马克思主义生态思想的基础上，以毛泽东同志为核心的党的第一代领导集体立足国情，开始了我国社会主义建设事业的探索，创造性地发展了马克思主义生态思想。

以毛泽东同志为核心的第一代领导集体在中华人民共和国成立初期就提出要合理地建设社会主义，把社会主义中国建设得"更合理、更好一些"。毛泽东指出，社会主义建设不仅包括经济、政治、文化建设，还包括林业、河流等自然环境建设。"一个国家获得解放后应该有自己的工业，轻工业和重工业都要发展，同时要发展农业、畜牧业，还要发展林业。森林是很宝贵的资源。"[11]毛泽东1956年在中共中央致五省（自治区）青年造林大会的贺电中向全国发出了"绿化祖国"的号召，1958年在中央政治局工作会议上又提出"要使我们祖国的河山全部绿化起来，要达到园林化，到处都很美丽，自然面貌要改变过来"[11]，一切能够植树造林的地方都要努力植树造林，逐步绿化我们的国家，美化我国人民劳动、工作、学习和生活的环境。第一代领导集体的生态治理思想还包括水利建设、荒山治理等方面，主要针对中华人民共和国成立初期社会主义建设所面临的主要生态环境问题而展开，具有极强的现实性，尚处于探索阶段。

第一代领导集体的生态治理思想中最具创新性的地方在于提出了环境保护的理念。我国于1972年参加了联合国人类环境会议，第一次全面深入地认识到"维护和改善人类环境，是关系到世界各国人民生活和经济发展的一个重要问题，是世界各国人民的迫切愿望"[12]。1973年，在周恩来的指导下，国务院召开了第一次全国环境会议。这次会议强调了要改变中华人民共和国成立以来只重视工业生产建设、忽视"三废"治理、环境污染日趋严重的状况，提出了"全面规划、合理布局、综合利用、化害为利、依靠群众、大家动手、保护环境、造福人民"的方针，制定了中华人民共和国第一部环境保护的综合性法规——《关于保护和改善环境的若干规定（试行草案）》[13]。环境保护正式成为社会主义事业的组成部分，党和国家以及人民群众开始认识到社会主义国家也会面临生态危机，并逐步认识到环境保护对社会主义建设的重要价值，标志着我国环境保护事业的全面启动。

从唯物史观出发，我国社会主义建设的中心是以重工业为主的工业化，但这并不否认第一代领导集体已经开始形成发展生态经济的思想。其一体现在综合利用生态资源。首先，源于对马克思主义生态思想尤其是自然观的坚持：天上的空气、地上的森林、地下的宝藏都是建设社会主义所需要的重要因素，而一切物质因素只有通过人的因素才能加以开发利用[14]。其次，是由国情所决定的。中华人民共和国成立初期，我国的工农业生产力水平低下，各种资源材料十分稀缺，因此第一代领导集体提出了实行"节约增产、综合利用"的方针。1957年2月27日，毛泽东在《关于正确处理人民内部矛盾的问题》的讲话中明确提出，要在全国范围内开展"增产节约，反对铺张浪费"运动，"六亿人口都要实行增产节约，反对铺张浪费。这不但在经济上有重大意义，在政治上也有重大意义。"[15]在提倡反对浪费、厉行节约的同时，毛泽东指出要提高资源使用效率："综合利用单打一总是不成，搞化工的单搞化工，搞石油的单搞石油，搞煤炭的单搞煤炭，总不成吧！煤焦可以出很多东西。采掘工业也是这样，采钨的就只要钨，别的统统丢掉。水利工程，管水利的只管水利，修了坝以后船也不通了，木材也不通了。那怎么办？是个大浪费。综合利用大有文章可做。"[16]其二体现在发展循环经济产业链。从农业大国的国情出发，毛泽东认为农业是一个完整的生态系统，不同产业相互联系、并行发展。因此，他提出了农业、林业、牧业、副业、渔业五业并举、循环发展的思想。"所谓农者，指的农林牧副渔五业综合平衡。蔬菜是农，猪牛羊鸡鸭鹅兔等是牧，水产是渔，畜类禽类要吃饱，才能长起来，于是需要生产大量精粗两类饲料，这又是农业，牧放牲口需要林地、草地，又要注重林业、草业。由此观之，为了副食品，农林牧副渔五大业都牵动了，互相联系，缺一不可。"[17]第一代领导集体为实现生态效益和经济效益并重而萌发了生态经济思想，对中华人民共和国成立初期的生态环境保护起到了一定的积极作用。这些生态经济思想虽然并不完整和系统，但却开创了社会主义发展生态经济的新道路。

2.2.2　中国特色社会主义理论中的生态治理思想

以邓小平同志为核心的党的第二代中央领导集体，把环境保护确定为基本国策，强调要在资源开发利用中重视生态环境保护。以江泽民同志为核心的党的第三代中央领导集体强调要将经济发展与生态环境相统一，并把可持续发展确定为国家发展战略。以胡锦涛同志为总书记的党中央提出了科学发展观的重要思想，为生态文明建设理论做了重要准备。以习近平同志为核心的党中央积极推进生态文明建设的理论创新和实践探索，明确提出走向社会主义生态文明新时代、建设美丽中国是实现中华民族伟大复兴的中国梦的重要内容。党的十八届三中全会通过的《中共中央关于全面深化改革若干重大问题的决定》明确提出，要紧紧围绕建设美丽中国深化生态文明体制改革，加快建立生态文明制度。在一代又一代的接力探索中，我国生态文明建设理论不断丰富发展，成为中国特色社会主义理论的重要组成部分[18]。

1. 生态文明理念的提出

改革开放以来，我国迎来了经济的高速增长，但由于对生态环境问题的关注不够，重蹈了资本主义国家工业化时期"先污染后治理"的覆辙，生态环境污染严重。在这一背景下，以邓小平同志为核心的党的第二代中央领导集体开始重新思考经济发展与生态环境的问题，重新认识生态环境在社会主义事业中的价值定位。在以邓小平同志为核心的党的第二代中央领导集体的领导下，1983年召开的第二次全国环境保护会议提出"环境保护要与经济建设同步发展"，并将环境保护确定为基本国策，确定了"预防为主、防治结合"、"谁污染、谁治理"和"强化环境管理"的环境保护方针[19]，成为我国生态文明建设的一个转折点。以江泽民同志为核心的党的第三代领导集体进一步指出，我国要实施可持续发展战略，"核心的问题是实现经济社会和人口、资源、环境协调发展。"[20]经过半个世纪的探索，以胡锦涛同志为总书记的党中央正式提出了"生态文明"的概念，将生态文明作为社会主义建设的重要组成部分。党的十七大报告明确提出要"建设生态文明，基本形成节约能源资源和保护生态环境的产业结构、增长方式、消费模式。循环经济形成较大规模，可再生能源比重显著上升。主要污染物排放得到有效控制，生态环境质量明显改善。生态文明观念在全社会牢固树立"[21]。

2012年召开的党的十八大标志着生态文明建设理念、方针和政策的成熟。一方面，党的十八大报告明确了生态文明建设在社会主义建设中的地位，将生态文明建设与经济建设、政治建设、文化建设、社会建设一起作为发展中国特色社会主义"五位一体"总体布局，指出社会主义建设要"更加自觉地把全面协调可持续作为深入贯彻落实科学发展观的基本要求，全面落实经济建设、政治建设、文化建设、社会建设、生态文明建设五位一体总体布局，促进现代化建设各方面相协调，促进生产关系与生产力、上层建筑与经济基础相协调，不断开拓生产发展、生活富裕、生态良好的文明发展道路"；同时还指出，"面对资源约束趋紧、环境污染严重、生态系统退化的严峻形势，必须树立尊重自然、顺应自然、保护自然的生态文明理念，把生态文明建设放在突出地位，融入经济建设、政治建设、文化建设、社会建设各方面和全过程，努力建设美丽中国，实现中华民族永续发展。"另一方面，党的十八大报告完整地阐述了生态文明建设的方针政策，提出"坚持节约资源和保护环境的基本国策，坚持节约优先、保护优先、自然恢复为主的方针，着力推进绿色发展、循环发展、低碳发展，形成节约资源和保护环境的空间格局、产业结构、生产方式、生活方式"。[22]

2. 正确处理经济发展与生态文明建设的关系

生态问题主要是由于人类的经济行为所导致，因此以邓小平同志为核心的党的第二代领导集体和以江泽民同志为核心的党的第三代领导集体都强调要协调好经济发展和环境保护的关系。可持续发展战略的提出就是对这一问题长期关注的体现。1994年3月25日，国务院批准了我国第一个国家级可持续发展战略——《中国21世纪议程》。1997年，江泽民同志在党的十五大报告中提出，我国是人口众多、资源相对不足的国家，在现代化建设中必须实施可持续发展战略。以胡锦涛同志为总书记的党中央提出的科学发展观标志着我们党在正确处理经济发展与生态文明建设的关系方面已经达到成熟的阶段。科学发展观是对马克思主义生态思想的继承和发展，是对中华人民共和国成立以来社会主义事业的科学总结，它认为全球性环境问题的根源在于资本主义的生产方式，虽然资本主义社会进行了相应的制度和技术改良，但是不能够消除资本主义社会存在的基本矛盾，资本主义的发展方式是难以为继的。只有坚持以人为本的科学发展观，以实现人的自由全面发展为价值关怀，在经济、政治、社会、文化等领域实现根本性变革，方可消解人、社会与生态环境之间的对立紧张关系，实现人与自然的和谐共生、人与社会的和谐互动、人与他人的和谐共处、人与自我的和谐发展。科学发展观的提出明确了生态文明是一种与工业文明有着本质区别的社会发展形态，是对资本主义工业文明的扬弃。

3. 构建以制度建设为中心的生态文明建设模式

制度建设是生态文明建设的中心，通过法律法规保障生态文明建设的有序推进。1978年通过的《中华人民共和国宪法》明确规定：保护环境和自然资源，防治污染和其他公害。1979年，我国颁布了第一部环境保护基本法——《中华人民共和国环境保护法（试行）》，标志着我国的环境保护开始走上法治轨道。自20世纪90年代以来，我国加大了资源和环境方面的立法工作，出台了一系列资源利用、环境保护方面的法律法规，生态环境法律体系基本完备并处于世界先进水平。生态文明建设是一个复杂变动的过程，需要完备及时的制度供给作为保障。

2.3　习近平生态文明思想

习近平生态文明思想内涵丰富、系统完整，"八个坚持"充分体现了其深邃历史观、科学自然观、绿色发展观、基本民生观、整体系统观、严密法治观、全民行动观、全球共赢观，为新时代推进生态文明建设、加强生态环境保护、打好污染防治攻坚战提供了思想武器、方向指引、根本遵循和强大动力。习近平总书记站在人类长远发展的战略高度，围绕着"为什么建设生态文明""建设什么样的生态文明""怎样建设生态文明"的重大理论和实践问题发表了一系列重要论述，形成了新时代中国生态文明建设的话语体系，为全球生态治理和世界可持续发展提供了中国理念、中国智慧、中国方案。

2.3.1　坚持生态兴则文明兴的理念

建设生态文明是关系中华民族可持续发展的根本大计，功在当代、利在千秋，关系人民福祉，关乎民族未来[23]。恩格斯曾经摘引他人的话指出，"文明是一个对抗的过程，这个过程以其至今为止的形式使土地贫瘠，森林荒芜，土壤不能产生其最初的产品，使气候恶化。土地荒芜和温度升高以及气候干燥，似乎是耕种的后果。"[9]从大历史科学的视野出发，习近平总书记提出了"生态兴则文明兴，生态衰则文明衰"的科学论断。人与自然和谐共生的规律是人类文明演进的基本规律。只有遵循这一规律，人类文明才会延续，如正是由于具有强调天人合一、尊重自然的传统，中华文明才延续了五千年；反之，文明就会断绝，如玛雅文明、两河文明和楼兰文明的断绝就与生态恶化有关。因此，坚持生态兴则文明兴的理念为正确把握社会主义生态文明建设提供了科学的生态史观方面的依据和基础[24]。

人与自然的关系是人类社会最基本的关系，协调人与自然的关系是人类文明要直接面对的问题。人与自然是相互依存的整体，对自然不能只讲利用不讲建设、只讲索取不讲保护。习近平总书记在总结人类文明兴衰史的基础上提出了"生态兴则文明兴，生态衰则文明衰"的科学论断，是对人类文明变迁的历史性反思，也是对现代社会的现实观照，丰富和发展了自然生态与人类文明关系的话语体系。人类的文明史就是一部生态史，是一部反映人与自然关系的历史。优美的生态环境是人类生存与发展的基础，是人类文明兴起的根基。没有适合人类生存的自然环境和生产、生活条件，就不会有人类及人类社会，更不会有人类的文明。所以，人类不能凌驾于自然之上，人类的生产、生活方式必须符合自然规律。如果违背了自然规律、肆意破坏自然环境，就会导致文明的停顿甚至消亡。所以，"我们不要过分陶醉于我们人类对自然界的胜利。对于每一次这样的胜利，自然界都对我们进行报复。"[9]在历史长河中，人类文明一般都起源于森林茂密、水草肥美的地方，后来一些文明因为生态环境遭到破坏而衰败或发生中心的转移。"你善待环境，环境是友好的；你污染环境，环境总有一天会翻脸，会毫不留情地报复你。这是自然界的规律，不以人的意志为转移。"[25]人类文明要想继续向前推进、持续发展，就必须正确认识人与自然的关系，解决好人与自然的矛盾和冲突，并将其置于文明根基的重要地位。很显然，习近平总书记关于"生态兴则文明兴，生态衰则文明衰"的科学论断是站在更高层次上对重构人与自然和谐关系的深邃思考，明确了生态文明的历史方位，强调了生态文明建设的重要性[26]。

2.3.2　坚持人与自然和谐共生的理念

保护自然就是保护人类，建设生态文明就是造福人类。必须尊重自然、顺应自然、保护自然，像保护眼睛一样保护生态环境，像对待生命一样对待生态环境，推动形成人与自然和谐发展的现代化建设新格局，还自然以宁静、和谐、美丽。[23]

人与自然是生命共同体。生态环境没有替代品，用之不觉，失之难存。"天地与我并生，而万物与我为一。""天不言而四时行，地不语而百物生。"当人类合理利用、友好保护自然时，自然的回报常常是慷慨的；当人类无序开发、粗暴掠夺自然时，自然的惩罚必然是无情的。人类对大自然的伤害最终会伤及人类自身，这是无法抗拒的规律。"万物各得其和以生，各得其养以成。"这方面有很多鲜活生动的事例。始建于战国时期的都江堰距今已有2 000多年的历史，它是根据岷江的洪涝规律和成都平原悬江的地势特点因势利导建设的大型生态水利工程，不仅造福当时，而且泽被后世。

在整个发展过程中，我们都要坚持节约优先、保护优先、自然恢复为主的方针，不能只讲索取不讲投入，不能只讲发展不讲保护，不能只讲利用不讲修复，要像保护眼睛一样保护生态环境，像对待生命一样对待生态环境，多谋打基础、利长远的善事，多干保护自然、修复生态的实事，多做治山理水、显山露水的好事，让群众望得见山、看得见水、记得住乡愁，让自然生态美景永驻人间，还自然以宁静、和谐、美丽[27]。

建设生态文明首先要准确把握人与自然的关系，这是核心，也是根本。习近平总书记指出，"人因自然而生，人与自然是一种共生关系。""自然界是人类社会产生、存在和发展的基础和前提。"在《推动我国生态文明建设迈上新台阶》这篇重要讲话中，他再次强调"人与自然是生命共同体"。人类是自然界的一部分，人类不能与自然相对立，不能妄图去统治、征服自然，而要与之和谐共处。破坏了生态环境这一人类生存最为重要的条件，可持续发展就失去了基础。习近平总书记指出："人类发展活动必须尊重自然、顺应自然、保护自然，否则就会受到大自然的报复。这个规律谁也无法抗拒。"只有尊重自然规律，才能有效防止在开发利用自然上走弯路。我们要建设的现代化是人与自然和谐共生的现代化，既要创造更多物质财富和精神财富以满足人民日益增长的美好生活需要，也要提供更多优质生态产品以满足人民日益增长的优美生态环境需要。必须坚持节约优先、保护优先、自然恢复为主的方针，多谋打基础、利长远的善事，多干保护自然、修复生态的实事，形成节约资源和保护环境的空间格局、产业结构、生产方式、生活方式，构建人与自然和谐发展的现代化建设新格局。[28]

党的十九大报告提出："人与自然是生命共同体，人类必须尊重自然、顺应自然、保护自然。"[29]这一论断深刻揭示出人对自然依赖的内在性和有机性、人与自然关系的整体性和系统性，体现了唯物论和辩证法的有机统一，为社会主义生态文明建设提供了科学的本体论依据和基础。这样，就为我们树立尊重自然、顺应自然、保护自然的理念提供了科学的世界观和方法论，显然是对马克思主义自然观的创造性发展。"这里我们的目的是展现另一种不同的自然概念，大部分由遵循马克思主义传统的科学家所提出。这是唯物主义，但不是机械论；是相互作用和自然生成，但不是功能主义。我们主要考察的是显现秩序的生成、变化的本质，以及他们如何与人类和环境之间的关系相关，特别是与当下全球环境危机时代相关。"[30]党的十九大将"坚持人与自然和谐共生"作为新时代坚持和发展中国特色社会主义的基本方略之一，要求我们形成人与自然和谐共生的现代化新格局，这样就为坚持人与自然和谐共生的理念指明了实践方向和现实途径[29]。

党的十九大报告中指出，"要牢固树立社会主义生态文明观，推动形成人与自然和谐发展现代化建设新格局。""我们要建设的现代化是人与自然和谐共生的现代化，既要创造更多物质财富和精神财富以满足人民日益增长的美好生活需要，也要提供更多优质生态产品以满足人民日益增长的优美生态环境需要。"[29]这一科学论断充分说明现代化必须以人与自然和谐共生为基本前提，没有绿水青山的现代化不是真正的现代化，没有人与自然和谐的现代化不是真正的现代化，它丰富和发展了现代化的话语体系。谋求现代化，是世界各国发展的主题。西方国家最早走上现代化道路，作为现代化最重要的象征，其工业化带来了环境污染、生态恶化等严重的环境问题，这是以牺牲环境为代价的"黑色现代化"。这种"黑色现代化"曾一度使西方国家陷入发展的困境。当然，在追求现代化的过程中，每个国家走的道路千差万别，不存在"唯一正确的"现代化道路。自鸦片战争以来，现代化就成为中国人长期追求的梦想。以毛泽东同志为主要代表的中国共产党人立志初心、肩负使命探索中国特色的现代化革命道路，使中国人民站了起来。邓小平同志开创改革开放和中国特色社会主义道路，明确了由温饱、小康到基本现代化的"三步走"战略，使中国人民富起来。党的十八大以来，以习近平同志为核心的党中央统筹推进"五位一体"总体布局，协调推进"四个全面"战略布局，坚定不移贯彻新发展理念，有力推动了我国社会主义现代化进程，中华民族迎来从站起来、富起来到强起来的伟大飞跃，中国特色社会主义进入新时代。在新时代，人与自然之间的矛盾已经从次要矛盾转变为主要矛盾，制约人民日益增长的美好生活需要得到满足的主要因素是发展不平衡不充分的问题。习近平总书记指出："我国生态环境矛盾有一个历史积累过程，不是一天变坏的，但不能在我们手里变得越来越坏，共产党人应该有这样的胸怀和意志。"[31]党的十九大报告把"坚持人与自然和谐共生"纳入新时代坚持和发展中国特色社会主义的基本方略，明确指出"我们要建设的现代化是人与自然和谐共生的现代化"。一个强大的社会主义国家，不仅是一个经济发达的国家，也是一个生态优美的国家。小康社会不仅是物质文明的小康社会，也是生态文明的小康社会，是"五位一体"的小康社会。为实现人与自然和谐共生的现代化，党中央已经绘制了路线图和时间表。党的十九大报告提出，到2035年"生态环境根本好转，美丽中国目标基本实现"，到21世纪中叶"把我国建成富强民主文明和谐美丽的社会主义现代化强国"[29]。"美丽"已经成为现代化强国的重要体现，这充分说明在实现现代化的每一个阶段都蕴含着对美好生活的追求，促进人与自然和谐共生已经成为建设美丽中国的必由之路，成为社会各界共同奋斗的目标。

人与自然和谐共生的自然观，不仅强调了自然环境于人而言所具有的先在性特质，而且强调了人与自然环境相互依赖的互益性特质。从词源上讲，和谐意指两个及以上的不同类型事物匹配适当、配合协调的关系状态，共生即"两种不同的生物生活在一起，相依生存，对彼此有利"的生活方式，和谐共生就是通过促成人类活动与自然环境的匹配协调达到对彼此有益的状态，其中蕴含了三方面的意思。第一，人与自然彼此平等，二者属于主体间性关系，不是主体与客体之间征服与被征服的关系。鉴于人类掌握了强大的工业技术，为了维持平等关系，人类应有"生态优先"的态度。第二，人与自然相互依赖，互有需求、彼此有益。人类需要自然环境提供食物和生存条件，自然环境也需要通过人类友善的生产开发活动来彰显其价值，需要人类呵护般的治理保护举措来维护其永续存在与繁衍。人与自然不是冲突、对立的紧张关系，而是互需互益的生命共同体，保护自然环境就是保护人类自己，伤害自然环境也就是伤害人类自身。人类具有超强的自利性冲动，时时突破边界冲击自然环境。为了建构和谐共生的关系，人类应该抑制某些欲望，主动按照自然环境的需求平衡双方的需要，在开发环境方面标出红线，与自然环境保持"彼此有利、良性循环"的关系格局。第三，处理人与自然的关系需要树立匹配观念。人类活动特别是资源开发活动、生产活动和生活活动，在性质、种类和程度上要充分照应自然环境的承受能力与自我修复能力，讲究匹配性，注意零匹配、类型匹配和量度匹配的掌握。凡是不能承受人类任何惊扰的自然环境区域，如生态脆弱地区，人类坚决不可染指涉足，远离就是最好的保护，这是零匹配。有些自然环境的区域能够接受人类某些活动，但不能接受另外的活动，因此人类安排生产与生活活动时应充分对照自然的可接受性，只安排环境能接受的活动类型，坚决摒弃环境不能接受的活动类型，这是类型匹配。量度匹配指当环境区域能接受人类活动时，在布局上要有"极简"思维，活动类型不可求全，项目数量不可过多，开发频率不可过高，索取程度不可过分，以谨慎利用和精致管理自然资源为准则，使人类活动与自然在度上匹配适当、和睦协调。已经过度开发的地区要休养生息、回归自然，并进行生态改造，以重构生态、生活质量与经济发展之间的协调关系，促进人与自然和谐共生[32]。

2.3.3　坚持绿水青山就是金山银山的理念

绿水青山既是自然财富、生态财富，又是社会财富、经济财富。保护生态环境就是保护生产力，改善生态环境就是发展生产力。必须坚持和贯彻绿色发展理念，平衡和处理好发展与保护的关系，推动形成绿色发展方式和生活方式，坚定不移走生产发展、生活富裕、生态良好的文明发展道路。[23]

绿水青山就是金山银山既是重要的发展理念，也是推进现代化建设的重大原则。它阐述了经济发展和生态环境保护的关系，揭示了保护生态环境就是保护生产力、改善生态环境就是发展生产力的道理，指明了实现发展和保护协同共生的新路径。保护生态环境就是保护自然价值和增值自然资本，就是保护经济社会发展潜力和后劲，使绿水青山持续发挥生态效益和经济效益、社会效益。

生态环境问题归根结底是发展方式和生活方式的问题，要从根本上解决生态环境问题，就必须贯彻"创新、协调、绿色、开放、共享"的新发展理念，加快形成节约资源和保护环境的空间格局、产业结构、生产方式、生活方式，把经济活动、人的行为限制在自然资源和生态环境能够承受的限度内，给自然生态留下休养生息的时间和空间。要加快划定并严守生态保护红线、环境质量底线、资源利用上线三条红线。对突破三条红线、仍然沿用粗放增长模式、吃祖宗饭砸子孙碗的事，绝对不能再干，绝对不允许再干。在生态保护红线方面，要建立严格的管控体系，实现一条红线管控重要生态空间，确保生态功能不降低、面积不减少、性质不改变。在环境质量底线方面，将生态环境质量只能更好、不能变坏作为底线，并在此基础上不断改善，对生态破坏严重、环境质量恶化的区域必须严肃问责。在资源利用上线方面，不仅要考虑人类和当代的需要，也要考虑大自然和后人的需要，把握好自然资源开发利用的度，不要突破自然资源承载能力。[27]

绿水青山与金山银山的关系，实质上是经济发展与生态环境保护的关系。在实践中，对二者关系的认识经过了"用绿水青山去换金山银山""既要金山银山也要保住绿水青山""让绿水青山源源不断地带来金山银山"三个阶段，这是一个理论和实践逐步深化的过程，更是对人与自然关系的规律性把握和运用不断深化的过程。习近平总书记指出，坚持绿水青山就是金山银山是重要的发展理念，也是推进现代化建设的重大原则，必须树立和践行绿水青山就是金山银山的理念。这一科学理念，深刻揭示了保护生态环境就是保护生产力，改善生态环境就是发展生产力的道理，阐明了经济发展与环境保护的辩证统一关系。"鱼逐水草而居，鸟择良木而栖。"如果其他各方面条件都具备，谁不愿意到有绿水青山的地方来投资、发展、工作、生活、旅游呢？从这一意义上说，绿水青山既是自然财富，又是经济财富、社会财富。经济发展不应是对资源和生态环境的"竭泽而渔"，生态环境保护也不应是经济发展的"缘木求鱼"，而是要坚持在发展中保护、在保护中发展，实现经济社会发展与人口、资源、环境相协调。这就需要坚定不移贯彻绿色发展理念，把经济活动、人的行为限制在自然资源和生态环境能够承载的限度内，给自然生态留下休养生息的时间和空间，实现经济社会发展和生态环境保护协同共进。[28]

生态文明建设的核心问题是正确处理发展和保护、现代化和绿色化（生态化）

的关系。以人民群众建设生态文明的实践经验为基础，习近平总书记提出了"绿水青山就是金山银山"的科学命题。其中，"绿水青山"是指自然生态价值和效益等要素和要求，"金山银山"是指社会经济价值和效益等要素和要求。按照这一基本命题，我们要树立发展和保护相统一的理念、自然价值和自然资本的理念、自然生产力和生态生产力的理念，坚持社会经济价值和自然生态价值、社会经济效益和生态环境效益的统一，大力促进产业的生态化和生态的产业化，建立和完善生态经济体系，最终要实现物质文明和生态文明的共同发展和有机融合。显然，这一基本命题既表达了马克思主义生态辩证法的要求，科学地阐明了马克思主义生态经济学的基本观点，也为社会主义生态文明建设提供了生态辩证法和生态经济价值观等方面的依据和基础。[24]

正确处理好经济发展与环境保护的关系，是人类社会在谋求现代化的过程中必须要面对的难题。西方国家走的是"先污染后治理"的道路，用牺牲环境为代价换取经济发展。习近平总书记坚决反对走先污染后治理的老路，创造性地提出"我们既要绿水青山，也要金山银山。宁要绿水青山，不要金山银山，而且绿水青山就是金山银山。我们绝不能以牺牲生态环境为代价换取经济的一时发展"[31]。这一科学论断深刻阐明了经济发展与环境保护的辩证关系，破解了经济发展和环境保护的难题，既充分体现了我们党对自然规律、经济社会发展规律认识的深化，又丰富和发展了我们党的发展话语体系。正确处理好环境保护与经济发展的关系，也就是要处理好绿水青山与金山银山的关系，这是加强生态文明建设的内在要求。

改革开放以来，人们在长期的发展实践中，对绿水青山与金山银山关系的认识大致经历了3个阶段：①用绿水青山换金山银山，不考虑或者很少考虑环境的承载力，一味索取资源；②既要金山银山，也要绿水青山，这时经济发展与资源匮乏、环境恶化之间的矛盾开始凸显，人们意识到环境是我们生存发展的根本，要留得青山在，才能有柴烧；③绿水青山可以源源不断地带来金山银山，绿水青山本身就是金山银山[33]。在第一阶段，人们为追求经济的发展，不惜以牺牲环境为代价，破坏了绿水青山，造成了严重的环境问题；在第二阶段，人们开始意识到环境保护的重要性，只有绿水青山常在，才会有金山银山；到了第三阶段，人们意识到把环境保护好了，经济也能发展上去，绿水青山可以源源不断地带来金山银山，生态优势可以转化为经济优势。这3个阶段充分体现了发展理念的提升、经济增长方式的转变，体现了人与自然的关系不断走向和谐的过程。要从绿水青山走向金山银山，实现绿水青山就是金山银山，跨越"环境卡夫丁峡谷"，就必须从"黑色发展"走向"绿色发展"。"绿色发展，就其要义来讲，是要解决好人与自然和谐共生问题。人类发展活动必须尊重自然、顺应自然、保护自然，否则就会遭到大自然的报复，这个规律谁也无法抗拒。"[34]绿色发展就是摒弃传统的发展观念，从根本上改变经济发展与环境保护的对立。不能只要金山银山，不要绿水青山；不能不顾子孙后代、竭泽而渔地发展。所以，必须树立和践行绿水青山就是金山银山的理念，坚定走生产发展、生活富裕、生态良好的文明发展道路，形成人与自然和谐发展的现代化建设新格局。

2.3.4　坚持良好的生态环境是最普惠的民生福祉的理念

生态文明建设同每个人息息相关。环境就是民生，青山就是美丽，蓝天也是幸福。必须坚持以人民为中心，重点解决损害群众健康的突出环境问题，提供更多优质生态产品。[23]

民之所好好之，民之所恶恶之。发展经济是为了民生，保护生态环境同样也是为了民生。既要创造更多的物质财富和精神财富以满足人民日益增长的美好生活需要，也要提供更多优质生态产品以满足人民日益增长的优美生态环境需要。要坚持生态惠民、生态利民、生态为民，重点解决损害群众健康的突出环境问题，加快改善生态环境质量，提供更多优质生态产品，努力实现社会公平正义，不断满足人民日益增长的优美生态环境需要。

生态文明是人民群众共同参与、共同建设、共同享有的事业，要把建设美丽中国转化为全体人民的自觉行动。每个人都是生态环境的保护者、建设者、受益者，没有哪个人是旁观者、局外人、批评家，谁也不能只说不做、置身事外。要增强全民节约意识、环保意识、生态意识，培育生态道德和行为准则，开展全民绿色行动，动员全社会都以实际行动减少能源资源消耗和污染排放，为生态环境保护作出贡献。[27]

良好生态环境是最公平的公共产品，是最普惠的民生福祉。这一理念源自我们党全心全意为人民服务的根本宗旨，源自广大人民群众对改善生态环境质量的热切期盼。良好的生态环境意味着清洁的空气、干净的水源、安全的食品、宜居的环境，关系着人民群众最基本的生存权和发展权，具有典型的公共产品属性。我们党代表着广大人民最根本的利益，必须以对人民群众高度负责的态度，把生态环境保护放在更加突出的位置，为人民群众提供更多优质生态产品，让良好生态环境成为人民生活的增长点，让老百姓切实感受到经济发展带来的实实在在的环境效益。[28]

在生态环境议题上，一直存在着人类中心主义和生态中心主义的争论。按照马克思主义的政治立场，从人与自然是生命共同体的哲学前提出发，习近平总书记指出，良好生态环境是最普惠的民生福祉，必须重点解决损害群众健康的突出环境问题，坚持生态惠民、生态利民、生态为民，不断满足人民群众日益增长的优美生态环境需要。要根据我国社会主要矛盾的转化，切实满足人民群众的生态环境需要，让大家安全、放心地生产和生活；必须切实保证人民群众的生态环境权益，把大家合理合法的生态利益诉求解决好；必须切实保证人民群众共同享用生态产品，让大家走出一条绿色发展、生态富民的路子。习近平总书记在庆祝改革开放40周年大会上进一步提出，必须让人民生活在天更蓝、山更绿、水更清的优美环境之中。最终，我们必须协同推进社会主义社会建设和生态文明建设，将人与自然和谐发展作为实现人的全面发展的内在规定和基本追求。可见，这一命题集中彰显了社会主义生态文明建设的价值取向。[24]

为人民谋幸福，是中国共产党矢志不渝的追求目标。新时代的民生问题不仅体现为满足人民群众日益增长的物质文化需求，还体现为满足人民群众日益增长的优美生态环境、优质生态产品的需求。"对人的生存来说，金山银山固然重要，但绿水青山是人民幸福生活的重要内容，是金钱不能代替的。你挣到了钱，但空气、饮用水都不合格，哪有什么幸福可言。"[31]这一科学论断深刻揭示了环境问题就是民生问题，丰富和发展了民生福祉的话语体系，指出生态文明建设要为了人民，依靠人民，成果由人民共享。随着人民群众物质文化生活水平的不断提高，人民群众对生态产品的需求越来越迫切，对生态环境的要求越来越高，既要生存更要生态，既要温饱更要环保，既要小康更要健康，生态环境质量已经成为影响人们生活幸福的重要指标。党的十九大报告指出，中国特色社会主义进入新时代，我国社会主要矛盾已经转化为人民日益增长的美好生活需要和不平衡不充分发展之间的矛盾。这充分说明在全面建成小康社会的过程中，人民日益增长的美好生活需求日益广泛，不仅对物质文化生活提出了更高要求，也对清洁的空气、干净的水源、安全的食品等提出了更高要求。"环境就是民生，青山就是美丽，蓝天也是幸福。"[34]以牺牲环境为代价固然会暂时性地推动经济的发展，但是却会引发一系列民生问题，影响社会的和谐稳定。所以，抓环境问题就是抓民生问题，改善环境就是改善民生。习近平总书记深刻地指出，"人民群众不是对国内生产总值增长速度不满，而是对生态环境不好有更多不满。我们一定要取舍，到底要什么？从老百姓满意不满意、答应不答应出发，生态环境非常重要；从改善民生的着力点看，也是这点最重要。"[31]因此，必须顺应人民群众的新期待，坚持生态惠民、生态利民、生态为民。

2.3.5　坚持山水林田湖草是生命共同体的理念

生态环境是统一的有机整体。必须按照系统工程的思路，构建生态环境治理体系，着力扩大环境容量和生态空间，全方位、全地域、全过程开展生态环境保护。[23]

要从系统工程和全局角度寻求新的治理之道，不能再是头痛医头、脚痛医脚，各管一摊、相互掣肘，而必须统筹兼顾、整体施策、多措并举，全方位、全地域、全过程开展生态文明建设。例如，治理好水污染、保护好水环境，就需要全面统筹左右岸、上下游、陆上水上、地表地下、河流海洋、水生态与水资源、污染防治与生态保护，达到系统治理的最佳效果。深入实施山水林田湖草一体化生态保护和修复，要开展大规模国土绿化行动，加快水土流失和荒漠化、石漠化综合治理。推动长江经济带发展，要共抓大保护，不搞大开发，坚持生态优先、绿色发展，涉及长江的一切经济活动都要以不破坏生态环境为前提。[27]

坚持山水林田湖草是一个生命共同体的思想，深化了对生态系统保护和修复规律的认识。习近平总书记用"命脉"把人与山水林田湖草连在一起，生动形象地阐述了人与自然之间唇齿相依、唇亡齿寒的一体性关系："人的命脉在田，田的命脉在水，水的命脉在山，山的命脉在土，土的命脉在林和草，这个生命共同体是人类生存发展的物质基础。"[35]

唯物辩证法认为，在处理人与自然关系的时候，要把自然界看成一个有机整体，只有这样才能正确地处理好人与自然的关系。习近平总书记从生态文明建设的宏阔视野提出"山水林田湖草是生命共同体"的科学论断，深刻揭示了山、水、林、田、湖、草与人类的生存息息相关，它们都是自然生态系统中不可或缺的重要组成部分，是相互依存的大系统，是一个生命共同体，这是对人与自然关系传统认识的超越，也丰富和发展了绿色治理的话语体系。这一论断既肯定了自然的内在价值，即山、水、林、田、湖、草等自然资源是一个生命体，又指出了自然界是人类赖以生存与发展的重要基础，人与自然是一个生命共同体。习近平总书记用"命脉"来形容人与山、水、林、田、湖、草之间的关系，生动形象地阐述了人对自然的依赖，揭示了山、水、林、田、湖、草之间的合理配置和统筹优化对人类健康生存与可持续发展的意义。因此，在利用自然、开发自然的过程中，要抛弃西方主客二分的思维方式，不能把自然看作人类征服的对象，要考虑自然的生命价值和生态价值，尊重自然、保护自然、顺应自然。"要把生态环境保护放在更加突出位置，像保护眼睛一样保护生态环境，像对待生命一样对待生态环境。"[31]善待自然，自然也会善待我们；伤害自然，自然也会伤害我们。

2021年3月，习近平总书记在参加十三届全国人大四次会议内蒙古代表团审议时，把治沙问题也纳入其中，提出"要统筹山水林田湖草沙系统治理"。习近平总书记还多次强调，"在生态环境保护上，一定要树立大局观、长远观、整体观，不能因小失大、顾此失彼、寅吃卯粮、急功近利。"[34]这充分说明，生态治理是一个整体性和系统性工程，要打破"自家一亩三分地"的思维定式，按照整体性和系统性的思维来抓生态文明建设。所以，在对待人与自然的矛盾时，不能采取头痛医头、脚痛医脚的局部治理，而要按照生态系统的整体性、系统性及内在规律，将局部的环境问题与"生命共同体"内的其他部分统筹考虑，实现生态服务功能最大化，促进自然资源的永续利用。

2.3.6　坚持用最严格制度最严密法治保护生态环境的理念

保护生态环境必须依靠制度、依靠法治。必须构建产权清晰、多元参与、激励约束并重、系统完整的生态文明制度体系，让制度成为刚性约束和不可触碰的高压线。[23]

建设生态文明，是一场涉及生产方式、生活方式、思维方式和价值观念的革命性变革。习近平总书记指出："只有实行最严格的制度、最严密的法治，才能为生态文明建设提供可靠保障。"[36]在生态环境保护问题上，就是要不能越雷池一步，否则就应该受到惩罚。这为我们划出了一条清晰、明确、不可逾越的底线。对于破坏生态环境的行为，不能手软，不能下不为例。当前，我国生态环境保护中存在的突出问题大多同体制不健全、制度不严格、法治不严密、执行不到位、惩处不得力有关。因此，要加快制度创新，建立起产权清晰、多元参与、激励约束并重、系统完整的生态文明制度体系，着力破除制约生态文明建设的体制机制障碍。强化制度执行，让制度成为刚性约束和不可触碰的"高压线"[28]。

生态环境问题是重大的社会政治问题，制度问题和法治问题更带有根本性、全局性、稳定性和长期性，因此生态文明建设尤其是生态环境治理需要实行最严格制度和最严密法治。这就要求我们必须建立和完善最严格的生态文明制度体系、最严密的生态文明法律体系，以制度和法律来保护生态环境，为生态环境保护提供更有约束力和更具刚性的保障，确保资源阈值、环境底线、生态红线不被突破，确保维护生态系统安全和降低环境污染水平，切实推进生态文明领域国家治理体系和治理能力的现代化。可见，这一基本命题集中表达了社会主义生态文明建设的治理机制和治理保障[24]。

制度建设是生态文明建设中的短板，只有把制度建设作为重中之重，着力破除制约生态文明建设的体制机制障碍，才能走向生态文明新时代。习近平总书记提出以制度和法治促进生态文明建设，强调生态文明建设的法治化，丰富了生态文明建设的制度话语体系。实行最严格的制度就是要建立健全生态文明制度体系，构建生态文明制度建设的"四梁八柱"，做到有法可依。党的十八大以来，生态文明制度体系加快形成，出台了一系列重要的法规制度：被称为"史上最严"的新环保法实施，大气、水和土壤的污染防治行动计划出台，"两高"司法解释降低了环境入罪门槛，省以下环保机构垂直管理制度改革开始试点……最严格的制度正在成为保护生态环境最有力的武器。特别是党的十九大以后，生态文明建设被先后写入党章和宪法，既成了全党的政治追求、政治任务和政治纪律，又成为国家意志，体现了生态文明建设是党的意志和国家的意志的统一。

在生态文明的制度建设过程中，最重要的是完善经济社会发展考核评价体系。"要把资源消耗、环境损害、生态效益等体现生态文明建设状况的指标纳入经济社会发展评价体系，建立体现生态文明要求的目标体系、考核办法、奖惩机制，使之成为推进生态文明建设的重要导向和约束。"[37]实践证明，生态环境保护能否落到实处，关键在领导干部。一些重大生态环境事件的背后或多或少都存在领导干部不作为、乱作为的现象。因此，要树立正确的政绩观，改变过去简单以GDP论英雄的做法，要强化绿色GDP考核，不要黑色GDP。习近平总书记就旗帜鲜明地讲道："要给你们去掉紧箍咒，生产总值即便滑到第七、第八位了，但在绿色发展方面搞上去了，在治理大气污染、解决雾霾方面作出贡献了，那就可以挂红花、当英雄。反过来，如果就是简单为了生产总值，但生态环境问题越演越烈，或者说面貌依旧，即便搞上去了，那也是另一种评价了。"[37]法律是红线、底线，任何人、任何组织都不能触碰、不得突破。"对造成生态环境损害负有责任的领导干部，不论是否已调离、提拔或者退休，都必须严肃追责。一旦发现需要追责的情形，必须追责到底，决不能让制度成为没有牙齿的老虎。"[31]2017年7月20日，中共中央办公厅、国务院办公厅就甘肃祁连山国家级自然保护区生态环境问题发出通报，这场"最严环保问责风暴"是我国环保事业"长出牙齿"的典型样本。实行最严格的法治就是要把现有制度落到实处，告诫人们决不能越雷池半步，否则就要受到惩罚。

2.3.7　坚持建设美丽中国全民行动的理念

美丽中国是人民群众共同参与、共同建设、共同享有的事业。必须加强生态文明宣传教育，牢固树立生态文明价值观念和行为准则，把建设美丽中国化为全民自觉行动。[23]

社会主义生态文明是人民群众共同所有、共同建设、共同治理、共同享有的伟大事业，是造福全体人民的最普惠的民生工程。参与社会主义生态文明建设是全体人民的共同权利和共同义务，人人有责，因此必须坚持建设美丽中国全民行动的理念。我们必须在党的领导下，大力加强生态文明宣传教育，引导大家牢固树立和大力践行社会主义生态文明观，把建设美丽中国化为全民自觉行动。我们要广泛动员社会各方力量，群策群力，群防群治，打一场生态文明建设的人民战争。我们要根据社会主义市场经济条件下社会系统领域的分化和分工的具体情况，大力构建党委和政府领导、企业主导、社会协同、公众参与、法治保障的社会主义生态文明治理格局。这一命题集中表达了社会主义生态文明建设的社会动员机制[23]。

推动公众依法有序参与环境保护是党和国家的明确要求，也是加快转变经济社会发展方式和全面深化改革步伐的客观需求。党的十八大报告明确指出，"保障人民知情权、参与权、表达权、监督权，是权力正确运行的重要保证。"新修订的《中华人民共和国环境保护法》（以下简称《环境保护法》）在总则中明确规定了"公众参与"原则，并对"信息公开和公众参与"进行专章规定。《中共中央　国务院关于加快推进生态文明建设的意见》提出，要"鼓励公众积极参与。完善公众参与制度，及时准确披露各类环境信息，扩大公开范围，保障公众知情权，维护公众环境权益"。为贯彻落实党和国家对环境保护公众参与的具体要求、满足公众对良好生态环境的期待并激发其参与环境保护事务的热情，环境保护部于2015年7月发布了《环境保护公众参与办法》，以切实保障公民、法人和其他组织获取环境信息、参与和监督环境保护的权利，畅通参与渠道，规范引导公众依法、有序、理性参与，促进环境保护公众参与更加健康地发展。该办法自2015年9月1日起正式施行，是新修订的《环境保护法》实施以来首个对环境保护公众参与做出专门规定的部门规章。作为新修订的《环境保护法》的重要配套细则，该办法从顶层设计上统筹规划，全面指导和推进全国环境保护的公众参与工作，对缓解当前环境保护工作面临的复杂形势、构建新型的公众参与环境治理模式、维护社会稳定、建设美丽中国具有积极意义[38]。

习近平总书记指出，与全面建成小康社会奋斗目标相比，与人民群众对美好生态环境的期盼相比，生态欠债依然很大，环境问题依然严峻，缺林少绿依然是一个迫切需要解决的重大现实问题。我们必须强化绿色意识，加强生态恢复、生态保护。他还强调，植树造林，绿化祖国，改善生态，人人有责。要积极调整产业结构，从见缝插绿、建设每一块绿地做起，从爱惜每一滴水、节约每一粒粮食做起，身体力行推动资源节约型、环境友好型社会建设，推动人与自然和谐发展。[39]

2.3.8　坚持共谋全球生态文明建设的理念

生态文明建设是构建人类命运共同体的重要内容。必须同舟共济、共同努力，构筑尊崇自然、绿色发展的生态体系，推动全球生态环境治理，建设清洁美丽世界。[23]

生态文明建设关乎人类未来，建设绿色家园是人类的共同梦想，保护生态环境、应对气候变化需要世界各国同舟共济、共同努力，任何一国都无法置身事外、独善其身。我国已成为全球生态文明建设的重要参与者、贡献者、引领者，主张加快构筑尊崇自然、绿色发展的生态体系，共建清洁美丽的世界。要深度参与全球环境治理，增强我国在全球环境治理体系中的话语权和影响力，积极引导国际秩序变革方向，形成世界环境保护和可持续发展的解决方案。要坚持环境友好的理念，引导应对气候变化的国际合作。要推进"一带一路"建设，让生态文明的理念和实践造福沿线各国人民。[27]

习近平总书记指出，人类是命运共同体，建设绿色家园是人类的共同梦想。保护生态环境是全球面临的共同挑战，任何一国都无法置身事外。国际社会应该携手同行，共谋全球生态文明建设之路，共建清洁美丽世界。在我国这样一个拥有14亿多人口的大国，走出一条生产发展、生活富裕、生态良好的文明发展道路，建成富强民主文明和谐美丽的社会主义现代化强国，将是我们为解决人类社会发展难题作出的重大贡献，也是为全球环境治理提供的中国理念、中国智慧和中国方案。我国生态文明建设的理念和实践已得到国际社会的广泛认同和支持。我们要创造出更高的生产效率、更民主的政治制度、更先进的文化、更和谐的社会，还要创造出更美的自然环境；要更好地解决人与社会的矛盾，还要更好地解决人与自然的矛盾。中国走出一条生态文明建设的实现现代化的新路，就会为世界上其他发展中国家追求现代化目标闯出一条新路。[27]

世界上只有一个地球，地球是人类共同的家园，因此人类是你中有我、我中有你的命运共同体。为了维护地球的可持续发展，国际社会必须坚持共谋全球生态文明建设的理念，也就是以人类命运共同体理念构筑一个尊崇自然、绿色发展的生态体系，共同维护全球生态安全，建设一个"清洁美丽的世界"。党的十九大报告提出："我们呼吁，各国人民同心协力，构建人类命运共同体，建设持久和平、普遍安全、共同繁荣、开放包容、清洁美丽的世界。"[29]因此，我们必须深度参与全球环境治理，为世界环境保护和可持续发展提供中国方案，积极引导应对气候变化的国际合作。现在，中国已经成为全球生态文明建设的重要参与者、贡献者、引领者。显然，这一命题集中表达了社会主义生态文明建设的全球视野和国际胸怀[24]。

中国作为世界上最大的发展中国家，一直致力于为人类社会的发展作出更大的贡献。中华民族经历了从站起来、富起来到强起来的伟大飞跃，迎来了中国特色社会主义新时代，这个新时代"是我国日益走近世界舞台中央、不断为人类作出更大贡献的时代"。党的十九大报告指出，中国共产党是为中国人民谋幸福的政党，也是为人类进步事业而奋斗的政党，始终把为人类作出新的更大的贡献作为自己的使命。"我们要努力建设一个山清水秀、清洁美丽的世界"，在中国共产党与世界政党高层对话会上，习近平总书记向全世界近300个政党和政治组织的领导人阐述了中国生态文明建设的价值目标。这不仅表达了对人民群众、对子孙后代高度负责的鲜明态度，也体现了构建人类命运共同体的历史使命，丰富了大国国际责任担当的话语体系。人类只有一个地球，各国共处一个世界。当今时代，国与国之间是息息相关的，整个世界变成了"地球村"。

面对全球性的环境问题，中国将生态文明建设融入经济社会发展的各方面和全过程，坚持绿色发展。作为负责任的大国，中国以实际行动推动绿色发展。"十三五"时期，我国的水电、风电、光伏发电、在建核电装机规模等多项指标保持世界第一；清洁能源发电装机规模增长到10.83亿kW，首次超过煤电装机，占总装机的比重约为49.2%，建立起了多元清洁的能源供应体系[40]。我国将提高国家自主贡献力度，采取更加有力的政策和措施，力争2030年前二氧化碳排放达到峰值，努力争取2060年前实现碳中和。到2030年，我国单位国内生产总值二氧化碳排放量将比2005年下降65%以上，非化石能源占一次能源消费的比重将达到25%左右，森林蓄积量将比2005年增加60亿m^3，风电、太阳能发电总装机容量将达到12亿kW以上[41]。虽然需要付出艰苦的努力，但我们有信心和决心实现我们的承诺[31]。当然，没有哪个国家能够独自应对人类面临的各种挑战，也没有哪个国家能够退回到自我封闭的孤岛。气候变化是全球性挑战，任何一国都无法置身事外，各国应该遵循"共同但有区别责任"的原则，积极采取行动。发达国家应该带头落实好资金技术支持，帮助发展中国家发展绿色经济。中国作为最大的发展中国家和负责任大国，一直积极承担应尽的国际责任，推动各国携手共同应对全球性的生态危机。"我们要坚持同舟共济、权责共担，携手应对气候变化、能源资源安全、网络安全、重大责任灾害等日益增多的全球性问题，共同呵护人类赖以生存的地球家园。"[31]中国作为全球应对气候变化事业的积极参与者，积极推进联合国2030年可持续发展议程和《巴黎协定》生效落实，并在2017年12月19日正式启动全国碳排放权交易体系，以实际行动再次为推进全球碳减排作出积极的贡献，在国际社会树立了良好形象。

中国共产党是以马克思主义理论为武装的政党，为人类作贡献、最终实现全人类解放是其初心和使命[42]。党的十八大以来，习近平总书记围绕"建设一个什么样的世界、怎样建设世界"提出了构建"人类命运共同体"的思想。在全球生态危机如此严峻而某些国家还试图逃避责任的国际背景下，"人类命运共同体"理念是为全球生态治理和人类发展贡献的中国方案与中国智慧。2017年2月10日，联合国社会发展委员会第55届会议协商一致通过的"非洲发展新伙伴关系的社会层面"决议，把"构建人类命运共同体"理念首次写入联合国决议中，成为推动世界文明进步的独特的中国智慧。中国共产党作为世界上最大的政党正以前所未有的自信走向世界舞台的中央，在实现中华民族伟大复兴的历史进程中努力为建设清洁美丽世界作出更大的贡献，彰显中国共产党的大党担当。

中华人民共和国成立70多年的伟大实践充分证明，中国共产党作为一个负责任大国的执政党，在共谋全球生态文明建设的道路上不负使命、不负时代，有信心、有能力带领中国人民建设好自己的美丽国家，为中华民族可持续发展完成奠基，也有信心、有能力从构建人类命运共同体的高度推进生态文明建设，与各国共同呵护人类赖以生存的地球家园[43]。在全球生态治理体系的重大变革中，中国正在由以往的追随者转变为新规则的参与者、制定者和引领者，为维护全球生态安全和促进世界可持续发展作出贡献。

参 考 文 献

［1］让−保罗·萨特. 辩证理性批判［M］. 林骧华，徐和瑾，陈伟丰，译. 合肥：安徽文艺出版社，1998.

［2］方世南. 马克思环境思想与环境友好型社会研究［M］. 上海：三联书店，2014.

［3］岩佐茂. 环境的思想［M］. 韩立新，译. 北京：中央编译出版社，1997.

［4］中共中央马克思恩格斯列宁斯大林著作编译局. 马克思恩格斯文集：第一卷［M］. 北京：人民出版社，2009.

［5］中共中央马克思恩格斯列宁斯大林著作编译局. 马克思恩格斯选集：第三卷［M］. 北京：人民出版社，2012.

［6］中共中央马克思恩格斯列宁斯大林著作编译局. 马克思恩格斯文集：第五卷［M］. 北京：人民出版社，2009.

［7］中共中央马克思恩格斯列宁斯大林著作编译局. 马克思恩格斯选集：第一卷［M］. 北京：人民出版社，2012.

［8］中共中央马克思恩格斯列宁斯大林著作编译局. 马克思恩格斯选集：第二卷［M］. 北京：

人民出版社，2012.

［9］恩格斯. 自然辩证法［M］. 于光远，等，译编. 北京：人民出版社，1984.

［10］马克思. 1844 年经济学—哲学手稿［M］. 刘丕坤，译. 北京：人民出版社，1979.

［11］中共中央文献研究室，国家林业局. 毛泽东同志论林业（新编本）［M］. 北京：中央文献
出版社，2003.

［12］我国代表团出席联合国有关会议文件集：1972［M］. 北京：人民出版社，1972.

［13］新华日报社. 中华人民共和国大事记（1949—2004）：上［M］. 北京：人民出版社，2004.

［14］中共中央文献研究室. 毛泽东著作专题摘编：上［M］. 北京：中央文献出版社，2003.

［15］党校政治学习教材联合编写组. 马克思 恩格斯 列宁 斯大林 毛泽东同志关于社会主义经济
理论问题的部分论述［M］. 北京：新华出版社，1984.

［16］顾龙生. 毛泽东同志经济年谱［M］. 北京：中央党校出版社，1993.

［17］毛泽东. 毛泽东文集：第 8 卷［M］. 北京：人民出版社，1999.

［18］张高丽. 大力推进生态文明 努力建设美丽中国［J］. 求是，2013（24）：3-11.

［19］薄一波. 薄一波文选［M］. 北京：人民出版社，1992.

［20］张平. 中国改革开放：1978—2008（综合篇·下）［M］. 北京：人民出版社，2009.

［21］胡锦涛. 高举中国特色社会主义伟大旗帜 为夺取全面建设小康社会新胜利而奋斗——在
中国共产党第十七次全国代表大会上的报告［J］. 求是，2007（21）：3-22.

［22］胡锦涛. 坚定不移沿着中国特色社会主义道路前进 为全面建成小康社会而奋斗——在中国
共产党第十八次全国代表大会上的报告［J］. 求是，2012（22）：3-25.

［23］中共中央 国务院关于全面加强生态环境保护坚决打好污染防治攻坚战意见［N］. 人民
日报，2018-06-25（001）.

［24］张云飞. 习近平生态文明思想话语体系初探［J］. 探索，2019（4）：22-31.

［25］习近平. 不惜用真金白银来还环境欠债［N］. 人民日报，2005-04-15（010）.

［26］华启和. 习近平新时代中国特色社会主义生态文明建设话语体系图景［J］. 湖南社会科学，
2018（6）：1-7.

［27］习近平. 推动我国生态文明建设迈上新台阶［J］. 求是，2019（3）：4-19.

［28］求是编辑部. 在习近平生态文明思想指引下迈入新时代生态文明建设新境界［J］. 求是，
2019（3）：20-29.

［29］习近平. 决胜全面建成小康社会 夺取新时代中国特色社会主义伟大胜利——在中国共产党
第十九次全国代表大会上的报告［N］. 人民日报，2017-10-28（001）.

［30］John Bellamy Foster，Brett Clark，Richard York. The Ecological Rift：Capitalism's War
on the Earth［M］. New York：Monthly Review Press，2010.

［31］中共中央文献研究室. 习近平关于社会主义生态文明建设论述摘编［M］. 北京：中央文献
出版社，2017.

［32］何修猛. 习近平生态文明思想的话语框架［J］. 实事求是，2019（1）：20-26.

［33］习近平.之江新语［M］.杭州：浙江人民出版社，2007.

［34］习近平.习近平谈治国理政：第二卷［M］.北京：外文出版社，2017.

［35］习近平.习近平谈治国理政［M］.北京：外文出版社，2015.

［36］中共中央宣传部.习近平总书记系列重要讲话读本［M］.北京：学习出版社、人民出版社，
2016.

［37］中共中央文献研究室.习近平关于全面深化改革论述摘编［M］.北京：中央文献出版社，
2014.

［38］环境保护部.环境部宣教司解读《环境保护公众参与办法》［EB/OL］.［2015-07-22］.
http：//www.gov.cn/zhengce/2015-07/22/content_2900767.htm.

［39］把建设美丽中国化为人民自觉行动［J］.紫光阁，2015（5）：7.

［40］丁怡婷.力争2030年前实现碳达峰，2060年前实现碳中和［EB/OL］.［2020-04-02］.
http：//www.gov.cn/xinwen/2021-04/02/content_5597403.htm.

［41］习近平.继往开来，开启全球应对气候变化新征程［N］.人民日报，2020-12-13（002）.

［42］王公龙.为人类作更大的贡献 彰显中国共产党的大党担当［J］.晚霞，2018（6）：48-50.

［43］李清源.70年，开创社会主义生态文明新时代［J］.环境经济，2019（23）：32-37.

第3章

中国版本

3.1 价值意义

生态文明建设的根本和长远之计是化育人心，培养具有社会主义生态文明观的时代新人。建设美丽中国、大力推进生态文明建设就必须充分发挥好高等教育在国家发展中的基础性、引领性作用。"生态兴"要以"教育兴"为基础，"生态文明兴"必须以"教育强国"为支撑。

3.1.1　绿色大学创建是生态文明建设的重要先手棋

习近平总书记强调，坚持把优先发展教育事业作为推动党和国家各项事业发展的重要先手棋，不断使教育同党和国家事业发展要求相适应，同人民群众期待相契合，同我国综合国力和国际地位相匹配。生态文明建设是中国特色社会主义事业的重要内容，关系人民福祉，关乎民族未来，事关"两个一百年"奋斗目标和中华民族伟大复兴中国梦的实现，是关系中华民族可持续发展的根本大计。加强生态文明建设，不仅是为了解决我国当下面临的生态环境问题，更是为了谋求中华民族的长远发展；不仅是影响发展的重大经济问题，更是事关党执政兴国的重大民生问题、社会问题和政治问题；不仅是推动我国自身发展进步的必然要求，更是推动人类社会发展进步的迫切需要[1]。生态文明思想是习近平新时代中国特色社会主义思想的有机组成部分。这一思想深刻回答了为什么建设生态文明、建设什么样的生态文明、怎样建设生态文明的重大理论和实践问题，进一步丰富和发展了马克思主义关于人和自然关系的思想，深化了我们党对社会主义建设规律的认识，为建设美丽中国、实现中华民族可持续发展提供了根本遵循[1]。教育兴则国家兴，教育强则国家强。高等院校是弘扬生态文明的主阵地，高校师生是生态文明建设的传播者和主要力量。高等教育要充分发挥教育的基础性、先导性和全局性作用，通过充分发挥高等院校在人才培养、科学研究、社会服务、文化传承创新、国际交流合作等方面具有的独特优势与重要作用，将其建设成为新时代生态文明建设的思想库、创新源、人才泵，助力新时代生态文明建设迈向新境界。

3.1.2 建设绿色大学是高等教育内涵式发展的应有之义

党的十九大报告明确提出，加快一流大学和一流学科建设，实现高等教育内涵式发展。习近平总书记强调，我国高等教育的发展方向要同我国发展的现实目标和未来方向紧密联系在一起，为人民服务，为中国共产党治国理政服务，为巩固和发展中国特色社会主义制度服务，为改革开放和社会主义现代化建设服务[2]。生态文明作为"五位一体"总体布局的重要内容和新时代的重要标识，是新时代社会主义事业最为活跃的领域。因此，新时代高等教育的内涵式发展与生态文明建设实现有机融合成为历史必然。

3.2 目标愿景

党的十九大提出，建设生态文明是中华民族永续发展的千年大计，功在当代、利在千秋，我们应牢固树立社会主义生态文明观，推动形成人与自然和谐发展的现代化新格局，为保护生态环境作出努力[3]。生态文明教育作为生态文明建设的基础，在培育生态文明观念中发挥着重要作用。高等院校的生态文明教育更是整个生态文明建设的关键一环，承载着立德树人的根本任务，是改变以人类为中心的传统自然观的基本路径，能够为绿色大学建设增添新的增长点，促使当代大学生树立良好的生态文明观，重塑生态文明新观念。

高等院校的生态文明教育，就是要坚持以习近平生态文明思想为根本指导，遵循生态文明发展理念，追求自然生态平衡、社会生态和谐有序和人的全面发展；坚持以生态文明教育为核心，遵循教育立德树人的根本要求，构建并完善一整套生态文明教育机制与体系，将生态德育、生态智育、生态美育等现代化教育理念全方位融入大学生思想中，推动大学生"生态思维—生态人格—生态行动"一体化的形成；坚持以校园生态管理为抓手，创制生态化的办学理念、办学范式、教学方针，以及科学的人才培养方案，以推动高等院校实现宏观把控、科学规划的战略布局；坚持以生态校园评估为动力，通过建设专门的绿色生态机构，实时监测高等院校的

"绿含量"，并根据相关标准营造一个良好的生态绿色氛围。可以说，新时代生态文明思想指引下的绿色大学建设所包含的内容、覆盖的领域要比可持续发展大学教育更为深入、具体，是对可持续发展大学的进一步超越。

3.2.1 实现绿色大学的生态化转型

生态文明视域下的绿色大学是一个涉及全方位、多维度的综合型大学，在其建设发展过程中应坚持正确的政治方向和价值取向。

第一，要坚持正确的政治方向。高等院校具有独特的教育功能，是人才培养的主阵地，其坚定的政治导向对学生有着潜移默化的深远影响。生态文明视域下的绿色大学，一方面要提高政治站位，增强"四个意识"，坚定"四个自信"，做到"两个维护"，在思想上、政治上、行动上同以习近平同志为核心的党中央保持高度一致，既不走封闭僵化的老路，也不走改旗易帜的邪路，坚持自由思想、独立人格的办学理念，自觉抵制来自"左"和右的思潮的干扰；另一方面要坚持马克思主义的指导地位，这是我国绿色大学发展的根本遵循和本质特征。习近平生态文明思想是马克思主义中国化的最新成果，是视野宏阔、理论深邃、内容丰富的科学体系，为马克思主义理论宝库作出了重大的原创性贡献，是绿色大学的指导思想和研究对象。生态文明视域下的绿色大学，应精心组织有分量、有理论深度和学理厚度的科学研究，将政治术语转化为学术语言，努力推动生态文明思想的宣传。

第二，要坚持正确的价值取向。高等院校是重要的思想文化阵地，应继续坚持和贯彻好以人才培养为根本、坚持依靠教授治学的以人为本的价值取向[4]。绿色大学要加大人事管理体制改革力度，优先保证关键岗位的骨干教师待遇，重点引进兼具教学和研究本领的优秀人才，并在此基础上构建具有国际竞争力的人才高地。此外，还要积极寻找绿色大学的突破口，推进绿色大学的战略转型，避免学术浮躁之风对大学教育价值观的冲击。

3.2.2 构建以生态文明思想为核心的生态学术体系

生态文明视域下的绿色大学是一个兼收并蓄的科学性大学，应当不断完善其具体内涵，坚持以德治校与依法治校，构建以生态文明思想为核心的生态学术体系。

第一，丰富与完善绿色大学的具体内涵是实现绿色大学生态化的基石。高等院校应突破绿色大学内涵的旧有桎梏，积极引入生态绿色评估机制，实现软环境与硬环境"两手抓"，以提升绿色大学的建设质量。从提升校园软环境水平的角度来看，生态绿色评估机制应立足于长远发展来组织和实施学校的各项工作，通过创新技术、改进评估指标来完善绿色教育、绿色管理等方面的评价体系。从提升校园硬环境水平的角度来看，高等院校应结合地方特色，增加相关地域性指标，鼓励各地在对其绿色水平进行评价时因地制宜，依据当地地理、气候、社会和经济发展状况等制定一套适合当地特色的评价体系。

第二，以生态文明思想为指导，在坚持立德树人的同时加强依法治理，是实现绿色大学生态转型的关键。需要说明的是，这里的"法"并不是严格意义上的宪法或其他具有规范意义的法律，而是指高等院校结合国家法规、教育政策，依据自身发展情况做出的相关章程、规定等。高等院校运用目标管理办法对绿色大学各项内容进行生态评估和针对性处罚，有助于为绿色大学的量化指标系统（评估与度量相关政策有效性的机制）提供硬"法"保障。

第三，构建以习近平生态文明思想为核心的生态学术体系。从办学理念来看，绿色大学应当紧跟时代发展，融入生态文明思想，更新办学理念，转变教育观念，以创建新时代生态文明视域下的绿色大学。从教育内容来看，绿色教育中需要积极融入生态美育、生态智育、生态德育、生态实践教育等内容，以实现绿色教育向生态文明教育的过渡。从教学方法来看，绿色大学应注重学生潜能的开发与能力的全面培养，运用启发式、交互式的教学方法，发挥教育的灵活性，培育拥有生态素养的时代新人。从教育技术来看，绿色大学能够通过多元化与开放式的教学方式，使用多媒体、网络等现代教学手段，延伸教育功能，发展远程教育，实现"和谐教育"。

3.2.3　创制新时代绿色大学的中国话语体系

面对我国绿色大学创建时间较晚、覆盖范围较小的困境，党和国家给予坚定回应：以生态文明思想为核心，培育具有生态文明观念的新时代公民。绿色大学作为绿色教育的主阵地，理应坚持正确的政治方向，根据自身特色优势，创新发展模式，推动绿色大学的生态化转型；同时，突破旧有范式，创制中国话语体系，塑造新时代生态文明视域下具有世界影响力的绿色大学。

第一，绿色大学应勇担重任，根据自身特色发挥教育优势，培育时代新人。绿色大学应坚持以立德树人为根本任务。一方面，将"立德"渗透到生态文明教育中，立蕴含生态文明观念之德，构建以生态文明价值观为核心内容的教育体系，培育集知识、素质、行为于一体的具有高质量生态素养的大学生；另一方面，将"树人"作为契合点，树践行生态文明理念之人，开展体验式实践教学，将生态文明主题教育实践活动与校外实践活动有机结合，力促活动形式多样、教学内容丰富。此外，绿色大学建设还应结合自身特点打造教育新模式，避免滋生千校一面的不良现象。部分绿色大学在教学实践中存在教育行政部门直接指挥或干预教学实施的现象，因而限制了高等院校的发展，形成了千校一面的现象，严重影响了办学特色的形成。因此，绿色大学建设应根据实际教学情况开展，绿色生态化教育要紧密结合地方实际，注重与地方经济、政治、社会、文化等密切结合，确保取得教育实效；同时，要紧密结合教学实际，整合知识结构，增添绿色生态元素，形成系统化、理论化、权威化的教学体系。

第二，绿色大学应拓宽国际视野，打破旧有范式，创制中国话语体系。绿色生态理论的当代话语是对旧有观念的扬弃，是后现代主义解构之后的重建，是建立在复杂性科学基础之上的绿色大学发展新路向。我国的绿色大学建设应放眼世界，充分汲取国外先进理论，加强综合培育，在深入总结我国高等院校生态文明教育理论与实践发展经验的基础上，遵循"继承性、原创性、主体性、时代性"的价值导向，从生态文明教育平等化、公正化、法治化等方面着手，推动社会主义"红色教育"与西方"浅绿思想"有机结合，形成"又红又绿"的具有中国特色的绿色生态化思想，创制生态化绿色大学的中国话语体系。在我国走向世界舞台中央的过程中，彰显中国特色、中国风格、中国气派。

3.2.4 创建中国化的绿色大学评价指标体系

指标体系研究是绿色大学与生态文明高等院校研究的重要部分，可通过测度和排名发现当今高等院校生态文明建设的优缺点及特征。

第一，一级指标的研究取得共识、基本类似。表3-1按照年份选取了7篇文献（标准）的一级指标内容并对其进行对比，通过研究发现，2007年已经出现了较为完整的绿色大学指标，即便10年以后，相关指标内容也未出现明显变化。

表3-1 部分文献（标准）一级指标对比

文献（标准）	一级指标内容	作者	发布时间
绿色大学建设及其评价指标体系实证研究	绿色教育、绿色科研、绿色校园、绿色实践、绿色办学	鲁璐、刘汉湖、白向玉等	2007年
我国绿色大学的内涵及评价指标体系研究述评	绿色理念、绿色课程、专业师资、绿色校园、绿色管理、绿色科研、绿色实践	王蕾	2011年
绿色校园评价标准	规划与可持续发展场地、节能与能源利用、节水与水资源利用、节材与材料资源利用、室内环境与污染控制、运行管理和教育推广	中国城市科学研究会绿色建筑与节能专业委员会	2013年
基于绿色经济理论的生态校园评价指标体系构建	生态教育、生态质量、基础设施、资源配置、景观与绿化、污染物排放、生态管理	喻海东	2014年
绿色大学评价指标体系及模型构建研究	绿色办公、绿色教育、绿色校园、绿色管理、绿色科技、绿色人才	中国城市科学研究会绿色建筑与节能专业委员会	2015年
基于绿色发展理念的绿色大学创建指标体系研究	准入条件、绿色管理、绿色教育、绿色校园、绿色科技	朱晓林、王秋霖	2018年
高校绿色校园评价探索	绿色生态、绿色环境、资源节约、绿色管理、绿色理念、绿色文化	冯婧、张宏伟、张雪花等	2018年

目前，国内影响较大的是中国城市科学研究会绿色建筑与节能专业委员会于2013年发布的《绿色校园评价标准》。2014年4月18日，由中国城市科学研究会担任主编单位，中国城市科学研究会绿色建筑与节能专业委员会绿色校园学组会同同济大学、中国建筑科学研究院、清华大学、北京大学等20家单位，开展国家标准《绿色校园评价标准》的编制工作，该标准最终于2019年3月13日发布，2019年10月1日实施（GB/T 51356—2019）。其中，高等学校部分（一般项）与中小学校相比更为严格：节能方面，要求编制校园中长期节能规划；节水方面，要求合理确定雨水积蓄、处理及利用方法，景观补水应采用雨水、再生水等非传统水源；室内环境方面，要求采用集中空调，教室、图书馆等空间采取必要的防眩光措施，对于建筑采光、降低空调能耗进行了约束；运行管理方面，要求校园后勤定期对校车等涉及安全的设施进行检查维护，并建立绿色校园智能化运行管理系统；教育方面，鼓励学生参与到与绿色校园相关的社会实践中，并开设相关公共课程，发挥高等院校的产学研优势，需支出专项经费用于绿色校园建设等。然而，尽管该指标体系较为完善，科学性也较好，却未能被高等院校很好地实行。

第二，二级指标的支撑需完善。一级指标体系下一般都会设二级指标，内容也是大同小异，如鲁璐等在研究中设计的部分二级指标包括课程教育、专题活动、师资力量、绿色技术、生态园林景观、污染控制措施、绿色社会实践、绿色制度等20项内容[5]。随着时间的推移，这些指标并没有改变，但是出现了一些对应时代特征的指标，如喻海东设计的二级指标包括空气质量指数、噪声指数、水环境质量、污水处理技术、清洁能源、绿地覆盖率、生物多样性、绿色办公等26项内容[6]，冯婧等设计的二级指标包括海绵城市建设、可再生能源、室内空气质量、土壤环境质量、环境设备运行与管理、垃圾分类、绿色教育理念、考核机制等25项内容[7]。然而，国内的二级指标更多地只是罗列几个大项目，没有再将其细分，因而指标本身宽泛而不具体。例如，将垃圾分类细化为按照湿垃圾、可回收物、干垃圾和有害垃圾分别回收，将生物多样性细化至乔灌草、水生植物、兽类、底栖类等。由此看来，二级指标需进行更细化的研究，通过更多数据进行支撑，其内容应纳入学校统计与管理体系，以保证数据可获取，还要与时俱进，如在当今时代背景下应加强关于垃圾分类与生物多样性指标的研究。

第三，现有指标与国外指标存在差距。在美国，绿色校园建设需遵循的统一指标是LEED绿色建筑认证（表3-2）。LEED是目前世界上最具影响力的绿色建筑评价标准之一[8]，其指标项目包括可持续场地设计、水资源使用效率、能源与大气环境等内容，在技术规范上对学校新建项目及建筑改造提出了严格要求，并确保了师生的健康。相较而言，我国的《绿色校园评价标准》及大量研究都没有在绿色建筑上进行更深入的讨论，也没有提出相应要求，缺乏对绿色建筑的重视成为当今高等院校能耗、水耗高的原因之一。

表3-2　美国LEED绿色建筑认证指标内容（学校）

类别	指标（共110分）	分值
可持续场地设计	建造活动污染防治、选址、交通方案、场地开发、雨水设计、热岛效应等	24
水资源使用效率	减少水资源使用、节水绿化、革新性的废水处理技术、使用过程中节水	11
能源与大气环境	建筑能源系统的基本调试、最低能耗绩效、基本制冷管理、优化能源绩效等	33
材料与资源	循环再生废弃物贮存与回收、建筑再利用、建筑垃圾管理、材料再利用、木材认证等	13
室内环境质量	环境烟草烟雾控制、室外空气传输监测、声学性能、增加通风、低发光材料、室内化学及污染源控制、能控系统、热舒适度、采光和视野、防止霉菌等	19
革新设计（奖励分）	革新设计、LEED专业认证、学校环境教育创新	6
区域优先权（奖励分）	区域优先权	4

2010年4月，印度尼西亚大学以自创的评价体系（表3-3）为基础发起了世界绿色大学评比。该评价体系旨在开展全球高等教育和可持续发展计划研究，创建全球可持续发展领导者。

表3-3　世界绿色大学校园评价体系指标内容及分数

一级指标	二级指标	分数	一级指标	二级指标	分数
设置和基础设施（15%）	开放空间面积占总面积的比率	300	水（10%）	实施节水计划	300
	校园森林覆盖面积	300		水循环利用计划	300
	校园植被覆盖面积	200		使用节水器具	200
	校园地面吸水率	200		经过处理的水消耗量	200
	总开放空间面积除以校园总人口	200	交通（18%）	总车辆（汽车和摩托车）除以校园总人口	200
	可持续发展预算	200		班车服务	200
能源和气候变化（21%）	节能电器的使用	200		校园"零排放"车辆（ZEV）政策	200
	智能建筑实施计划	300		"零排放"车辆（ZEV）除以校园总人口	200
	校园内可再生能源量	300		停车区与校园总面积之比	200
	总用电量除以校园总人口	300		过去3年旨在限制或减少校园停车区域的交通计划	200
	可再生能源产量与每年总能源使用量的比率	200		减少校园私人车辆的交通措施数量	300
	绿色建筑要素	300		校园行人政策	300
	温室气体减排计划	200	教育与研究（18%）	可持续性课程占总课程或科目的比率	300
	总碳足迹除以校园总人口	300		可持续发展研究经费占总研究经费的比率	300
废弃物（18%）	高校循环回收项目	300		可持续发展宣传	300
	减少校园内纸张和塑料使用的项目	300		可持续发展活动	300
	有机废弃物处理	300		可持续发展学生组织	300
	无机废弃物处理	300		可持续发展网站	200
	有毒废弃物处理	300		可持续发展报告	100
	污水处理	300			

该指标体系非常详细，如要求学校分别统计森林、植被、水域、开放空间等面积，计算碳足迹、车流量，对于废弃物的排放更是细分到有机废弃物处理、无机废弃物处理、有毒废弃物处理等。对于二级指标，设置了详细的评分规则，如针对"开放空间面积占总面积的比率"这一指标，若覆盖率<1%，得0分；覆盖率为1%~70%，得0.25×300分；覆盖率为70%（不含）~85%，得0.50×300分；覆盖率为85%（不含）~92%，得0.75×300分；覆盖率超过92%，得1.00×300分。与之相比，我国的指标大多过于宽泛，缺少明确的目标，并且对于评分比例的设置及打分原则也未设立更为详细的标准，仅根据主观判断来评分。

当前，全球参与该指标评分的高等院校由2010年的95个上升至2020年的912个，参与的国家也由2010年的35个上升至2020年的84个。该指标对全球的绿色大学发展起到了不容小觑的推动作用。从2017年开始，我国先后共有4所院校参加了这一评比：山东师范大学历山学院（2017年、2018年）、上海建桥学院（2017年、2018年）、上海交通大学（2019年、2020年）和潍坊科技学院（2019年、2020年）。相较而言，国内相关指标的研究仅停留在理念和理论研究阶段，很多研究只是建立了一个指标体系，而较少使用它在实践中对高等院校进行分析或排名，在推广应用方面与国外的指标有明显差距。

生态文明建设正处于关键期、攻坚期和窗口期，高等教育应充分发挥教育的基础性、先导性和全局性作用，落实立德树人的根本任务，以改革创新的精神状态和工作思路推动生态文明教育理念、教学目标、教学内容、教学方法的一系列转变，将社会主义高等院校打造成为弘扬生态文明主流价值观、凝聚生态文明价值共识、培育生态文明价值认同、坚定生态文明价值信仰的主阵地和重要平台，培养具有生态文明思维和行为方式的现代生态公民。

3.3　主要路径

3.3.1　绿色校园

党的十九大报告中指出，"倡导简约适度、绿色低碳的生活方式，反对奢侈浪费和不合理消费，开展创建节约型机关、绿色家庭、绿色学校、绿色社区和绿色出行等行动。"[3]绿色校园、绿色社区等成为新时代践行生态文明思想的微观实践，是生态文明思想融入高等教育的空间载体，是绿色大学的外在表征。

我国受发展阶段所限，绿色校园建设起步较晚。在国际社会的影响与带动下，我国于20世纪90年代制定了可持续发展战略，并开始关注绿色校园建设。1994年《中国21世纪议程》发布，与绿色校园相关的绿色大学建设开始受到广泛关注并局部开始实践。1998年，由清华大学王大中校长牵头，钱易院士等发起了包括绿色教育、绿色科技、绿色校园在内的绿色大学创建活动。2001年，教育部正式批准清华大学建设绿色大学，标志着我国首个绿色大学的创立，揭开了绿色大学建设的帷幕[9]。在国家"十一五"规划出台之后，《教育部关于建设节约型学校的通知》（教发〔2006〕3号）印发，高等院校开始将建设节约型学校作为"十一五"规划和中长期发展规划的重要内容，并提出切实可行的落实措施，纷纷提出"资源节约型、环境友好型"两型校园建设的规划和目标任务，其中节约型校园建设是基础和关键。

源于西方发达国家、起步于20世纪末的绿色校园建设需要在新时代的背景下进行再认识。绿色校园建设在一定程度上是现代西方环境运动的副产品，在新时代应被赋予新的内涵，即要以马克思主义的理论和方法来重新解读绿色校园建设。绿色校园不再局限于从自然科学的角度去实现资源的节约和利用、自然环境的保护和治理，而要以实现"人—社会—自然和谐"为目标，打造既坚持马克思主义生态思想，又批判吸收国外绿色校园建设的经验，更体现出中国特色区域文化个性基因的绿色化空间载体，为全社会的生态文明建设起到良好的示范与导向作用。

3.3.2　绿色教育

习近平总书记强调，生态文明建设同每个人息息相关，每个人都是生态环境的保护者、建设者、受益者，每个人都不是旁观者、局外人、批评家……必须加强生态文明宣传教育，强化公民环境意识，构建全民行动体系，推动形成节约适度、绿色低碳、文明健康的生活方式和消费模式，形成全社会共同参与的良好风尚，把建设美丽中国化为人民自觉行动[1]。高等院校绿色教育作为培育和宣传社会主义生态文明观的重要阵地，担负着培养具有生态文明理念和素质的社会主义事业接班人的历史重任，是新时代绿色大学建设的内在核心、根本基础。

我国高等院校的绿色教育起步较晚，通常将1998年清华大学绿色大学的创建作为标志。绿色大学在建设时就是围绕人的教育这一核心，将可持续发展和环境保护的原则、指导思想落实到大学的各项活动中，融入大学教育的全过程[9]。在积极学习国外先进经验的基础上，我国结合发展实际、国情、区域现状和高等院校特色，打造出了以清华大学、农林类院校等为代表的先进典型，但尚不能满足新时代生态文明建设对人才、智识的迫切需求。

第一，绿色教育运行处于"有要素，无体系"的状态。党的十八大开启了建设美丽中国的历史征程，高等院校的环境教育开始向更为全面的生态文明教育转化。目前，我国高等院校的绿色教育由独立的环境专业教育、思想政治理论课（以下简称思政课）生态意识教育、校园生态文化教育等构成，但尚不成体系，仅具有生态文明教育的要素，并没有形成完整的生态文明教育体系。

第二，绿色教育效果有待加强。调查结果显示，大学生的生态文明认知呈现出"意识强、知识弱"和在生态问题应对上"高关注、低实践"的特点。生态意识的价值在于激发公众对生态问题的敏感性，而生态知识的价值则是确保公众能够理性地维护生态权益和参与生态文明建设实践。生态知识可以克服生态意识的局限，使主体在参与生态文明建设中保持一种"清醒"的状态，避免不理性的生态事件发生[10]。调查结果显示，大学生的生态文明意识得到了极大的提高，但对生态文明的认知还处于生态意识层面，没有上升到理性的生态知识层次。

第三，绿色教育人才培养体系尚未形成育人合力。绿色教育的核心是人才培养，以生态文明思想为指导培养具有社会主义生态文明观的时代新人，其基础是构筑中国特色社会主义生态文明学科体系。在现实工作中，马克思主义生态思想，尤其是习近平生态文明思想在绿色教育中的融入尚不充分，在一些学科中"失语"、教学中"失位"、教材中"失踪"、管理中"失声"，缺乏符合马克思主义的原创性、系统性、引领性生态文明理论研究成果的支持，在学术命题、学术思想、学术观点、学术标准、学术话语上还不够成熟。学科体系建设的乏力成为人才培养中的关键短板，加之其他体系也存在问题导致协同育人难以实现。

生态文明建设正处于关键期、攻坚期和窗口期。高等院校绿色教育要充分发挥教育的基础性、先导性和全局性作用，落实立德树人的根本任务，以改革创新的精神状态和工作思路，推动教育理念、教学目标、教学内容、教学方法的一系列转变，构建以人才培养为核心的绿色教育体系。

首先，要坚持民族特色与国际经验相统一的原则。绿色教育在新时代已经跃升为生态文明教育，应坚持生态文明思想，以人类文明史的高站位和人类命运共同体的新理念为指引，坚持不忘本来、吸收外来、面向未来，彰显社会主义文化自信，善于融通马克思主义的资源、中华优秀传统生态文化的资源、国外生态文明教育的资源，加强生态文明教育的国际交流与协作。

其次，要坚持系统推进与重点突破相衔接的原则。新时代绿色教育的核心是人才培养，需要发挥学科体系、教学体系、教材体系、管理体系和思想政治工作体系的协同作用，是一个多部门、多领域、多系统的历史性命题，须从多方着手，群策群力，协同作用。当前，加强高等院校生态文明教育的关键突破点可能就在于通过将生态文明思想融入高等院校的教材体系，先抓好思政课教学这一社会主义意识形态教育的主阵地、主渠道，进而带动人才培养体系的生态化转型。

再次，要坚持理论传授与实践育人协同的原则。生态文明观的培育要在公共参与中实现，在实践中培育和提升。在生态文明教育过程中要坚持理论教育和实践锻炼并重，提高思想认识与培养行为习惯相结合，实现理论知识的具体化，将生态知识寓于实践之中，在实践中提高生态文明建设的知识水平和能力，形成良好习惯、科学信念和生态行为习惯，并通过社会交往、文化反哺影响和辐射更为广阔的人群参与到生态文明建设之中。

最后，要坚持总体要求与地方实际相结合的原则。高等院校绿色教育要按照不同的区域特点和主体特征，实事求是、因地制宜地开展相关活动。不同区域所面临的主要生态环境问题和任务有所差异，所具备的生态文明教育资源也不尽相同，不同教育主体要坚持灵活性和统一性的原则，在国家生态文明教育的总体规划和原则指导下，结合本地实际，对生态文明教育的内容进行合理安排，并适当调整补充。

教学体系是高校人才培养的重要载体，决定了受教育者所获得的知识和能力的多少，是将高等院校人才培养计划付诸实践的桥梁。当前加强高等院校生态文明教育的主要抓手在于将生态文明思想融入其教学体系，进而带动人才培养体系的生态化转型。

一是要发挥思政课教学在生态文明教育中的主渠道作用。思政课是高等院校传播和培育生态文明理念的主渠道。当前，习近平新时代中国特色社会主义思想写进思政课教材的修订工作已经完成，还应进一步将习近平生态文明思想也融入相关部分。高等院校应完善和改革思政课教材体系，优化设计，以新时代大学生认知心理特点为基础，通过实现生态文明思政教育的"五课联动"（四门必修课+形势与政策选修课）增强内容的可读性、感染力和说服力。

二是要增加高等院校生态文明教育必修课和通识选修课教学课时量。高等院校应当重构生态文明教学资源，成立生态文明教学指导委员会，将校内的生态文明教学资源进行整合，开设生态法治教育、生态伦理道德教育、生态意识和生态知识等方面的选修课程或专题讲座。在农林、海洋、矿业等生态资源关联度较高的高等院校，建议立足办学特色，充分调动优势办学资源，开设相应课程或专题讲座。

三是要建设智慧教育时代的生态文明网络课程。智慧教育时代要改变以往教材与教学、教材与课程割离的情形，进行立体化教材编写。立体化教材使纸质教材与互联网、云服务端以及学生电子教材使用终端之间构成有机联系的新生态系统，避免了将教育信息化等同于纸质教材文字电子化的错误做法。

3.3.3 绿色科研

绿色科研是绿色大学建设的重要内容。加强绿色科技创新与政策研究，不仅可以为国家生态文明建设做出贡献，也可以为绿色教育和绿色校园建设提供理论和技术支撑，是生态文明思想融入高等教育的关键一环。

高等院校的科学研究已经成为国家科学事业及其创新体系的重要组成部分，在国家科学技术进步中发挥着关键作用。绿色科研首先是为培养懂环保、爱环境、重生态的绿色人才，特别是培养从事绿色科研的人才；其次是为大力推动绿色科技及其产业的发展。这就需要高等院校一方面通过增强广大教师的绿色科研工作意识，把绿色精神孕育和绿色技术研发的社会重心前移，以绿色课题研究为抓手，不断完善绿色科研机制、体制，为高等院校绿色科研工作保驾护航，以此促进绿色科研内涵和质量的提高，为社会生态文明建设提供建设性的决策依据，不断提高自身的社会贡献度；另一方面通过提高绿色技术系统的构建、发展与管理水平，在不断提高学校绿色科研能力的同时，将大批具有生态文明意识与绿色科研能力的绿色人才输送入社会，这样将会极大地提高全社会的绿色科技水平。

1.浙江大学

浙江大学开展的绿色科研与社会服务典型项目涉及5个方面，见表3-4。

表3-4　浙江大学绿色科研与社会服务典型项目

科研领域	成果和绩效
建筑节能	开展以夏热冬冷地区为主的建筑节能新材料、新技术、新体系研究，承担国家科技支撑项目、"863"项目、地方科技计划重大项目20余项
水污染控制与治理	开展太湖流域、钱塘江流域水污染控制与水环境综合整治技术研究，主持国家重大科技专项、"973"项目、"863"项目、国家基金重点项目等多项课题，获国家和省部级奖励11项
生物质能利用技术	解决生物质能利用过程中的"瓶颈"问题和技术难点，在生物质直接燃烧发电、生物质中热值气化和生物质闪速热裂解制取高品位清洁液体燃料等方面取得了一批独创性的研究成果
智能电网与新能源	以复杂工业过程的节能减排、新能源及智能电网的优化控制为研究方向，开展了复杂网络连锁故障识别及智能控制方法、1.5 MW风电机组智能控制技术及在线监测技术、典型耗能企业关键设备和厂级节能优化技术等国家自然科学基金项目、"863"项目研究
垃圾处理和利用技术	研发了城市生活垃圾异重循环流化床焚烧技术，形成了包含垃圾预处理、垃圾给料、冷渣分选、焚烧热工控制、尾气净化处理等在内的垃圾焚烧处理系统集成技术

2.江南大学

江南大学发挥轻工特色学科优势，在环境污染控制、清洁生产新技术、节约能源、循环经济理论与实践、新能源与技术、环境法治建设等诸多方面开展了广泛而深入的研究和实践，积极发展符合生态学原理的技术、工艺和设备。近年来，学校承担的绿色科研项目数已占项目总数的30%左右，其中部分科研成果获得省部级以上科技奖励。例如，承担了"谷氨酸发酵高产菌种选育和过程优化控制技术"等多个与绿色生产相关的"863"项目和省部级课题；参与了中华人民共和国成立以来环境领域最大的科研项目"水体污染控制与治理科技重大专项"，多个研究项目获得国家和江苏省的资助，该校也被确定为太湖水污染治理重点单位之一。

此外，江南大学还加强环保软科学研究，成立了多个开展绿色科研的研究中心——无锡低碳城市发展研究中心、无锡太湖水生态修复与保护研究中心、无锡节能与循环经济研究中心等。这些研究中心发挥了地方经济发展思想库的作用，积极为地方可持续发展提供决策参考。

3.天津工业大学

天津工业大学在开展绿色科研的过程中充分发挥科研人才优势，注重技术创新与集成创新，集中力量研发提高资源利用率的关键技术并积极推广，如地热井、温泉井、LED灯、地源热泵、水源热泵、燃气锅炉、太阳能、水系统……多种节能、节水、资源综合利用的新技术在这里得到了应用。其新校区钻探的地热深井实行"梯级利用"，采用全封闭循环模式，实现了"零排放"，不仅节省了供热资金，还做到了节能减排。由于在节约利用资源和环境保护方面成效突出，"梯级利用"地热开发项目被联合国开发计划署列为重点跟踪项目，土壤源热泵被住房和城乡建设部列为第二批可再生能源建筑应用示范项目，能源多样化创新性技术集成应用示范工程被列为国土资源部2008年度矿产资源保护开发项目，总体水平居于国内领先地位。

3.3.4　绿色制度

新时代高等院校生态文明教育的制度保障体系涉及国家层面的顶层设计及其自

身的制度建设。国家应不断完善环境教育法律法规，根据经济社会发展和生态文明建设的需要，制定生态文明教育法，对生态文明教育的管理制度、评价制度、监督制度、人员和机构专业化制度、责任制度、对外交流合作制度以及保障制度予以具体规范。在生态文明教育法制定尚不成熟的阶段，可通过行政法规的形式对生态文明教育做出规定，使之成为新时代绿色教育的顶层设计。

学校层面的制度建设包括两个重点。一是在大学章程和学校的"十四五"发展规划纲要中体现出注重发展生态文明教育的理念。大学章程是高等院校教学、科研活动的"宪法"，"十四五"发展规划是未来一段时期大学发展的蓝本。在大学章程和发展规划中要专门设置生态文明教育的内容，并按照生态文明的要求去重构大学教育体系、校园文化建设、基础设施建设等，用生态文明理念统领并将其融入高等教育的全过程和各个方面。二是在高等教育的中观制度层面建立生态文明教育的保障机制。成立专门的生态文明教育机构，由其具体落实大学章程和发展规划中的生态文明教育要求和理念，在形成高等院校生态文明教育机制的同时，把生态教育的成果作为衡量思想政治工作和文明创建工作成效的重要指标之一，建立相应的工作目标、工作计划、工作流程和考核制度。

在生态文明思想融入高等教育的过程中，常被忽略的一个极为重要的方面是要高度重视并积极参与到国际生态教育法治建设中。1990年发表的《塔乐礼宣言》就是在高等教育领域第一次由大学领导者对环境和可持续发展做出的承诺，是目前国际公认的大学推动可持续发展最具指标意义的文件。该宣言明确了大学在全球可持续发展中的重要地位，并就大学应扮演的角色进行规定，提出大学要在增加对环境可持续发展的觉醒、创造一种追求永续性的校园文化、教育学生成为对环境负责的公民、促进校园每一分子对环境的认知及加强国内外合作与服务等方面推进绿色大学建设。签署该宣言有助于国内高等院校充分吸收借鉴国际先进经验，在全球化视野中推进绿色大学建设，以实现宣言的既定目标。

参 考 文 献

［1］《求是》编辑部.在习近平生态文明思想指引下迈入新时代生态文明建设新境界［J］.求是，
2019（3）：20-29.

［2］孙春兰.深入学习贯彻习近平总书记关于教育的重要论述　奋力开创新时代教育工作新局面
［J］.求是，2018（19）：7-10.

［3］习近平.决胜全面建成小康社会夺取新时代中国特色社会主义伟大胜利——在中国共产党第
十九次全国代表大会上的报告［N］.人民日报，2017-10-28（1-5）.

［4］吴敏生，吴剑平，孙海涛.跨越世纪清华梦：王大中校长十年启示录［M］.北京：清华大
学出版社，2018.

［5］鲁璐，刘汉湖，白向玉，等.绿色大学建设及其评价指标体系实证研究［J］.环境科
学与管理，2007（12）：182-185.

［6］喻海东.基于绿色经济理论的生态校园评价指标体系构建［J］.产业与科技论坛，2014，
13（10）：108-109.

［7］冯婧，张宏伟，张雪花，等.高校绿色校园评价探索［J］.天津科技，2018，45（6）：35-40.

［8］LEED.About LEED［EB/OL］.［2015-07-22］.https：//www.usgbc.org/about/brand.

［9］张凤昌.践行科学发展，创建"绿色大学"［J］.中国高等教育，2011（Z1）：14-16.

［10］郭永园.协同发展视域下的中国生态文明建设研究［M］.北京：中国社会科学出版社，
2016.

第4章

绿色教育

————

4.1 价值目标

大学生作为国家建设和发展的主力军，理应积极响应国家生态文明建设的号召。严谨、明晰的内涵和外延是创新高等院校绿色教育的前提，要素明确、体系合理的组成内容是其理论研究的支撑。高等院校绿色教育是以党的十八大以来中央相关文件为理论基础，在充分挖掘习近平总书记对生态文明宣传教育的讲话精神、借鉴国内相关学者研究成果的基础上开展的。

4.1.1 绿色教育是生态文明融入高等教育的题中之义

我国高等院校肩负着为实现中华民族伟大复兴培养和造就新世纪高素质青年的光荣任务。首先，高等院校是弘扬生态文明的主要阵地。2011年印发的《全国环境宣传教育行动纲要（2011—2015年）》（环发〔2011〕49号）明确强调，"推进高校环境教育，将环境教育作为高校学生素质教育的重要内容纳入教学计划。"高等院校要落实相关要求，就要将可持续发展和生态学等基本原理和方法带入课堂，带领学生进行实践，使其建立起环境保护意识、生态意识和节约意识。其次，高校师生是生态文明建设的传播者和主要力量。具备高素质、高学问的高校师生毫无疑问应该大力宣传生态文明和环境保护思想，成为生态文明建设的积极践行者，并以自己的实际行动加强能源资源节约和生态环境保护。更为重要的是，要以其模范带头作用对我国的生态文明建设发挥良好的示范和引领作用。最后，高等院校肩负生态文明建设的历史使命。生态文明是中华民族诸多文明的内涵之一，建设和发展生态文明就是传承中华文明，是高等院校的历史责任。无论从全世界，还是从国家、民族的角度来看，生态文明建设都已然成为一个现实问题，这是当代高等院校必须承担的社会责任。高等院校培养杰出人才正是为了社会、国家更好地发展。生态文明是一个持续的话题，生态文明建设的目标就是让世界更加美好，所以生态文明融入高等院校关系到国家的未来。

4.1.2 绿色教育是贯彻国家战略的主动之举

大学生是国家着力培养的接受过系统教育、拥有先进的科学知识、具有很强的学习能力、善于运用创造性思维分析和解决问题的人才，其是否能正确认识环境问题、是否具有正确的生态意识对我国生态文明建设具有直接影响，关乎人民福祉和美丽中国建设。青年学生的意识形态将在很大程度上影响国家和社会的发展，所以必须加强对大学生良好生态文明意识的培养，使其树立正确的人生观、价值观和世界观。

生态文明建设是社会主义建设的重要战略部署，创新高等院校绿色教育能够为生态文明建设提供良好的智识支撑和人才队伍。习近平总书记在2016年全国高校思想政治教育工作会议上的重要讲话中提出，"教育强则国家强。""高校思想政治工作要因时而进、因势而新，通过我们的辛勤工作让学生感受到信仰的力量和真理的力量，感受到党的伟大和党的事业的伟大，让更多的学生汇集在党的旗帜下，为实现中华民族伟大复兴的中国梦建功立业！"因此，创新高等院校绿色教育是贯彻国家生态文明战略和加强网络思想工作战略的主动之举。

4.1.3 绿色教育是实现高等教育立德树人根本任务的现实诉求

习近平总书记指出，我国高等教育肩负着培养德智体美全面发展的社会主义事业建设者和接班人的重大任务，必须坚持正确的政治方向。高校立身之本在于立德树人，只有培养出一流人才的高校，才能够成为世界一流大学。[1]立德树人是教育的根本任务，引导学生认同和践行社会主义核心价值观是其重中之重。要使社会主义核心价值观能够真正地被人们接受，关键是要按照习近平总书记关于"在落细、落小、落实上下功夫"的要求，引导学生通过互动体验和共建共享将其融入血脉、彰显于言行。

高等教育的根本任务是立德树人，而立德的一个维度就是生态伦理道德，树立生态道德伦理观是"立德"的重要内容，培养具有良好生态认知水平的青年群体是"树人"的时代要求。生态伦理道德的目的是要引导人们正确地认识人类与自然之间的关系，从而协调人类与自然之间的利益，促进人类与自然之间的可持续发展，最终进一步促进人类的全面发展。在当下应立足网络时代教育传播的基本原则和规律，充分利用网络的即时性、移动性、互动性等特点，将生态文明融入高等教育各个方面和全过程，实现绿色教育与高等教育的协同发展。

高等院校绿色教育的目标就是开展绿色教育活动所期望得到的结果，它贯穿于整个活动中，是高等院校绿色教育的始发点和终点，并且制约着整个活动的发展方向。新时代绿色教育就是要在习近平生态文明思想的指引下，培养具有社会主义生态文明观的时代新人，为促进生态文明、美丽中国及和谐社会建设储备得力的人才资源。

一方面，要树立生态文明观。生态文明观就是要正确处理人类与自然、人类与社会及人类与自身之间的关系，实现自然生态平衡与人类自身经济目标的协调统一。大学生是具有较高素质并且对社会发展有很大影响的人群，作为推动生态文明建设的主力军，其对生态文明的认知和实践方式是全社会生态文明健康发展的重要因素。创新高等院校绿色教育就是要充分结合时代背景，健全大学生自身的生态人格，使大学生进一步掌握更多的生态知识，陶冶对生态环境的情感，培养生态安全的意识，树立生态文明的理念。生态文明观还要求大学生能正确处理人与自然的关系，使大学生将促进人与自然和谐发展作为己任，树立保护自然环境的生态意识。大学生只有树立了正确的生态环境安全意识，才能形成良好的生态道德意识，才能担负起促进人与自然可持续健康发展的重任。

另一方面，要促进大学生的全面发展。高等院校开展绿色教育就是在响应国家"加强和改进大学生思想政治教育，要以大学生全面发展为目标"的号召[2]。大学生是民族的未来，是国家的希望，国家今后长远的发展很大一部分取决于大学生，其健康发展关系到国家的前途和命运，对实现中华民族伟大复兴的中国梦有着重要的战略意义。高等院校开展绿色教育就是要在教育的过程中让每一个学生都能充分地认识到人与自然具有整体性，要正确认识人与自然的关系，用科学发展观来反思人类发展的进程，深刻认识生态文明观的内涵，树立尊重自然、顺应自然、保护自然的生态文明理念，并且将该理念付诸实践。高等院校绿色教育意在通过思想政治教育对大学生进行系统、全面的教育，在知识层面、价值观层面、情感层面、行为层面进行知识传递的过程中培养情感、观念和意识，促进其素质的提升和良好生态文明行为习惯的养成，以利于塑造大学生和谐、完善的人格，保证其在人生道路上取得一定的成就，实现全面发展[3]。

4.2 主要内容

教育作为社会进步的阶梯，是社会发展和国家进步的重要手段。教育可以影响人们的人生观、世界观和价值观，高等院校绿色教育就是要通过普及生态知识来培养大学生的生态意识，从而建设生态道德体系，树立可持续发展的生态文明理念。

4.2.1 培养生态意识

生态意识是一种反映人与自然环境和谐发展的价值认识，是生态知识和生态思维的必要条件和基础，能够激发社会公众关注生态问题、以和谐共生的态度善待生态环境。世界各国，尤其是英国、德国、美国等发达国家为了治理生态环境均设置了专门的机构开展生态意识教育。卓有成效的生态意识教育有助于推动社会的生态文明建设共识的形成和生态行为模式的养成。

党的十八大报告明确提出，"加强生态文明宣传教育，增强全民节约意识、环保意识、生态意识，形成合理消费的社会风尚，营造爱护生态环境的良好风气。"[4]

生态意识包含生态和谐意识、生态忧患意识和生态责任意识3个部分：①生态和谐意识的核心是重视人与自然的和谐统一，强调人类是大自然的一部分，人类的生存和发展都要依赖自然，人类要与自然和谐相处；②生态忧患意识是随着人们对生态环境的破坏而产生的，它强调人类要清楚地看到环境破坏带来的一系列危害，这些危害对人类的生存造成威胁，因此要真正、深刻地认识环境问题；③生态责任意识强调每一个人都与环境息息相关，都应具有保护环境的权利和义务，在利用和改造自然的同时，也应该承担相应的义务，不能一味地为了自身的利益而对自然肆意地掠夺，造成生态环境的严重破坏。培养生态意识是高等院校绿色教育的关键，只有提高大学生的生态意识，才能推动高等院校绿色教育的发展，进而推动我国生态文明建设。

4.2.2　普及生态知识

生态系统是由空气、水、土壤、岩石、动植物及人类等要素组成的，这些要素之间都是相互联系、相互制约的。人类作为生物链的最高层，是生态系统中影响力最大的因素。人类存在着对大自然的征服欲望，只想要控制自然，从自然中无限索取以满足自己，却不注重自然的生态平衡，忽略了人类也是自然界中的一部分。由于对环境问题的忽视，我国正面临着生态环境恶化、自然资源枯竭等一系列环境问题。

生态知识的缺乏导致人们的生态意识浅薄，不能正确处理人与自然的关系。普及生态知识是正视生态问题、保护生态环境的基础。生态知识主要包括6个方面的内容：①由"人—自然—社会"三维一体构成的生态文明范畴；②对主要生态问题的清晰理解和对这些问题生态意蕴的自由表达；③人类社会与生态系统的辩证关系认识，能够对人类行为的环境影响形成准确的预判；④对商业贸易、工业生产、艺术创作、农业生产、政治活动和消费行为等人类活动对生态影响的认知；⑤对价值观是人类生态行为、改善生态环境的决定因素的认知；⑥拥有进行生态抗争的知识和能力，包括法律、政治、消费主义和生态文明建设等方面。高等院校是我国生态文明建设的主阵地，在高等院校实施绿色教育的首要任务就是普及生态知识。

4.2.3　建设生态道德

随着大气污染、水体污染、土地荒漠化等一系列环境问题的出现，生态破坏问题映射出人们的生态道德危机。生态道德反映了生态环境的主要本质、体现人类保护生态环境的道德要求，是对人们的行为发生影响的基本道德规范，应成为人们的普遍信念。生态道德建设是生态文明建设的基础，是生态文化建设的最高境界和核心内容。

建设生态道德最主要的就是培养人们的生态伦理价值观。生态伦理以人类对自己生存状态的关注和对人类社会实践活动的反思为基础，其目的是改善人类的生存环境，在正确认识生态问题现状的同时明确人类对环境保护的责任和义务，使保护环境成为人们日常生活的行为习惯。建设生态道德是高等院校绿色教育的重要内容，是推进我国生态文明建设的有力保障。

4.3 现状分析

创新高等院校绿色教育必须要有明确的问题导向，其发展路径建立在对绿色教育现状全面、科学的了解基础之上。本节在多元分层抽样的基础上，借助修正后的中国生态关心量表（CNEP），采取自填式问卷调查进行数据采集并将其作为高等院校绿色教育现状的数据源，以绿色教育的构成要素、目标和价值意义为导向，科学评估高等院校绿色教育的现状，剖析影响其发展的障碍因素，为创新高等院校绿色教育奠定坚实的基础。

4.3.1 研究设计

1. 分层抽样

分层抽样又称分类抽样或类型抽样，即将总体划分为若干个同质层，再在各层内随机抽样或机械抽样，其特点是将科学分组法与抽样法结合在一起，分组降低了各抽样层变异性的影响，抽样保证了所抽取的样本具有足够的代表性[5]。在调查问卷中，分层抽样主要运用在抽取如"985"大学、"211"大学、省部共建大学、省属重点大学、省属高等院校等不同高等院校类型的选择上。

2. 整群抽样

整群抽样又称聚类抽样，是将总体中各单位归成若干个互不交叉、互不重复的集合（称为群），再以群为抽样单位抽取样本的一种抽样方式[6]。整群抽样具有实施方便、节省经费等特点，在调查问卷中主要用来对选取的14所高等院校以班级为单位进行抽取。

3. 偶遇抽样

偶遇抽样又称便利抽样，是指研究者为方便开展工作，根据实际情况选择偶然遇到的人作为调查对象，或者仅选择那些离得最近、最容易找到的人作为调查对象[7]。偶遇抽样的特点是技术简便易行、可以及时取得所需的资料、节约时间和费用，在调查问卷中是一种补充方法。

4. 样本描述

调查问卷以高等院校统一代码[8]为样本框，采取分层抽样方法抽取了复旦大学、华东理工大学、湖南大学、贵州大学、石河子大学、长沙理工大学、河北大学、湖南科技大学、江苏师范大学、南方医科大学、甘肃政法学院、甘肃中医药大学、贵阳中医学院、山西财经大学14所本科院校，又按照整群抽样方法共抽取了1 200人，收回的有效问卷为1 125份，回收率达93.75%。涉及的专业囊括了哲学、经济学、法学、教育学、文学、历史学、理学、工学、农学、医学、军事学、管理学12大门类的一级学科。调查对象所涉及的相关信息分别见表4-1和表4-2。

表4-1　调查对象所涉及的学院、专业情况

学校	学校属性	样本量/份
复旦大学	985、211	67
华东理工大学	985、211	82
湖南大学	985、211	106
贵州大学	211	68
石河子大学	211	73
长沙理工大学	省部共建大学	37
河北大学	省部共建大学	53
湖南科技大学	省属重点大学	92
江苏师范大学	省属重点大学	55
南方医科大学	省属重点大学	82
甘肃政法学院	省属高等院校	49
甘肃中医药大学	省属高等院校	58
贵阳中医学院	省属高等院校	72
山西财经大学	省属高等院校	231

表4-2　调查对象的人口统计资料

样本类别	分类	样本量/份	百分比/%
年级	大一	287	25.5
	大二	426	37.9
	大三	241	21.4
	大四	171	15.2
性别	男生	505	44.9
	女生	620	55.1
政治面貌	共产党员	219	19.5
	预备党员	343	30.5
	共青团员	447	39.7
	其他	116	10.3
职务	学生干部	246	21.9
	非学生干部	879	78.1
生源地	城市	302	26.8
	农村	823	73.2
合计		1 125	100

5. 问卷结构

环境关心是一个环境心理学的概念，国外学者对此有诸多研究，但尚未形成一致性定义。Pellow等对环境关心的界定得到了学术界广泛认同，即环境关心是指"人们意识到环境问题并支持解决这些问题的程度，或者指人们为解决这些问题而作出个人努力的意愿"[9]。Schwartz立足于价值基础理论和态度的心理学研究编制了环境关心量表，由3个相互关联的维度构成，分别为生态圈环境关心、利己环境关心、利他环境关心，以此评估人们关心环境的动机。总量表由3个维度12个词组构成，每个维度各4个词组。要求被访者根据自己的真实想法回答12个词组代表意义的重要程度[10]。

我们在国内外相关研究和预调查的基础上设计了高等院校生态文明教育调查问

卷，通过清晰、简要地界定问题来避免调查对象在理解上存在歧义。调查问卷中的问题主要集中在大学生生态文明教育现状、大学生生态文明意识和知识、大学生生态文明行为等方面，还包括最为基础的关于调查对象的信息，如年级、性别、政治面貌、在校职务、生源地等，这些信息又被称作"常见共变量"[11]。

该调查问卷构建了符合我国高等教育现状的大学生环境意识调查量表，对大学生环境意识的调查分别从环境问题认知、环保贡献意愿、日常环保行动、环境知识水平和环境问题现状5个方面设计了26个问题。

对大学生环境问题认知的调查由10个问题构成，分为个人环境问题认知、政府环保工作认知和社会发展认知3个部分。对个人环境问题认知的调查有5个问题，分别是"关于社会与环境的关系有着各种说法，我们在下面列举了15种，请您仔细阅读每一项，并表达您的意见""根据自己的判断，整体上看，您觉得我国面临的环境问题是否严重""对某个地区来说，在发展经济和保护环境面临两难的情况下，您认为下列哪种说法更符合您的想法""假设在某个地区，有一个经济效益很好、给当地居民带来很多利益的工厂，但是它生产的废水污染了下游其他地区的水源，现在政府要关闭这家工厂，如果您作为该工厂所在地的居民，您认为下列哪种态度更接近您的态度""我们想再了解一下您对环境保护相关的各种说法的意见，请您仔细阅读，并逐项回答"；对政府环保工作认知的调查有4个问题，分别是"您认为近五年来，中央政府的环境保护工作做得怎么样""您认为近五年来，您所在地区政府的环境保护工作做得怎么样""请您在企业、政府和公民个人三者当中，以第一、第二、第三的顺序排出谁应该对中国环境状况负责任""为了促进环境保护，您对政府的主要期望有哪些"；对社会发展认知的调查有1个问题，即"关于目前中国社会应该优先考虑的目标，不同人有不同的看法，下面我们列举了几种观点，请您仔细阅读每一项，从中选出四项您所赞成的"。

对大学生环保贡献意愿的调查有2个问题，分别是"以下关于环境保护的说法，请您仔细阅读，并表达您的意见""您是否愿意加入从事环境保护活动的民间社会团体"。

对大学生日常环保行动的调查有4个问题，分别是"为了减少您和家人遭受的环境危害，您曾经采取过哪些措施"请问您主要是从下列哪些渠道了解有关环境问题的""如果您发现有人（或者有的单位、企业）做出有损于环境质量的事情，您自己会主动过问或报告吗""我们想了解一下，在最近的一年里，您是否从事过下列活动或行为？请逐项回答"。

对大学生环境知识水平的调查有2个问题，分别是"以下是几个主要的全球性环境问题，请问您对它们的了解程度如何？请逐项回答，选择相应的选项""我们想了解一下您对有关环境知识的掌握情况，请您仔细阅读以下每一项说法，并根据您的了解判断它们是否正确"。

对环境问题现状的调查分为当地环境问题现状和高等院校生态文明教育现状2个部分。对当地环境问题现状的调查有1个问题，即"以下是各种类型的环境问题，请问您是否知道它们？如果知道，那么它们在您所在地区的严重程度是怎样的？请您仔细阅读每一项，并逐项回答"。对高校生态文明教育现状的调查有7个问题，分别是"如果让您自己给自己的环境意识打分，最低为0分，最高为100分，那么，整体上讲，您认为自己可以有多少分""您所在大学是否开设有专门的环境保护方面的必修课""您所在大学是否开设有专门的环境保护方面的通识选修课""大学思政课有没有涉及环境保护、生态文明的内容""您认为大学思政课是否对您的环境意识提高有帮助""您认为专业课的学习是否对您的环保意识提高有帮助""您自己的环保意识在进入大学后有没有发生变化"。

4.3.2　调查结果与成因分析

1. 环境问题认知

（1）个人环境问题认知

第一，对于我国当前环境问题的认知，有263名学生选择了"非常严重"，占23.4%；有690名学生选择"比较严重"，占61.4%；有115名学生选择"一般"，占10.2%；除去36个无效选择，仅有16名学生选择"不太严重"、5名学生选择"说不清、不关心"，分别占1.4%和0.4%（表4-3）。

表4-3　对我国环境问题的认知

分类	样本量/份	百分比/%
非常严重	263	23.4
比较严重	690	61.4
一般	115	10.2
不太严重	16	1.4
说不清、不关心	5	0.4
无效作答	36	3.2
合计	1 125	100

　　我国作为一个发展中国家，面临着人口基数大、人均矿产资源不足、人均绿地面积占有率小等问题。由于经济的快速发展、环境立法的滞后性和政府环保部门的监管力度不够，带来了一系列如大气污染、水体污染、土壤状况恶化、植被破坏严重、噪声污染、固体废物增加等环境问题。正确认识我国的环境问题是开展环境保护和环境治理的前提。

　　第二，对于人与自然的基本关系的认知，大致分为以下4类问题（表4-4）。①人类在自然界中的地位。大学生普遍认为人类不能因自身需求而向大自然不断索取，如对于题目"人是最重要的，可以为了满足自身的需要而改变自然环境"，有353名学生选择"不太同意"，占31.4%；有529名学生选择"很不同意"，占47.0%。②环境问题的紧迫性。大学生普遍认为环境问题十分紧迫，如对于题目"自然界的自我平衡能力足够强，完全可以应付现代工业社会的冲击"，有315名学生选择"不太同意"，占28.0%；有623名学生选择"很不同意"，占55.4%。③人类活动受自然支配。大学生普遍表示赞同，如对于题目"尽管人类有着特殊能力，但仍然受自然规律的支配"，有608名学生选择"非常同意"，占54.0%；有385名学生选择"比较同意"，占34.2%。④环境问题很严重。大学生普遍表示赞同，如对于题目"人类对于自然的破坏常常导致灾难性后果"，有475名学生选择"非常同意"，占42.2%；有403名学生选择"比较同意"，占35.8%。

表4-4 对人与自然的基本关系的认知

单位：%

有关的说法	非常同意	比较同意	说不清	不太同意	很不同意	无效作答	合计
1.目前的人口总量正在接近地球能够承受的极限	40.0	37.0	16.4	5.4	1.2	0	100
2.人是最重要的，可以为了满足自身的需要而改变自然环境	3.6	7.2	10.8	31.4	47.0	0	100
3.人类对于自然的破坏常常导致灾难性后果	42.2	35.8	12.2	6.4	3.0	0.4	100
4.由于人类的智慧，地区环境状况的改善是完全可能的	18.0	33.0	24.0	19.0	6.0	0	100
5.目前人类正在滥用和破坏环境	34.4	42.2	12.4	8.8	1.8	0.4	100
6.只要我们知道如何开发，地球上的自然资源是很充足的	6.0	14.0	16.0	33.0	31.0	0	100
7.动植物和人类有着一样的生存权	68.0	20.4	6.8	2.0	2.4	0.4	100
8.自然界的自我平衡能力足够强，完全可以应付现代工业社会的冲击	3.0	4.6	8.4	28.0	55.4	0.6	100
9.尽管人类有着特殊能力，但仍然受自然规律的支配	54.0	34.2	8.2	2.8	0.8	0	100
10.所谓人类正在面临"环境危机"是一种过分夸大的说法	2.2	5.8	15.4	41.9	34.4	0.4	100
11.地球就像宇宙飞船，只有很有限的空间和资源	39.6	37.8	10.8	8.4	3.2	0.2	100
12.人类生来就是主人，是要统治自然界其他部分的	2.4	4.4	8.4	24.4	60.0	0.4	100
13.自然界的平衡是很脆弱的，很容易被打乱	27.8	33.0	20.2	17.0	2.0	0	100
14.人类终将知道更多的自然规律，从而有能力控制自然	4.0	14.2	25.0	27.6	29.0	0.2	100
15.如果一切按照目前的样子继续，我们很快将遭受严重的环境灾害	37.4	35.0	16.8	6.4	3.4	1.0	100

处理好人与自然之间的关系是建设生态文明的关键。但是在社会发展过程中，随着人类生产能力的不断提高，人类对大自然的改造和开发力度不断增强，在经济发展的同时带来了严重的环境问题，我们应该清醒地认识到自然界的资源也是有限的，我们应该承担环境被破坏的责任。马克思、恩格斯提出，只有人类与自然相统一并和谐相处才能维持人类的生存和发展。自人类诞生以来，我们无时无刻不依赖自然而生存，在人类对自然进行改造的同时，大自然以其客观规律性、系统性、资源有限性等影响和制约着人类的生存和发展。我们应该树立人与自然和谐并进的科学发展观，爱护自然，保护自然，顺应自然的发展规律，从而实现可持续发展，同时利用自然自身固有的运动规律创造美好生活。

第三，对于经济发展和环境保护关系的认知，有187名学生选择"优先发展经济"，占16.6%；有918名学生选择"优先保护环境"，占81.6%（图4-1）。由此可见，大多数学生能够厘清经济发展与环境保护之间的关系。

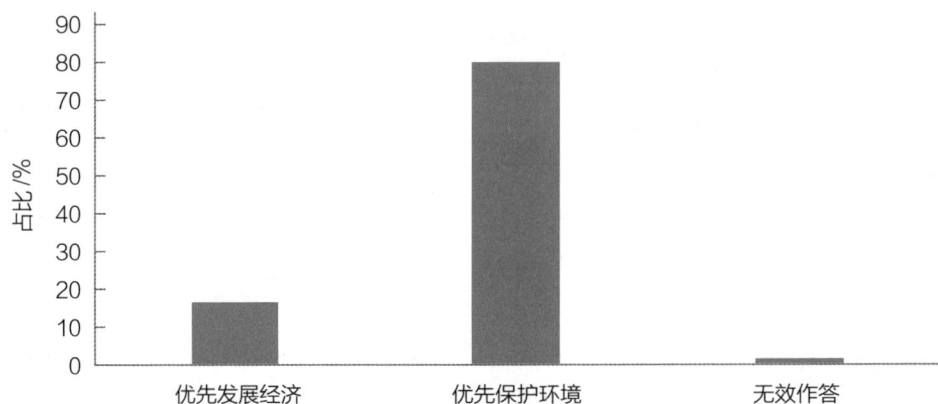

图 4-1　大学生对经济发展与环境保护关系的认知

当我们在问卷中提出若一个工厂可以带动当地经济发展但会污染当地环境的假设时，有875名学生选择"赞成关闭工厂"，占77.8%；有234名学生选择"不赞成关闭工厂"，占20.8%（图4-2）。由此可见，大部分学生能够正确认识自身利益与环境保护之间的关系。

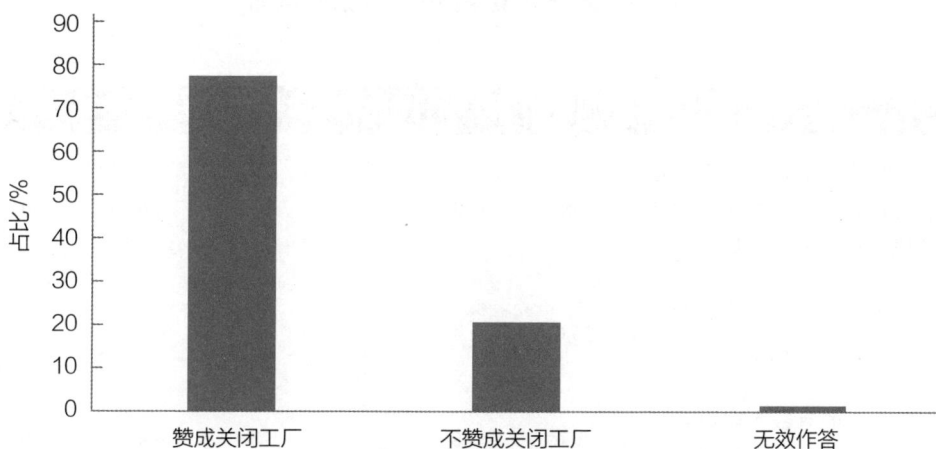

图 4-2　大学生对环境保护与自身利益关系的认知

环境保护和经济发展的问题一直以来都受到国家的重视，要想协调好二者之间的关系，就要正确认识环境保护与生产力发展之间的关系。从长远的角度来看，保护生态环境就是保护生产力，改善生态环境就是发展生产力。短期内对自然的过度开发利用会带来一定的经济效益，但是由于自然资源是有限的，如果一味地为了当代人的利益而开发利用，就会破坏大自然的生态平衡，危害到子孙后代的生态环境，同时也会制约今后的生产力发展，从而阻碍经济发展。只有提高自然资源的使用效率，更充分、更持久地利用自然资源才能保证生产力的发展，协调处理好环境与经济之间的关系。

第四，对于环境保护相关说法的认知见表4-5。其中，关于把环境问题留给后代解决，有32名学生选择"同意"，占2.8%；有1 033名学生选择"不同意"，占91.8%；有54名学生选择"说不清、不确定"，占4.8%。大多数学生认为环境保护是很必要的，随着社会的不断进步和发展，当前我国正在面临着严峻的环境问题。我们现在就应该多关注环境保护的问题，在发展经济的同时协调好环境保护，处理好人与自然之间的关系，不能把环境问题留给下一代去解决，而要在当代发展中就处理好、解决好环境问题。

表 4-5　对于环境保护相关说法的认知

单位：%

各种说法	同意	不同意	说不清、不确定	无效作答	合计
1.我们现在不必为环境问题过分操心，因为后代人肯定会找到解决它的办法	2.8	91.8	4.8	0.6	100
2.现代工业的发展大大改善了人们的社会生活	73.0	11.4	15.2	0.4	100
3.社会上的有钱人应该对环境保护负更大的责任	36.6	32.8	30.2	0.4	100
4.工业越发达，自然环境越容易被破坏	32.0	35.4	32.2	0.4	100
5.我本人对有关环境保护的法规很了解	7.2	44.6	47.6	0.6	100
6.企业为了环保而适当提高产品价格，我是可以接受的	49.4	25.8	24.4	0.4	100

关于工业发展大大改善了人民生活，有821名学生选择"同意"，占73.0%；有128名同学选择"不同意"，占11.4%；有171名学生选择"说不清、不确定"，占15.2%。随着21世纪初计算机的广泛应用，因对现存物质系统的飞跃性认知而发展起来的新型高技术、高度信息化的工业生产在提高了生产效率的同时大大提高了人们的生活质量，现代工业的迅速发展推动经济发生"质"的飞跃，这一点是毋庸置疑的。

关于应由有钱人对环境问题负更大的责任，有412名学生选择"同意"，占36.6%；有369名学生选择"不同意"，占32.8%；有340名学生选择"说不清、不确定"，占30.2%。经济发展带来了一系列不环保、不绿色、不低碳的问题，对环境造成了危害。而"社会上的有钱人"普遍被认为是经济发展的利益所得者，所以一部分人认为经济发展的受益者应为环境污染负更多的责任。

关于工业发达带来了环境破坏，有360名学生选择"同意"，占32.0%；有398名学生选择"不同意"，占35.4%；有340名学生选择"说不清、不确定"，占32.2%。高污染、高能耗行业的发展在带来经济增长的同时，势必也造成了环境的污染。长久以来，由于在工业发展中缺乏对环境保护的关注，环境保护和经济发展难以两全。短期来看，二者是相互矛盾、很难实现共赢的，但是长远来看，环境保护和经济发展是可以实现协同并进的。习近平总书记提出了对绿水青山和金山银山关系认识的3个阶段，阐明了发展经济和保护生态环境的辩证统一关系，即二者既各有侧重，又不可分割，构成了一个有机整体。①"既要绿水青山，也要金山银山"就是既要经济发展又要保护生态环境，这体现了比较优势的转换，从发展初期的环境隐形价格极低到高质量发展时期的环境价值得到重视、环境的隐形价格升高。②"宁要绿水青山，不要金山银山"指的是不走先污染、后治理的老路。在经济高质量发展之前，生态环境缺乏价格体系，容易导致生态资源遭到破坏和过度使用。在这种情况下，通过将环境成本纳入企业的生产决策，使外部环境成本内部化，能够从源头上杜绝环境破坏。③"绿水青山就是金山银山"意味着经济发展与保护生态的辩证统一，建立了系统完备的现代化生态经济体系。

关于个人对有关环境保护的法规很了解，有81名学生选择"同意"，占7.2%；有502名学生选择"不同意"，占44.6%；有536名学生选择"说不清、不确定"，占47.6%。环境教育的发展离不开《环境保护法》，《环境保护法》是高等院校绿色教育的有力支撑。把环境保护写入法律，以专门立法予以规制，是法治国家建设的必然要求。大学生作为推动国家发展的主力军，应该多了解有关环境保护的法律法规，这样才能知法懂法，推动我国生态文明的建设。

关于企业为了环保而提高产品价格，有556名学生选择"同意"，占49.4%；有290名学生选择"不同意"，占25.8%；有275名学生选择"说不清、不确定"，占24.4%。由此可见，大学生对绿色消费在认识上偏向于"赞成"，对绿色产品也偏向于支持，但是还缺乏购买绿色产品的动机。在购买产品时，不应以价格作为唯一标准和决定因素，而应更多地考虑产品的价值。

（2）政府环保工作认知

第一，对于中央和地方政府的环保工作的认知（图4-3、图4-4）。其中，对中央政府环保工作的评价，有155名学生选择"片面注重经济发展，忽略了环境保护工作"，占13.8％；有455名学生选择"重视不够，环保投入不足"，占40.4％；有142名学生选择"虽尽了全力，但效果不佳"，占12.6％；有178名学生选择"尽了很大的努力，有一定的成效"，占15.8％；有9名学生选择"取得了很大的成绩"，占0.8％。关于对地方政府环保工作的评价，有214名学生选择"片面注重经济发展，忽略了环境保护工作"，占19.0％；有430名学生选择"重视不够，环保投入不足"，占38.2％；有115名学生选择"虽尽了全力，但效果不佳"，占10.2％；有164名学生选择"尽了很大的努力，有一定的成效"，占14.6％；有20名学生选择"取得了很大的成绩"，占1.8％。

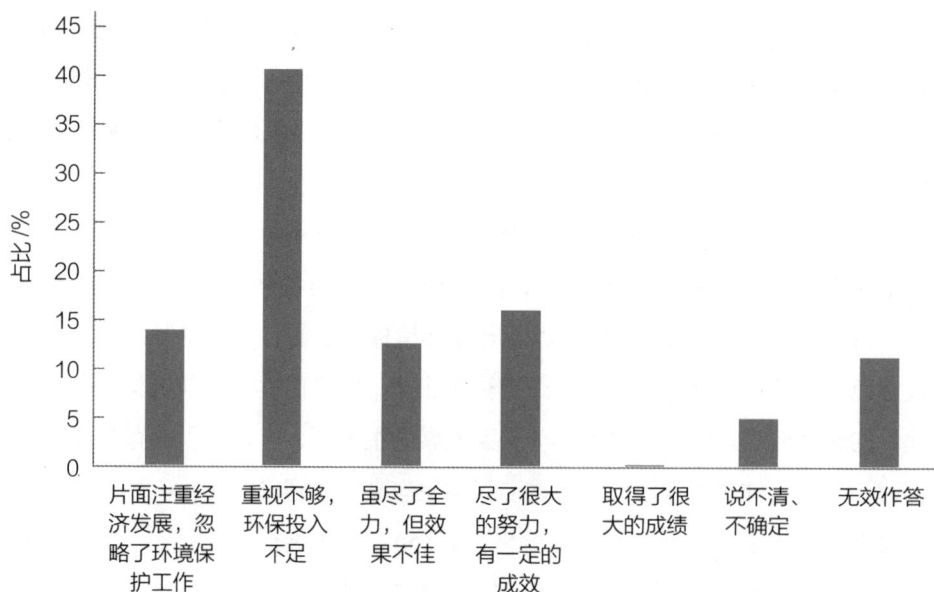

图4-3　对中央政府环保工作的评价

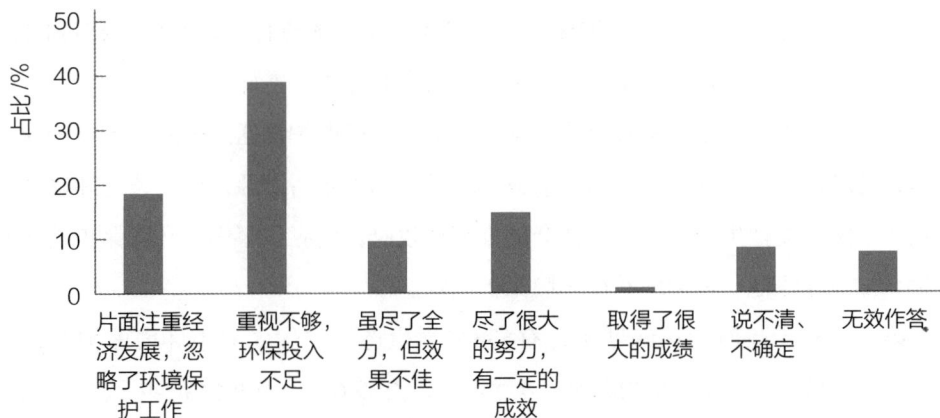

图4-4　对所在地区政府环保工作的评价

无论是中央政府还是地方政府，大学生对其环保工作的评价都不高。环境保护是政府的一项基本职能，也是公众对政府工作绩效评价的重要内容。公众对政府环保工作的了解一方面来自周边生活环境的实际体验，另一方面来自大众媒体对政府工作的传达。随着生活水平的提高，人们对良好环境的需求也不断提高，当人们对环境问题的关心度提高后，他们对良好环境这一公共物品也就更加期待，因此对政府的环保工作就有着更高的要求，即使在客观条件不变的情况下，公众对政府环保工作的评价也有可能趋于消极或负面。

第二，对于谁更应该为中国环境状况负责的认知，有425名学生选择"政府负更多责任"，占37.8%；有479名学生选择"企业负第二责任"，占42.6%；有549名学生选择"公民个人负最少责任"，占48.8%（表4-6）。

表4-6　谁应该对中国环境状况负责

单位：%

负责人	负更多责任	次之	负最少责任	无效作答	合计
企业	35.8	42.6	15.4	6.2	100
政府	37.8	27.2	28.8	6.2	100
公民个人	21.8	23.2	48.8	6.2	100

政府、企业和公民都有保护环境、维护生态平衡的责任。调查中有超过1/3的大学生把环境保护的责任归于政府，虽然政府具有保护生态环境、促进环境可持续发展的社会职能，但是公民和企业同样应该承担环境保护责任。公民个人作为社会主体，与环境密不可分；企业作为造成环境破坏的主要污染源，更应该对环境破坏负责。公民不能把生态破坏的责任全部推卸给政府，而应该深化对环境保护责任的正确认知，理性地、客观地看待环境保护问题。

第三，对于政府的环保期望，有633名学生选择"优先考虑环境保护"，占56.2%；有446名学生选择"提高环境意识"，占39.6%；有396名学生选择"完善立法"，占35.2%；有365名学生选择"加大执法力度"，占32.4%；有279名选择"完善环保机制"，占24.8%；有279名学生选择"发挥民间作用"，占24.8%；有248名学生选择"发展环保科技"，占22.0%；有243名学生选择"制定环保政策"，占21.6%；有239名学生选择"增加经济投入"，占21.2%（图4-5）。

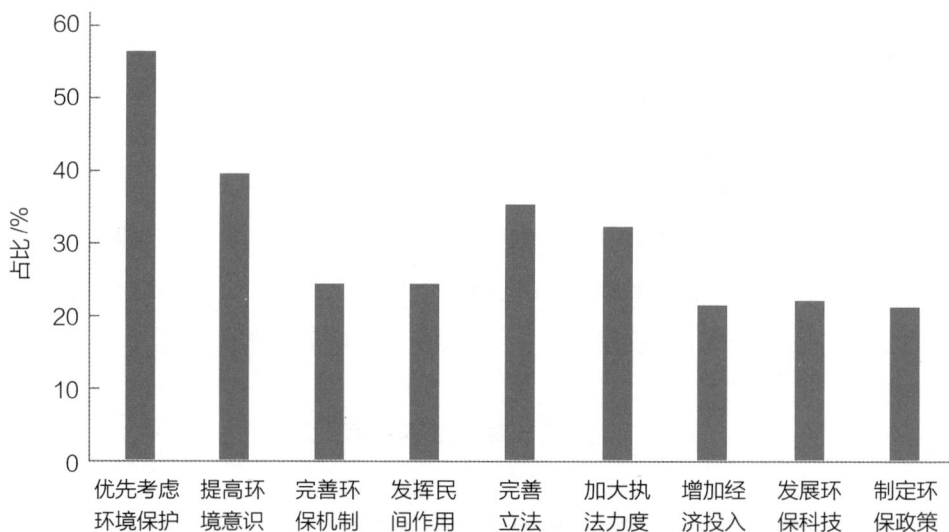

图4-5　对政府的主要环保期望

当前，大学生认为政府在公共治理中应将环境保护放在首要位置，改变以往只注重GDP和经济增长的形式，开辟一条生态与经济协调发展的道路，使以往的能源消耗量大、产品附加值低的粗放型发展模式向绿色、低碳、高产量的生态经济发展模式转变，达到既发展经济又保护环境的目的。

（3）社会发展认知

对于社会应该优先考虑的目标，有1 006名学生选择"确保后代的环境和资源"，占89.4%；有981名学生选择"保持社会秩序和安全"，占87.2%；有916名学生选择"倾听人民的意见"，占81.4%；有860名学生选择"确保经济持续增长"，占76.4%；有846名学生选择"提高当代人的生活水平"，占75.2%；有808名学生选择"大力发展科学技术"，占71.8%；有749名学生选择"反思科学技术的负面影响"，占66.6%；有713名学生选择"保障言论自由"，占63.4%（图4-6）。

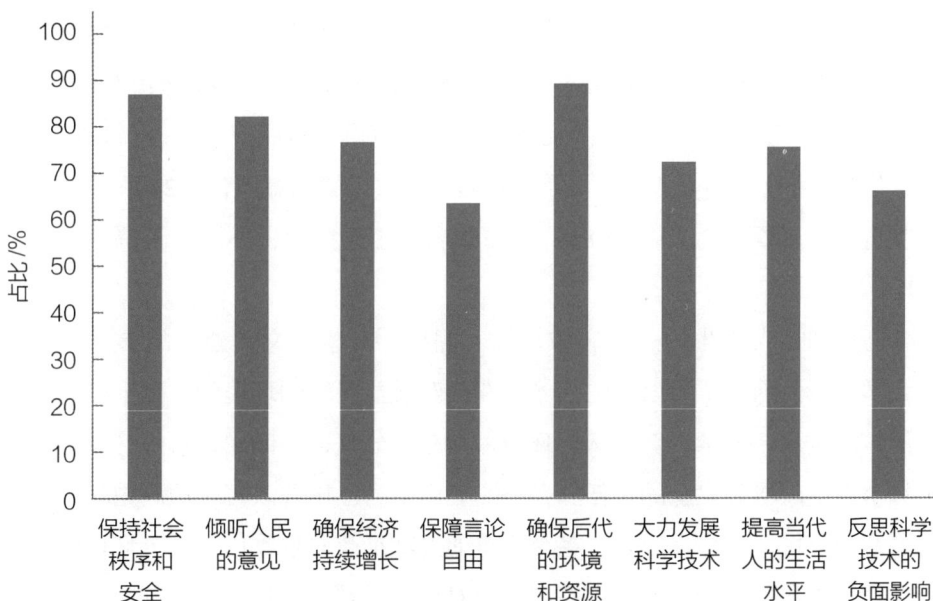

图4-6　目前中国社会应该优先考虑的目标

大学生高度一致地认可生态文明建设应该成为国家经济社会发展的第一任务，改变了以往唯经济社会发展的观念，突出了公众对生态文明建设和环境保护的意愿。随着党的十八大把生态文明列入社会发展"五位一体"总体布局中，环境保护越来越受到人们的关注。在追求经济效益和利益的同时，环境保护也成为一个重点问题。保护环境不仅关乎着我们每一个公民的切身利益，对社会乃至国家今后更好的发展也起到了一定的作用。

2. 环保贡献意愿

第一，对于一些环保说法的认知见表4-7。其中，关于题目"如果我确信钱能用于改善环境问题，我是愿意出钱的"，有680名学生选择"同意"，占60.4%；有135名学生选择"不同意"，占12.0%；有308名学生选择"说不清、不确定"，占27.4%。关于题目"如果政府增加税收能够专门用于改善环境问题，我是愿意增税的"，有698名学生选择"同意"，占62.0%；有171名学生选择"不同意"，占15.2%；有254名学生选择"说不清、不确定"，占22.6%。关于题目"保护环境和控制污染并不像有些人所说的那样急迫"，有72名学生选择"同意"，占6.4%；有898名学生选择"不同意"，占79.8%；有153名学生选择"说不清、不确定"，占13.6%。关于题目"政府应当对改善环境状况负责，但是最好不要花我的钱"，有279名学生选择"同意"，占24.8%；有482名学生选择"不同意"，占42.8%；有360名学生选择"说不清、不确定"，占32.0%。

综上可知，大学生的"政府依赖性"明显，对生态文明建设的参与意识较强。大学生作为国家重点培养的人才，在面对日益严峻的环境问题时理应对其有一个清楚的认识。大学生普遍认为环境保护是十分急迫的问题，对于环境问题的改善每个人都应尽到自己的责任和义务。在面对自己出钱改善环境问题时，普遍表示愿意为环境保护出资出力，甚至愿意通过增加政府税收用于改善环境问题。环境保护关乎我们每一个人的利益，在面对环境问题时，每一个人都应该尽自己最大的力量。

表4-7　对一些环保说法的认知

单位：%

关于环保的一些说法	同意	不同意	说不清、不确定	无效作答	合计
1.如果我确信钱能用于改善环境问题，我是愿意出钱的	60.4	12.0	27.4	0.2	100
2.如果政府增加税收能够专门用于改善环境问题，我是愿意增税的	62.0	15.2	22.6	0.2	100
3.保护环境和控制污染并不像有些人所说的那样急迫	6.4	79.8	13.6	0.2	100
4.政府应当对改善环境状况负责，但是最好不要花我的钱	24.8	42.8	32.0	0.4	100

第二，对于是否愿意加入从事环境保护活动的民间社会团体，有830名学生选择"愿意，希望将来有机会能参加"，占73.8%；有115名学生选择"愿意，而且目前已经加入某个社团"，占10.2%；明确表达不愿意参加民间社团的学生只有47名，占4.2%（表4-8）。由此可见，大学生对于从事环境保护的社团活动还是有积极性的。

表4-8　是否愿意加入民间环保社团

分类	样本量/份	百分比/%
愿意，而且目前已经加入某个社团	115	10.2
愿意，希望将来有机会能参加	830	73.8
不愿意	47	4.2
没想好，不好说	108	9.6
无效作答	25	2.2
合计	1 125	100

保护环境，人人有责。环保社团存在的意义就在于使高等院校绿色教育有了一个更直接的渠道。由于当前高等院校在环境教育上人力、物力的投入力度不足，尤其是高等院校内非环境专业学生的环境素质不强，加强环保社团的建设十分必要。通过参加环保社团组织的活动，能够切实地增强社团成员的环境保护意识、增加环保社团的活力、提高环保社团的社会影响力，更好地发挥环保社团促进大学生环境教育的作用，对高校绿色教育也具有一定的实践意义。

3. 日常环保行动

第一，对于环境问题了解渠道的认知，大学生的选择由多到少分别是电视（80.0%）、互联网（72.0%）、自己亲身体验（56.8%）、学校教育（53.0%）、报纸（47.2%）、电影（45.6%）、各种公共场所的宣传（43.4%）、杂志（42.0%）、亲戚朋友之间的交流（35.6%）、广播（22.6%）、单位内部的宣传（8.2%），见图4-7。除此以外，有一名大学生注明是"路边小广告"。

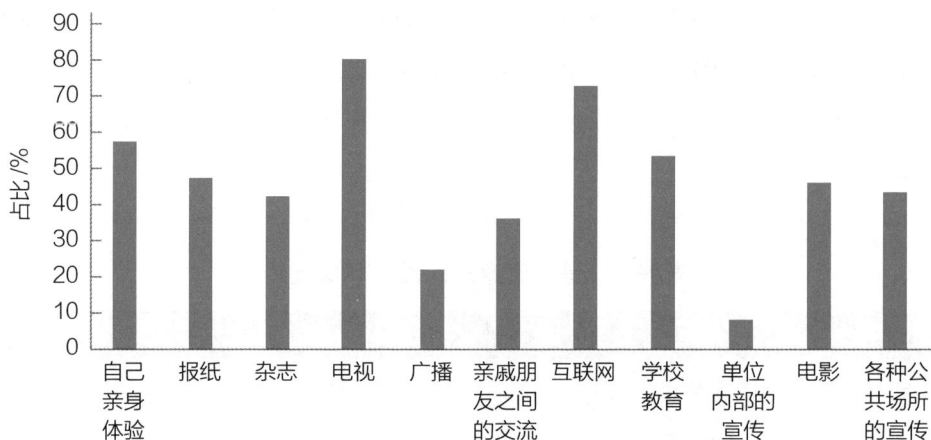

图4-7　环境问题的了解渠道

随着网络时代的到来，新媒体影响着人们生活的方方面面。人们获取信息的渠道也多来自电视、互联网等媒体，因此高等院校绿色教育的有效发展应充分结合网络时代的发展。此外，学校教育也是了解环境问题的主要渠道之一，所以必须加强高等院校绿色教育，提高环境教育的地位。大学生在日常生活中普遍已经感觉到环境问题的日益严峻，改变现在的环境状况的心情也十分迫切。根据自己的切身体会，大学生更愿意关注环境问题。环境问题已然是每个人都面临的共性问题，培养环境素养、增强环境意识是每个公民都应尽的责任和义务。

第二，对于环境保护采取的措施，有437名学生选择"没有采取措施"，占38.8%，所占比重最大；有205名学生选择"没有遭受环境危害"，占18.2%；而在采取措施的学生中，有268名学生选择"向街道、居委会反映"，占23.8%（图4-8）。

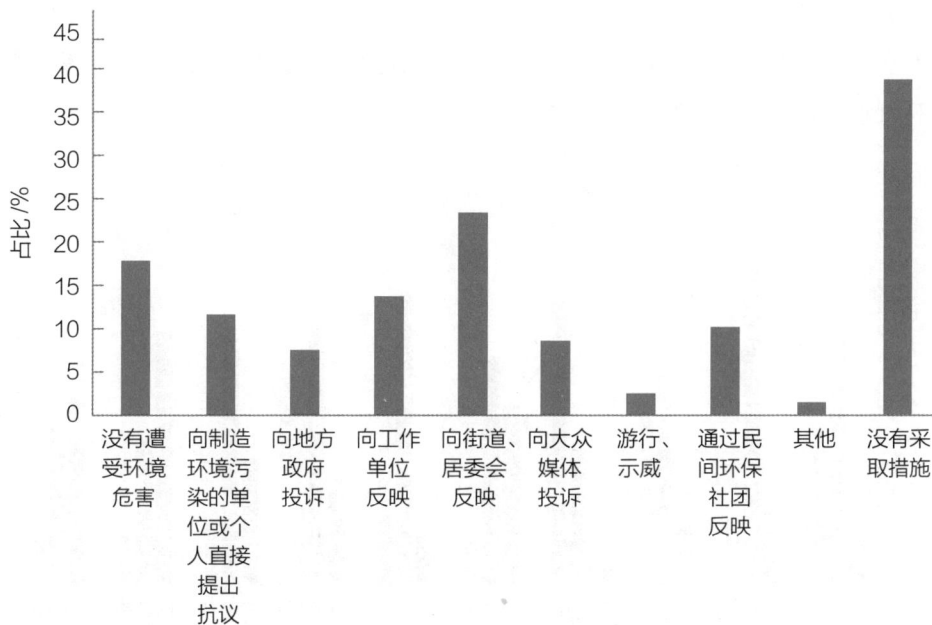

图4-8　面对环境问题所采取的措施

第三，对于有损环境的行为是否会主动过问，有468名学生选择"会"，占41.6%；有605名学生选择"不会"，占53.8%（图4-9）。

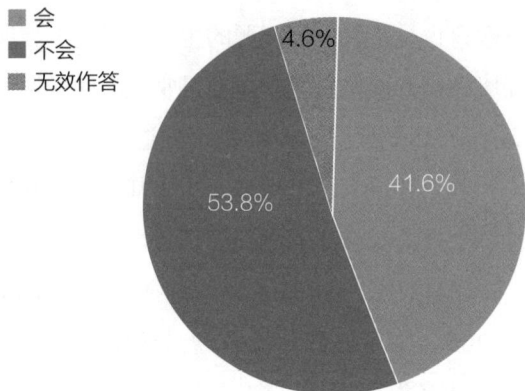

图4-9　主动过问有损于环境的事情

第四，对于近一年来参与的环保行为，大多数学生对垃圾分类、自带购物袋、反复利用塑料包装等日常行为选择"经常"，但是对环保捐款、自费养树、积极解决环境问题等行为选择"从不"（图4-10）。

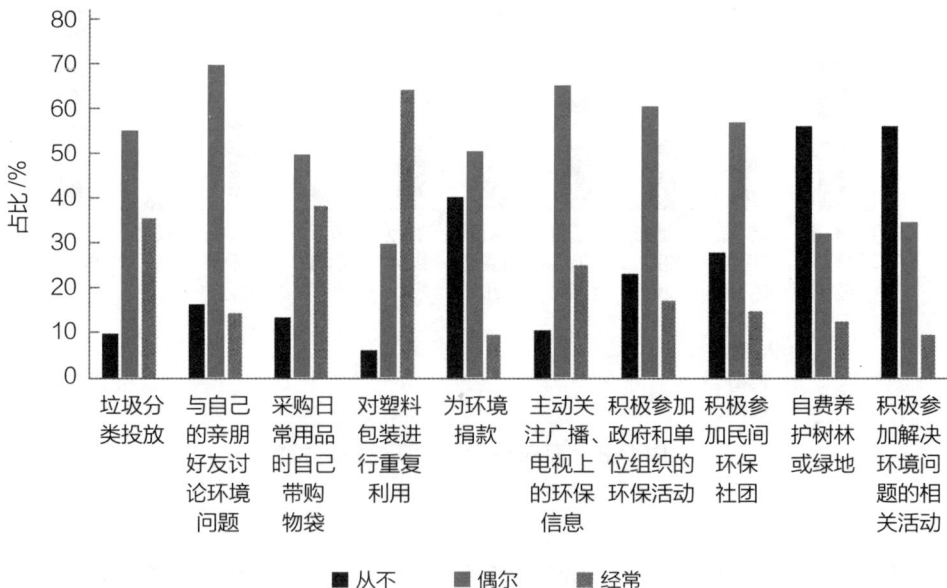

图4-10　参与的活动或行为

综上可知，大学生对于环境保护的知晓度高、践行度相对较低，知行存在反差。大学生普遍具有环境保护的一般意识，能够认识到环境保护的作用和必要性，对环境保护高度认同，但是在实际生活中遇到环境问题时，多数学生没有采取任何措施，只有少数学生选择采取保护环境的措施。由此说明，大学生环境保护的践行力很低。

4. 环境知识水平

在调查问卷中，涉及几个主要的全球性环境问题（表4-9）。关于全球变暖，有250名学生选择"很了解"，占22.2%；有790名学生选择"了解一些"，占70.2%；仅有7名学生选择"没有听说过"，占0.6%。关于臭氧层破坏，有173名学生选择"很了解"，占15.4%；有761名学生选择"了解一些"，占67.6%；仅有7名学生选择"没有听说过"，占0.6%。关于酸雨，有176名学生选择"很了解"，占15.6%；有729名学生选择"了解一些"，占64.8%；仅有16名学生选择"没有听说过"，占1.4%。

表4-9　几个主要全球性环境问题的了解程度

单位：%

全球环境问题	很了解	了解一些	只是听说过	没有听说过	无效作答	合计
1.全球变暖	22.2	70.2	6.2	0.6	0.8	100
2.臭氧层破坏	15.4	67.6	15.6	0.6	0.8	100
3.酸雨	15.6	64.8	17.4	1.4	0.8	100

此外，对于汽车尾气、含磷洗衣粉、含氟冰箱、物种等问题，大学生已经掌握了一定的相关知识。但是在"水体污染报告中，V（5）类水质意味着没有 I （1）类水质好"这个题目中，只有308名学生选择"正确"，占27.5%；有619名学生选择"不知道"，占55.1%，超过总数的一半（表4-10）。

表4-10　有关环境保护知识的掌握情况

单位：%

环境保护知识	正确	错误	不知道	无效作答	合计
1.汽车尾气对人体健康不会造成威胁	6.6	90.6	2.4	0.4	100
2.过量施用化肥农药会导致环境破坏	85.0	12.4	2.2	0.4	100
3.含磷洗衣粉不会造成水污染	3.4	93.6	2.6	0.4	100
4.含氟冰箱的氟排放会成为破坏大气臭氧层的因素	86.4	10.0	3.2	0.4	100
5.酸雨的产生与烧煤没有关系	6.2	90.0	3.4	0.4	100
6.物种之间相互依存，一个物种的消失会产生连锁反应	89.0	6.2	4.2	0.6	100
7.空气质量报告中，三级空气质量意味着比一级空气质量好	5.8	66.2	27.6	0.4	100
8.单一品种的树林更容易导致病虫害	76.6	8.8	14.2	0.4	100
9.水污染报告中，Ⅴ（5）类水质意味着没有Ⅰ（1）类水质好	27.5	17.0	55.1	0.4	100
10.大气中二氧化碳成分的增加会成为气候变暖的因素	88.0	7.4	4.0	0.6	100

大学生对全球变暖、臭氧层破坏、酸雨等几个主要的全球性环境问题都有一定的了解，具备基本的环境知识，对汽车尾气、化肥的施用、含磷洗衣粉等常识性环境问题也有一定的了解，但对于水体污染的类型、空气质量等较专业的环境问题的了解程度不高，还需要进一步提升大学生的生态环境保护知识水平。

5. 环境问题现状

第一，大学生对于所在地区环境问题现状的认知见表4-11。他们普遍认为环境问题已经很严重，尤其是空气污染（15.2%）、绿地不足（11.8%）和野生植被减少（11.6%）等问题，而与其生活切实相关的淡水资源污染（27.8%）、生活垃圾污染（27.2%）、食品污染（21.6%）、噪声污染（18.8%）等问题也被认为是比较严重的环境问题。由此可见，空气污染、水污染、噪声污染等问题已经不再是局部问题，而是全国性的问题。

表4-11　对所在地区的环境问题现状的认知

单位：%

环境问题类型	不知道	很严重	比较严重	一般	不太严重	根本不严重	不关心	没有该问题	合计
空气污染	2.8	15.2	35.0	21.8	17.2	5.8	0.8	1.4	100
水污染	7.8	8.6	26.0	32.2	17.8	3.4	3.6	0.6	100
噪声污染	8.4	6.8	18.8	34.6	21.0	6.2	3.4	0.8	100
工业垃圾污染	10.6	11.2	26.0	27.6	14.0	4.0	5.8	0.8	100
生活垃圾污染	7.8	11.6	27.2	33.2	13.4	3.0	3.0	0.8	100
绿地不足	8.2	11.8	22.6	27.2	17.6	6.6	3.0	3.0	100
森林植被破坏	11.6	8.2	19.8	26.4	19.2	5.8	5.8	3.2	100
耕地质量破坏	12.8	10.2	21.2	26.0	15.4	3.6	8.6	2.2	100
淡水资源污染	11.8	9.6	27.8	24.0	12.4	4.4	9.0	1.0	100
食品污染	12.6	9.0	21.6	27.2	16.6	4.6	6.6	1.8	100
荒漠化	14.2	6.8	13.4	19.8	18.0	10.2	6.8	10.8	100
野生植被减少	15.8	11.6	16.4	19.0	14.6	4.8	12.0	5.8	100

　　第二，在对高校绿色教育现状的调查中，对于"给自己的环保意识打分"这一题目，仅有110名学生打了60分以下的分数，占9.8%；有214名学生打了60分，占19.0%；有646名学生的打分在61～100分，占57.4%，其中打分在71～80分的学生最多，占24.0%（表4-12）。大学生是我国重点培养的人才，具有综合素质高、知识面广等特点。大学生在小学教育、中学教育及大学教育的过程中都被要求要保护环境、爱护环境，培养环境保护意识一直以来都是培养大学生的一个重要部分。所以，大学生普遍能够正确地认识环境问题，具有一定的环境保护意识。

表4-12　给自己的环保意识打分

分类	样本量/份	百分比/%
60分以下	110	9.8
60分	214	19.0
61～70分	194	17.2
71～80分	270	24.0
81～90分	144	12.8
91～100分	38	3.4
缺失值	155	13.8
合计	1 125	100

　　对于"所在的大学是否开设环保必修课"这个题目，有128名学生选择"有"，占11.4%；有351名学生选择"可能有"，占31.2%。对于"所在的大学是否开设环保选修课"这个题目，有266名学生选择"有"，占23.6%；有378名学生选择"可能有"，占33.6%。对于"大学思政课有没有涉及环境保护、生态文明的内容"这个题目，有506名学生选择"有"，占45.0%；有389名学生选择"可能有"，占34.6%。对于题目"大学思政课是否对你的环保意识提高有帮助"，有628名学生选择"有"，占55.8%；有153名学生选择"没有"，占13.6%；有315名学生选择"说不清"，占28.0%。具体统计结果见表4-13。高等院校开设的思政课对大学生的环境保护意识产生了一定的积极影响，但是效果不是很理想，还有大部分学生说不清，甚至没有受到思政课中绿色教育的影响。高等院校思政课与绿色教育相结合是提升大学生综合素质的需要，是顺应当今时代发展的需要，是促进我国社会主义和谐社会建设的需要，是完善思政课教育教学体系建设的需要，更是解决生态危机的迫切需要。但是，当前高等院校思政课与绿色教育的相互渗透还不到位，没有充分达到普遍提高大学生生态文明素质的要求。

表4-13　高等院校绿色教育现状

单位：%

相关问题	有	可能有	没有	估计没有	说不清	无效作答	合计
1.所在的大学是否开设环保必修课？	11.4	31.2	29.8	19.0	7.2	1.4	100
2.所在的大学是否开设环保选修课？	23.6	33.6	12.6	17.4	11.0	1.8	100
3.大学思政课有没有涉及环境保护、生态文明的内容？	45.0	34.6	5.8	7.6	4.4	2.6	100
4.大学思政课是否对你的环保意识提高有帮助	55.8	0.2	13.6	0	28.0	2.4	100

对于题目"专业课的学习是否对你的环保意识提高有帮助"，有551名学生选择"有"，占49.0%；有225名学生选择"没有"，占20.0%；有329名学生选择"说不清"，占29.2%（表4-14）。环境问题虽然发生在我们身边，但是却常常被忽视。绿色教育在高等院校的课程中不管是作为必修课的内容还是通识选修课的内容，其占比都很少，更不用说在其他专业课中渗透相关的生态文明知识。大多数高等院校的绿色教育还处在初级阶段，被简单地看作爱护环境、保护环境，对生态文明的内涵、性质等问题还很模糊。绿色教育不仅涉及生态学、环境学、地理学，也涉及艺术学、宗教学、设计学、管理学等专业，高等院校应扩大其范围，使其与其他专业教育充分结合，最大限度地传播生态文明知识，这样才更有利于绿色教育的发展和实施。

表4-14　专业课学习对提高环保意识的帮助

分类	样本量/份	百分比/%
没有	225	20.0
有	551	49.0
说不清	329	29.2
无效作答	20	1.8
合计	1 125	100

对于题目"进入大学后，你的环保意识有没有发生变化"，有641名学生选择"提高"，占57.0%；有137名学生选择"说不清"，占12.2%；有295名学生选择"没有变化"，占26.2%；有29名学生选择"降低"，占2.6%（表4-15）。这说明高等院校绿色教育的效果不是很理想，还达不到提升高等院校整体生态文明教育水平的目标。在问卷调查中，甚至有1/4的学生认为高等院校绿色教育对自己的环境意识没有帮助。高等院校绿色教育可以改变大学生的生态文明观念，但是其发挥的作用是有限的，并且缺乏明确的要求和目标。此外，绿色教育的范围存在局限性，实施力度也不够，没有真正做到进入课堂、进入学生的头脑当中。现有绿色教育的教学方法还十分单调，一般都是由老师在课堂上灌输，缺乏情感体验，不能与学生产生共鸣，把生态知识转化为生态行为更是少之又少。同时，高等院校生态文明实践活动的宣传形式缺乏创新，组织的生态实践活动有待加强，生态文明实践活动缺乏延展性。

表4-15　进入大学后环保意识的变化

分类	样本量/份	百分比/%
没有变化	295	26.2
提高	641	57.0
降低	29	2.6
说不清	137	12.2
无效作答	23	2.0
合计	1 125	100

4.4 时代进路

党的十八大以来，生态文明建设成为党和国家领导全国人民进行社会主义事业建设的重要战略任务，美丽中国成为中国梦的时代特色。创新高等院校绿色教育既是生态文明建设的现实需要，也是高等教育自我革新的必然选择。通过构建新的绿色教育模式，能为绿色教育实践提供理论参照和思想指引，提高绿色教育的针对性和实效性，培养具有较高生态认知水平的中国特色社会主义合格建设者和可靠接班人。

4.4.1　改革高等院校课程教育体系

课程教育体系是高等院校人才培养的重要载体，是将高等院校人才培养计划付诸实践的桥梁。课程教育体系作为高等院校教育的核心，决定了受教育者所获得的知识和能力的多少。社会发展日新月异，高等院校课程教育体系应随着时代、社会、学生的需求进行改革和发展，助力高等院校培育社会需要的人才。

1. 发挥思政课在绿色教育中的主渠道作用

"高校思想政治工作关系高校培养什么样的人、如何培养人以及为谁培养人这个根本问题。要坚持把立德树人作为中心环节，把思想政治工作贯穿教育教学全过程，实现全程育人、全方位育人，努力开创我国高等教育事业发展新局面。"[1]由于思想政治教育在对大学生的人生观、价值观以及世界观的塑造和培育方面起着举足轻重的作用，所以必须紧随时代的日新月异而发展，除了为物质文明、政治文明、精神文明建设服务，还应该为生态文明建设服务，积极配合我国实现生态文明建设的总体目标。

实际上，生态文明本身就是思政课的重要组成部分，所以我国高等院校的绿色教育大部分都是通过思政课实现的。例如，在"马克思主义基本原理概论"课程中，人与自然的基本关系是马克思主义哲学的基本问题，在人类认识世界和改造自然的过程中，在尊重事物发展客观规律的基础上，把生态文明与人类社会的发展、共产主义的建设等部分有机地结合起来，让大学生认识到环境破坏的严重性、生态保护的紧迫性以及可持续发展的重要性；在"毛泽东思想和中国特色社会主义理论体系概论"课程中，把生态文明与科学发展观、推进全面改革、中国特色社会主义经济建设、中国特色社会主义总体布局等部分有机地结合起来，使大学生重视生态文明的重要性，投入生态文明建设中来；在"思想道德修养和法律基础"课程中，加强对大学生生态文明行为的教育，增加相应的环境保护法律法规知识，对大学生生态素养、生态道德的培养是高等院校绿色教育的重要部分，建立一个可持续发展的社会，是我国持久发展的一个重要保障，对大学生生态文明行为和道德的教育可以使大学生认识到可持续发展的重要性。

高等院校绿色教育的开展以思政课为主渠道，在贯彻党和国家主要政策方针的同时，更能与社会主义社会的主导思想——马克思主义充分结合，进一步推动我国从社会主义社会向共产主义社会发展。

2. 调整思政课的课程设置和培养计划

课程设置和培养计划是高等院校教学工作的重要研究领域，制订适合不同专业需求的课程设置和培养计划对大学生的培养起到事半功倍的效果。然而，目前思政课普遍存在一些问题，如课程体系设计不合理，缺乏科学性；课程内容陈旧，缺乏吸引力；课程特色不鲜明，缺乏实用性等。各个专业都只注重本专业的横向发展，忽略了专业之间的相互联系。同时，思政课的讲授内容往往相互重叠，缺乏逻辑性和整体性。

针对以上问题，调整高等院校思政课的课程设置和培养计划势在必行。思政课的课程设置及培养计划要以继承和创新为原则，实现有利于思想政治教育培养目标的全面发展，以体现思想政治教育的性质和特点。首先，要注重理论教育和实践教育相结合。要适当提高学生的践行能力，培养学生的独立思考和动手能力，使教师和学生在授课过程中能进行更多的互动。其次，要根据时代发展要求，对原有课程进行改革。随着时代的发展，思政课不仅是一门人文科学，更与我国经济、政治、文化、社会和生态文明建设的方方面面都有着千丝万缕的联系。因此，在思政课的课程设置和培养计划中，除了对高等院校学生思想、行为、道德等进行培育，还应重视与其他学科，如管理学、法学等之间的相互联系。最后，要对思政课进行整合。不可否认的是，目前思政课的课程设置和培养计划存在一定的合理性，但是这种单一的课程设置影响了整个思政课的整体性和实效性，无法充分满足大学生思想品德方面的发展要求。实现课程整合不仅有利于在教师授课中提高思政课的系统性，而且能够促进思政课与其他各学科的有机结合。

3. 增加绿色教育必修课和通识选修课的课时

高等院校的绿色教育课程，不管是作为必修课还是通识选修课，其课时都很少（表4-16），大多数高等院校的绿色教育还处在初级阶段，即环境保护阶段，学生对生态文明的内涵、性质等问题还很模糊。适时增加绿色教育必修课和通识选修课的课时是现有高等院校绿色教育教学实施的有效途径之一。必修课作为学生在校期间必须修满且通过的课程，一般为本专业的核心课程。通识选修课程也叫作公共选修课程，在课程设置中处于基础地位。增加绿色教育作为必修课和通识选修课的课时，对于更好地传播生态文明知识、培养生态文明素养、养成生态文明行为有着必不可少的作用。

表4-16　环境专业教育与非环境专业教育开设通识课状况

学校	环境自然科学专业教育情况		新开设环境教育通识课程	环境通识教育的开课单位	环境通识教育教师所在学科
	环境专业教育	开设"环境通识教育"情况			
清华大学	环境科学与工程	环境与可持续发展（校选）	生态文明讲座	绿色大学办公室	理工科与哲学学科
中国人民大学	环境科学	环境与可持续发展（校选）	生态文明文献解读（系选）	哲学、社会学、环境科学等学院	哲学、社会学、环境科学
北京大学	环境科学	环境与可持续发展（校选）	生态文明讲座	环境科学中心	环境科学
南京大学	环境科学	环境学（校选）	环境哲学讲座	环境科学学院	环境科学
南开大学	环境科学与工程	生态伦理学（系选）	生态文明概论（拟开设）	环境科学与工程学院	环境科学

学校	环境自然科学专业教育情况		新开设环境教育通识课程	环境通识教育的开课单位	环境通识教育教师所在学科
	环境专业教育	开设"环境通识教育"情况			
北京师范大学	地理与环境科学	环境与可持续发展（校选）	科学、环境与人类未来环境电影鉴赏与分析（校选）	哲学学院	科学哲学与科学史
海南师范大学	地理与环境科学	环境科学类课程（校选）	环境人文类（校选）、社会主义生态文明概论（校选）	地理与环境科学学院、马克思主义学院	环境科学、哲学
哈尔滨工业大学	环境科学与工程	环境与可持续发展（校选）	生态文明概论	环境与社会研究中心	科学哲学、生态哲学
北京航空航天大学	环境科学与工程	环境与可持续发展（校选）	生态文明概论（拟开设）	生态文明研究中心	生态哲学
东南大学	环境科学与工程	环境与可持续发展（校选）	生态文明概论（拟开设）	哲学学院	中国哲学
东北大学	环境科学与工程	环境与可持续发展（校选）	生态文明概论（拟开设）	环境学院、马克思主义学院	马克思主义理论
沈阳工业大学	环境科学与工程	环境与可持续发展（校选）	环境伦理实践	马克思主义学院	生态哲学

学校	环境自然科学专业教育情况		新开设环境教育通识课程	环境通识教育的开课单位	环境通识教育教师所在学科
	环境专业教育	开设"环境通识教育"情况			
北京林业大学	环境科学	环境与可持续发展（校选）	生态文明概论（拟开设）	马克思主义学院	生态哲学
南京林业大学	环境科学	环境与可持续发展（校选）	西方生态思想史（系选）、生态文明的理论与实践（拟开设）	马克思主义学院	马克思主义理论
中国农业大学	环境科学	环境学	生态文明概论（拟开设）	管理学院	管理学
山东农业大学	环境科学与工程	环境与可持续发展（校选）	生态文明概论（拟开设）	环境科学学院、马克思主义学院	马克思主义理论
山东理工大学	环境科学与工程	环境学	生态美学（校选）	生态文化中心	科技哲学
江苏大学	环境科学与工程	环境科学类（校选）	生态哲学专题	环境学院、马克思主义学院	环境科学、哲学
重庆大学	环境科学与工程	环境与可持续发展（校选）	环境哲学	环境学院、哲学与公共管理学院	环境科学、哲学
厦门大学	环境科学与工程	环境与可持续发展（校选）	环境伦理学	环境学院、哲学学院	环境科学、哲学

学校	环境自然科学专业教育情况		新开设环境教育通识课程	环境通识教育的开课单位	环境通识教育教师所在学科
	环境专业教育	开设"环境通识教育"情况			
苏州大学	环境科学与工程	环境与可持续发展（校选）	生态文明概论（拟开设）	环境学院、哲学与政治学院	环境科学、政治学
广州大学	环境科学与环境教育	环境科学类课程（校选）	生态文明概论（拟开设）	环境学院	环境科学
广西大学	环境科学与工程	环境与可持续发展	—	—	—
河南大学	环境科学	环境与人类未来（校选）	环境哲学（教师退休，不再开设）	—	—
内蒙古大学	环境科学	环境与可持续发展（校选）	生态哲学、生态思想史	环境学院、哲学学院	环境科学、哲学
内蒙古科技大学包头医学院	无	无	可持续发展与环境教育（校选）	马列部	生态哲学
渤海大学	无	无	生态文明概论（拟开设）	马克思主义学院	马克思主义理论
南京晓庄学院	环境科学	无	生态文明概论（拟开设）	马克思主义学院	马克思主义理论

资料来源：叶平、迟学芳，《从绿色大学运动到全国生态文明宣传教育》，中国环境出版集团，2018。

素质教育的根本是对学生进行全方位的教育，因此在课程设置中应该结合时代背景和要求，注重学生之间的个体差异，充分满足学生的求知欲。增加高等院校绿色教育的课时，使必修课与选修课的数量保持合理比例，就是为了给学生较为充分的自由度，让他们根据自己的实际情况来选择课程，以增加绿色教育的实效性和针对性。此外，还可以将生态文明理念和绿色发展要求融入各类课程内容中，如绿色能源的生产及使用、再制造的意义及技术、绿色建筑的设计及建造、绿色材料的生产及应用、绿色化学的理论与实践、工业生态学、环境伦理学等。各专业都有责任开设新的绿色课程，或是在原有课程内容中增加绿色新观念和新技术的内容。高等院校只有充分利用一切教育资源，提供比学生所选择的内容更广泛的课程，才能使学生重视环境保护，达到树立生态文明观、培养生态意识并最终促进学生全面发展的绿色教育目标。增加高等院校绿色教育相关课程的课时应以"质"为主，在原有课程的基础上深入探讨专业课程的某些具体知识，而增加高等院校绿色教育非相关专业的课时则应以"量"为主，扩大原有知识范围，加入生态环境相关知识。在高年级阶段可以根据社会需要的反馈信息，基于基础教育课程制定若干"选修组课"，形成学生各自的专业方向，拓展学生的专业知识，增加学生对环境保护的兴趣。

4.4.2 运用网络新媒体教育方法

随着时代的不断发展，互联网成为新兴的信息传播方式，是大学生获取知识和信息的一条主要渠道。高等院校绿色教育应该顺应时代不断创新，探索运用网络新媒体提高绿色教育的感召力和渗透力，从而进一步提高绿色教育的实效性。

1. 建设绿色教育主题网站

随着网络对大学生的影响与日俱增，高等院校在开展绿色教育时也应与网络充分结合起来。建设绿色教育主题网站就是高等院校绿色教育知识和信息传播的重要途径之一。

首先，建设绿色教育主题网站必须具有明确的指导思想和工作原则。在面向全校师生传授多方面、多角度且积极向上、文明健康的生态文明知识的同时，应严格把控网站的发展导向，对于有害言论应及时纠正遏制。其次，建设绿色教育主题网站需要政府和学校的大力支持。政府应该出台相应的政策对高等院校绿色教育主题网站进行规范并努力扶持，应配备专门从事环境方面工作的人员或者环境相关专业的教师和优秀学生来指导网站的建立，对网站的建设和活动给予充分的物力、财力支持，以保障网站的硬件软件设施建设和后续发展的经费。最后，在网站的形式和内容上不断加以完善。对网站的形式可以采用简洁、干净的风格，搭配一些引人注目的小动画或小短片来增加学生的兴趣，建立能与学生实时互动的平台，在及时把握学生真实想法的同时根据学生提出的建议对网站进行调整。网站的内容要具有时效性和导向性，并应及时更新，在学生获取网站信息的同时引导学生增强保护环境的责任感，加强生态文明意识和素养。

绿色教育主题网站的建立打破了高等院校以往绿色教育所受的时间、空间限制，使受教育者从被动接受变成主动了解，不仅充实了高等院校思想政治教育的内容和资源，而且加快了我国生态文明建设的发展步伐。

2. 开办网上绿色教育课堂

伴随着信息技术的不断发展，网络技术被引入高等院校教学中，进一步推动了网络课堂的实现。网络课堂是教育者以互联网为媒介对受教育者进行知识传授、资源共享、信息传递等的一种新兴教学方式。开办网上绿色教育课堂可以在传统课堂外提供丰富多彩的生态环境资源和信息，不仅改变了以往学生被动学习生态文明知识的状态，还激发了学生对生态文明、环境保护的兴趣。

建设网络生态文明课堂，首先要对网络课堂有一个准确的定位。高等院校绿色教育网络课堂不仅是大学生学习生态文明、环境保护知识的渠道，也是师生间交流学术的平台。网络课堂的建设要严肃而又不失活泼，既要注重表达方式的全面多样性，又要注重以丰富的内容和知识点来吸引学生的注意力。其次，要具有鲜明的马克思主义立场和观点。只有具有正确导向性的网络课堂才能引领学生真正学到知识、掌握技巧。对于学生的疑问也要及时地给予解答，推动学生树立正确的人生观、世界观和价值观。最后，还要对课程进行合理的安排。一方面，要提前把课程时间、课程资料等信息放在页面上，以便给学生留有充分的预习时间和足够的答疑解惑时间；另一方面，要建立师生之间、学生之间互相交流的平台，利用网络技术对教学状况进行适时监督、对教师进行评价、对学生进行考核。

目前国内一些知名的网络授课课堂，如学堂在线（http：//www.xuetangx.com/）、中国大学MOOC（慕课）（http：//www.icourse163.org/）、好大学在线CNMOOC（http：//www.cnmooc.org/home/index.mooc）等就形成了高等院校优秀的网上课堂学习形式。华东师范大学自1986年成立环境科学系以来就一直重视基础课教学和实践教学，2014年又成立了生态与环境科学学院，在生态学专业新开设了"自然观察与认识"实践课，在环境专业新开设了"环境问题观察"实践课，这些课程以环境问题为起点，在实地观察和实践中培养学生发现问题、分析问题和解决问题的综合能力和素质。作为国家精品在线开放课程，"环境问题观察"MOOC以实践观察方式，用100多个小案例、小故事、小视频讲授大气、水体、垃圾、生态、创新创业、政府管理、绿色生活等环保问题，分享通俗易懂的环境知识、深入一线的环保体验、上海特色的环境创新，每月开展一次线下活动。该课程总长约1 500分钟，由20多位专业老师，20余位上海"水十条""大气十条""土十条"环境政策制定者，环境类博物馆、展示馆负责人，环境基础设施建设和运营企业一线工程技术人员，环境投资、环评、监测公司的经理人等出镜主讲。

"环境问题观察"部分课程导语

环保有疑问，网上找课堂。你想知道理工科博士为什么选择去种植最浪漫的大马士革玫瑰吗？你会好奇在误把戒指、项链当成垃圾丢弃后是如何一步一步找回的吗？你是否有兴趣聆听水、气、声、渣政策制定者讲述背后的故事？你是否想听一听亲手放生一条1.5 m长的国宝中华鲟是什么体验？你是否想了解那些亲身创办和运营一家环评公司的学长们的创业感言？你是否想学习一些环境与女性健康、男性健康、公共健康的小知识？那就真挚地邀请你和全国高校的老师、同学一起参与到"环境问题观察"的学习中吧！

从"环境问题观察"课程开展思政课的实践来看，大学生在价值观方面的收获主要有三个。一是使学生对上海环境保护、绿色发展、生态文明建设有了深入的体验和认识。"环境问题观察"课程立足上海，根据上海建设创新之城、人文之城、生态之城的全球卓越城市建设目标，特别是建设崇明国际生态岛的要求，将上海生态环境保护和绿色发展特点融入现场教学和慕课学习，使学生立足上海发展成就，建立绿色发展自信，讲好中国故事的上海案例。该课程通过"上海中心＋一大会址"等参观活动，以及对上海市环境保护的规划、方案和措施的解读，让学生能够在现场教学和慕课学习中受到上海特色、江南文化、中国故事的思想政治教育。二是该课程不仅具有科学性，还涉及中国特色、世界趋势、制度自信、道路自信、理论自信、平和心态、优良校风、优良学风等主题。该课程涉及上海水体、大气、土壤、噪声、湿地、海洋、生态等具有代表性的环境要素，通过实地参观、专家讲座、动手实践等方式引导学生培养科学理性的思维，切身体会"实践出真知"的道理。这样的实践实习充分体现了上海生态环境和城市发展的多样性，同时以环境问题分析为实践核心内容，充分体现了环境科学综合性、交叉性、复合性的专业特点。三是人与自然相和谐的理念。人与自然的关系、人与环境的关系是环境科学要解决的终极问题，但如何去讲解人与自然、环境的和谐呢？这种哲理性、思辨性、价值观的问题不是通过理论推导、实验验证或是模拟计算就能完成的。学生需要的不仅是知识的传授，还有自身的体验和感悟，甚至是顿悟，而老师的职责是为此创造条件或环境。实践教学可能就是这种教学最好的场合。"随风潜入夜，润物细无声。"这种人与自然和谐的理念只能以潜移默化的方式让学生去体验和感悟。

3. 运用新媒体发展绿色教育

由于网络具有平等性、自由性、交互性、隐蔽性、持续性等特点，人们在网络世界中更能真实地表达自己的情感和想法。正因此，越来越多的大学生更愿意通过网络来解决自己的问题。高等院校绿色教育的发展可以借助大学生对网络越来越依赖的现状以及网络的隐蔽性、自由性和交互性等特征，通过微博、QQ、朋友圈、公众号、豆瓣、天涯社区、BBS等常见的形式交流沟通。例如，"生态文明清华园"就是由清华大学绿色大学办公室建立的公众号，其中不仅有与生态文明相关的讲座，还有环保电影和环保书籍的推荐。运用新媒体开展高等院校绿色教育，一方面改变了传统教育者和受教育者之间信息传递和接受的方式，这种新兴的沟通方式增加了教育者与受教育者之间的交流，避免了面对面交流的尴尬和局促；另一方面可以使受教育者更真实且毫无顾忌地表达自己内心的想法，从而使教育者能够了解受教育者的真实想法，进而从根本上解决受教育者面对的问题，增加绿色教育的实效性和针对性。此外，运用新媒体进行绿色教育也是创新高等院校绿色教育的一个重要方法，可以在引导学生学习和探讨有关环境保护和生态文明建设等知识的过程中，激发学生的生态责任感，培养学生的生态素养和生态道德，形成良好的生态文明意识和观念。

4.4.3 加强高等院校环保社团建设

社团是高等院校进行思想政治教育一个重要的渠道，对大学生的思想政治教育具有重要的辅助功能。加强大学生环保社团建设，是高等院校绿色教育课堂外的实践教育补充，其与课堂教育的相互配合能够在增长大学生生态文明知识的同时，培养生态文明意识，养成生态文明行为。

1. 加强制度建设

第一，将高等院校环保社团与绿色教育充分结合，使课堂教育与实践教育相互协作。高等院校可以通过建立环保社团和环境相关专业之间的学科合作及沟通机制来共同开展绿色教育。高等院校环保社团作为绿色教育的重要途径，是高等院校生态文明课堂教育的课外实践补充。为了使环境保护理念能够真正地被学生理解，高等院校应使课堂所传授的生态文明知识与环保社团所开展的生态文明活动之间实现沟通协调、整合互补，以提高绿色教育的实效性和针对性，还可以通过成立专门的环境教育办公室，从制度、建设、管理、经费等方面来帮助和指导环保社团的发展，为环保社团的发展提供有力支撑。环保社团在高等院校绿色教育中作用的发挥离不开学校后勤、教务处等部门的相互合作，有了校级部门的支持和扶持才能更大地发挥环保社团的作用。

第二，为高等院校环保社团的发展提供资金支持和人才培养，夯实环保社团的发展基础。高等院校可以对环保社团进行有效的资金管理，同时制定更加灵活有效的资金募集制度。在允许的范围内，高等院校与企业和社团合作可以达到相互促进、共同发展的目的。例如，深圳职业技术学院计算机工程学院一个名为"计算机学会"的学生社团在与百度云OS、百度校园联合刷机精灵合作"电脑清尘"志愿者活动期间，不仅募集到充足的活动资金，而且也为学生提供了专业的技术指导。高等院校还可以在着重对环保社团主要干部进行指导的同时，定期邀请环境专业相关专家对社团成员进行学术指导。建立高等院校环保社团与其他组织的交流机制，可以提高环保社团成员的素养，为其今后的发展打下坚实的基础。

2. 加强队伍建设

队伍建设能够在很大程度上提高高等院校环保社团的办事能力和水平，增强社团工作的实效性和针对性。

一是要对干部进行培训，增强其领导能力和带头作用。一个好的领导是一个社团发展的关键因素。高等院校环保社团的干部对社团成员的精神风貌、意识形态、价值观念等有重要的影响，因此必须建立包括干部的培训、选拔和任用等在内的一套严格的机制体系。高等院校环保社团的干部一般都由在校学生担任，其学生身份决定了任职时间最多只有4年，所以应针对环保社团干部在任时间短、任务重等问题做出详细的有科学性和针对性的培训计划，以提高其领导能力和水平，发挥其带头作用，为高等院校绿色教育作出贡献。

二是要建立环境保护专家团及顾问团，完善高等院校环保社团的组织构成。一方面，高等院校环保社团的管理者一般由学校校团委或学院院团委的老师担任，而这些管理者大多负责的社团较多，所以在组织和管理中缺乏针对性的方法和策略，甚至有些社团单靠学生自己管理，社团管理者的角色已经弱化。另一方面，很多高等院校环保社团开展的活动都局限于学校内，缺乏参与社会环保活动的经验和相关人员的专业指导。因此，高等院校应聘请学校环境保护相关专业的老师以及校外环保人士作为社团顾问来完善环保社团的组织构成。

三是要加强高等院校环保社团成员的环境素质教育。在环保社团中，社团成员占绝大多数，是社团发展的决定因素。对环保社团成员的培养是社团得以发展的前提和基础。由于社团成员来自不同地域和不同专业，有着不同的风俗习惯，其环境素养、环境知识、环境意识等也不尽相同。对高等院校环保社团成员不仅要开展包括环境知识、环境意识在内的环境素质教育，还要培养其技能、态度、参与能力、活动组织能力和领导才能等。

典型范例：清华大学学生绿色协会

清华大学学生绿色协会（以下简称学生绿色协会）于1995年4月成立，是全国高等院校中较早成立的知名环保社团。学生绿色协会在清华大学绿色大学办公室、共青团清华大学委员会和清华大学环境学院等的指导下，以遍布全校院系的师生会员为基础，宣传可持续发展理念，开展绿色实践与教育，为绿色大学建设和我国环保事业添砖加瓦。该协会现有会员200余人，骨干60余人，遍布清华大学各院系，组织架构为"理事会—主席团—8个部门＋绿色环保基金"。其中，理事会把握协会发展脉络，其成员为在协会担任过主要职务的青年教工等；主席团和各部门负责规划并开展各项具体工作；绿色环保基金在学校教育基金会的支持下接受校内外捐款，为协会发展提供资金来源。

学生绿色协会扎实的工作得到了学校和社会的广泛认可。自1997年以来，该协会已经15次获得"清华大学十佳协会"称号，2001年荣膺由中国环境新闻工作者协会、中国香港"地球之友"颁发的全国"地球奖"，2004年获联合国"国际科学与和平周优秀活动奖"，2006年获得共青团中央、教育部、中华全国学生联合会联合颁发的"第二届全国优秀学生社团标兵"称号，2009年获得中国环境科学学会颁发的"2009中国大学生志愿者千乡万村农村环保科普行动优秀社团奖"，2010年获得中共中央宣传部、全国人大环资委、全国政协人资环委、环境保护部等颁发的"2009绿色中国年度人物"。

1. 清华大学环境友好科技竞赛

清华大学环境友好科技竞赛由清华大学环境学院主办，学生绿色协会为协办方之一。该竞赛旨在以科技竞赛的方式，鼓励大学生以其独创的科技理念和发明制造参与到资源节约型与环境友好型社会的建设中来，既面向清华大学的在校学生，也欢迎其他学校的在校学生参加。该竞赛不仅是清华大学绿色实践教学平台之一，而且对其他学校的绿色教育开展具有借鉴和辐射作用。

第一届环境友好科技竞赛作为探索和尝试获得了政府部门领导、多家领域内知名企业领导，以及包括中国工程院钱易院士在内的多名专家学者的支持和指导，为后续竞赛工作的开展提供了较好的经验积累和基础支持。该竞赛有来自清华大学、中国林业大学、中国矿业大学、中国地质大学（武汉）等学校包括环境、化工、建筑、精仪、电机、汽车、材料、公共管理、工程物理、生物、化学等不同专业领域的200余名研究生和本科生的积极参与，涌现出大量优秀作品，其中，"农村家用型卫生堆肥厕所"荣获2006年"福特汽车环保奖"青年环保创新项目（全国共评出6件作品）。现如今，清华大学环境友好科技竞赛已经发展成为覆盖全国大部分省份、年参赛作品上百件的全国性竞赛。

2. 国际青年能源与气候变化峰会

2009年7月，学生绿色协会联合其他机构在清华大学主办了以"聚焦中国，对话世界，低碳未来，青年机遇"为主题的首届国际青年能源与气候变化峰会（IYSECC），来自全国83所高等院校的240名青年代表、30名国际青年代表以及政府、高等院校、企业、媒体和非政府组织的代表共同探讨应对能源与气候变化问题的中国之路和青年的责任与机遇，成为大陆能源和气候变化领域首次由青年人独立发起和组织的峰会。2010年，以"低碳未来，青年起航"为主题的第二届峰会获得联合国环境规划署的支持，在世博会联合国馆成功举办，峰会盛况连续2年被刊登在国家发展改革委带往联合国气候变化大会的《应对气候变化——中国在行动》宣传册上，更被写入国家发展改革委在坎昆大会上发布的政府应对气候变化年度报告。

3. 中小学绿色教育项目

自1996年以来，学生绿色协会常年在邻近中小学开展绿色教育课程，向孩子们宣传环境保护知识和当下的可持续发展热点问题，每年参与的中小学生达200人，多年来参与人数已近3 000人。2007年，鉴于民工子弟小学的师资薄弱、自然环境教育课程空白的现状，学生绿色协会针对民工子弟小学的系列绿色教育课程启动，绿色教育组的学生先后在民工子弟小学开设动植物课堂、自然观察日记等系列课程，带领孩子们走出狭小的校园开展实地观察活动。2008年，学生绿色协会在邻近中小学开设"认识新能源"系列课程，对传统以讲授为主的上课模式进行改革，加入动手实验、课后调研及小制作竞赛等环节，充分调动了孩子们自主学习的积极性。中小学绿色教育项目吸引了很多清华大学的学生及海外留学生、访问学者的积极参与，他们的参与拓宽了孩子们的国际视野。

4. 校园内外宣传活动

学生绿色协会发挥各种媒体的舆论导向作用，积极引导和影响学生和社会公众。清华新闻网、《中国环境报》、学生清华网、《清新时报》等媒体每年都有10余篇关于清华大学学生环保活动的宣传报道。近几年，新华网、中国网、人民网、《科技日报》、*China Daily*（中国日报网）、搜狐绿色、网易、CCTV能源频道、*The Japan Times*（《日本时报》）等主流媒体均对学生绿色协会的活动做过报道。此外，学生绿色协会还自行创办了《绿色希望》报、协会网站、微博账号等积极传播环保理念，报道校园环保动态，每年影响面达1.5万人次。

此外，学生绿色协会立足校园，根据绿色大学各阶段建设的需要，开展了各种主题的校园环保宣传，提高了广大学生的环境保护意识和可持续发展意识（表4-17）。绿色大学实施伊始，学生绿色协会进行了绿色校园的调研和宣传工作，举办了绿色大学文化节等，搭建了师生交流桥梁，在校园内营造了建设绿色大学的氛围。而5R行动、节约型校园活动等则促使学生用实际行动参与绿色大学建设，形成了师生共建绿色大学的长效机制。在绿色大学文化节中，从开幕式上校园环保歌手的倾情演出到由自然之友会长梁从诫先生、郑燕康副校长等主讲的4场环保论坛，再到由同学举办的校园垃圾分类回收图片展、废物利用作品展等，一次次精彩活动促使学生关注绿色大学、关注环境保护。在节约型校园系列活动中，学生绿色协会与各级团支部、学生会和紫荆志愿者服务队一道，在绿色大学办公室和共青团清华大学委员会的指导下，共开展各种类型的活动100多场，收集主题征文100多篇，参加人次超过1万。

表4-17 学生绿色协会组织或参与的绿色社团活动

年份	主题活动	活动内容
1998	绿色校园调研和宣传	"绿色校园"数据调研及资料收集、87周年校庆环保意识调研宣传、"绿色校园"摄影作品展、"我心中的绿色大学"征文比赛
1999	"一次性筷子"行动	一次性筷子的调查、师生民意调查、一次性筷子退出清华食堂
2000	绿色大学文化节	绿色大学文化节开幕式暨拯救藏羚羊义演、4期绿色论坛、校园垃圾分类回收图片展和废物利用作品展

年份	主题活动	活动内容
2002—2004	5R行动	绿色寝室创建活动（参与寝室50间）、校园"减袋"行动（发放布袋1 000个）、废纸回收活动（2周1次）
2005—2006	节约型校园活动	节约型校园调研与建设指南、"资源节约与国计民生"系列论坛、主题团日活动（90多场）、志愿者服务活动
2007—2008	生态文明系列论坛	"亲历可可西里——长江漂流到长江保护"绿色中国年度人物杨欣经验分享会、"生态文明与和谐社会——中国水危机"绿色中国年度人物马军宣讲会、"三江源地区生物多样性保护与当地文化"三江源生态环境保护协会秘书长哈西·扎西多杰先生论坛、北京麋鹿苑博物馆馆长郭耕先生"生态文明"讲座
2009—2011	能源与气候变化主题	第一届国际青年能源与气候变化峰会（全国83所高校240名代表，30名国际代表，10余家媒体报道，通过购买碳汇实现碳中和）、通向哥本哈根——模拟联合国气候谈判、"关注气候变化"课间宣讲（覆盖大一、大二公共课）、气候电影展映周、"能源新观，低碳生活"系列中小学教育课程

　　清华大学学生深知社会予以的期望和自己所肩负的责任。学生绿色协会积极参与国民经济社会发展热点，向社会学习，为社会服务：在内蒙古赤峰、山西壶口瀑布、北京密云和顺义、河南等地展开植树造林活动，累计植树3 000余株，为保护母亲河贡献一份力量，并于2004年获

"首都青少年保护母亲河——青春绿色行动先进集体"称号；当南水北调中线工程进入关键时期赴丹江口市、郑州市、邯郸市针对工程的环境影响开展调研活动；在汶川地震后与清华大学环境学院团委一同组织"青风计划"支队，赴北川、什邡开展震后环境风险调研，深入震后板房区和当地中学宣传环保知识，并获得中国环境学会颁发的"2009中国大学生志愿者千乡万村农村环保科普行动优秀社团奖"。此外，学生绿色协会还开展了海南五指山调研、"青年·责任·节约型社会"环境论坛、清华大学"绿色奥运"行动等诸多活动，让大学生增长了才干，增强了责任感。

基于共同的环境保护使命，学生绿色协会与海内外众多环保团体携手共进：与我国香港长春社共同主办京港大学生环保交流考察活动，让京港大学生面对面交流京港环保问题，并共赴内蒙古沙漠进行生态考察；1999年与"263首都在线"联合全国30多所高校共同发起"伊妹传情，减卡救树"活动，呼吁使用电子贺卡来替代传统贺卡，保护我们的环境；在东亚研究型大学生绿色营里，与来自东京大学、韩国浦项大学等11所知名大学的学生围绕"新世纪世界环境问题及青年在新世界环境问题中的角色"的主题展开交流；2006年与中华环保联合会、中国民间组织促进会等环保民间组织共同发起并承办了2006年中华环保民间组织可持续发展年会，全国400余家环保民间组织聚会清华，就环境维权、国际交流与合作、能力建设、高校环保社团作用和发展等议题展开讨论；2009年派代表参与联合国环境规划署Tunza世界青年环境大会及亚洲青年能源峰会，就能源与气候变化及区域合作议题和全球青年环保团体展开讨论；2010年赴我国台湾开展两岸青年环保对话，了解台湾在垃圾焚烧及分类回收、生态保护、环境教育等方面的先进做法。

在学生绿色协会师生的共同努力下，清华大学越来越多的老师和学生用实际行动来贯彻资源节约和环境保护的理念，如一次性筷子退出清华大学食堂、在寝室设立纸盒回收纸张，向营业员主动提出不使用塑料袋等。在此期间，许多学生得到了锻炼和成长，还有许多会员走向国家各个岗位，为中国环境事业贡献一份力量，如清华大学环境学院教授王灿博士、北京汇佳汉青中水科技有限公司孙友峰总经理、商道纵横创始人郭沛源总经理、山西省环保厅督察处杜斌副处长等。在协会会员中也涌现出一批"小社会活动家""小环保科学家"，如辛焰、俞快同学等均为拜耳青年环境特使，叶敏华同学入选2009年联合国环境规划署Tunza世界青年环境大会10名中国代表之一，魏志强同学获得北京市挑战杯一等奖，徐康宁同学入选国家环境友好工程义务监督员等。

3. 加强多元化活动平台建设

一是构建本校环保社团与其他学校环保社团的合作平台。如今，各个高等院校基本都设立了关于环境保护的社团，各学校的环保社团之间也应建立相应形式的交流平台，在充分展现各自特色的同时能够交流经验、资源集合、协调统一，在吸取宝贵经验的同时能够真正认识到自己的不足之处。高等院校环保社团之间的相互合作对各自的发展及绿色教育的发展都具有十分重要的推动作用。

二是构建高等院校环保社团与当地政府环保部门的合作平台。高等院校环保社团都面临着活动经费有限、环保活动影响力低等局限，而政府的环保活动也面临着群众参与度不高、积极性不够、人员储备不足等现象。构建高等院校环保社团与当地政府环保部门的合作平台，不仅为高等院校环保社团提供了充足的资金支持，还为当地政府的环保行动提供了充足的人力资源。高等院校环保社团与政府的合作能够取长补短，各自发挥优势，在增强公众的参与性、唤醒公众环境保护意识方面实现了共赢。

三是构建高等院校环保社团与社会环保NGO的合作平台。高等院校环保社团与社会环保NGO都在呼吁人们重视环境问题，提高人们环境保护的意识并付诸行动。例如，中华环境保护基金会以广泛募集、取之于民、用之于民、保护环境、造福人类为宗旨，在河北科技师范学院绿色天使环保社举办的蔬菜根结线虫病免疫激活剂的研究与推广活动、齐齐哈尔大学绿荫环保协会举办的某放射性区域纽扣式便携辐射监测仪的研制项目中均给予了资金和技术支持[12]。构建高等院校环保社团与社会环保NGO的合作平台，有利于环保社团向环保NGO吸取在环境保护方面的各种经验，而在环保NGO向大学生传播环境保护知识的同时，环保社团也为环保NGO发展培养了高素质人才。

参 考 文 献

［ 1 ］新华社.把思想政治工作贯穿教育教学全过程　开创我国高等教育事业发展新局面［EB/OL］.［2017-01-18］.http：//www.moe.edu.cn/jyb_xwfb/s6052/moe_838/201612/t20161208_291306.htm/.

［ 2 ］中共中央　国务院关于进一步加强和改进大学生思想政治教育的意见［N］.人民日报，2004-10-15.

［ 3 ］王鑫.思想政治教育视域下的高校生态文明教育研究［D］.咸阳：西北农林科技大学，2015.

［ 4 ］胡锦涛.坚定不移沿着中国特色社会主义道路前进　为全面建成小康社会而奋斗［M］.北京：人民出版社，2012.

［ 5 ］张国新.最新统计方法技术应用与标准规范实用手册（二）［M］.北京：北京广播学院音像教材出版社，2004.

［ 6 ］袁荃.社会研究方法［M］.武汉：湖北科学技术出版社，2012.

［ 7 ］贾俊平，何晓群，全勇进.统计学［M］.北京：中国人民大学出版社，2007.

［ 8 ］中华人民共和国教育部.全国高等学校名单［EB/OL］.［2021-06-03］.http：//www.moe.gov.cn/srcsite/A03/moe_634/201706/t20170614_306900.html.

［ 9 ］Pellow D N，Dunlap R，Michelson W.Handbook of Environmental Sociology［M］.Santa Barbara：Greenwood Press，2002.

［10］Schwartz S H. Are There Universal Aspects in the Structure and Contents of Human Values?［J］. Journal of Social Issues，1994，50（4）：19-45.

［11］弗洛德.调查问卷的设计与评估［M］.重庆：重庆大学出版社，2010.

［12］中华环境保护基金会.关于公布第七批青少年环保公益小额资助项目获奖社团和项目负责人名单的公告［EB/OL］.［2013-08-09］.http：//www.cepf.org.cn/projects/XEZZ/xmdt/201308/t20130809_257251.htm.

绿色校园

绿色校园是新时代践行生态文明思想的微观实践，是生态文明思想融入高等教育的空间载体，是绿色大学的外在表征。国外关于绿色校园建设的研究起步较早，1972年，在斯德哥尔摩人类环境会议上首次提出"绿色校园"这一概念[1]。20世纪90年代，《塔乐礼宣言》在法国杜夫特大学发起签署，掀起了建设绿色生态校园的高潮，该宣言提出要实现可持续发展就要建立绿色校园。美国华盛顿大学、加拿大滑铁卢大学均开展了绿色校园建设[2]。1996年，我国正式引入绿色学校概念[3]。2010年，国家首次提出建设绿色校园理念[4]。2013年发布的《绿色校园评价标准》将绿色校园解释为"在其全寿命周期内最大限度地节约资源（节能、节水、节材、节地）、保护环境和减少污染，为师生提供健康、适用、高效的教学和生活环境，对学生具有环境教育功能，与自然环境和谐共生的校园"。建设绿色校园是实现社会可持续发展的有效途径，能够有效地节约资源、降低能耗，为师生提供健康舒适的工作学习环境，使绿色生态融入教育环境，提高师生环保意识，与我国国情发展相适应。绿色校园的建设有别于传统校园，它倡导保护环境，对校园的建筑、科技、教育等进行改造，并融入可持续发展因素，力争将校园建设成为资源能源节约并实现高效利用、环境优美清洁、师生工作学习轻松舒适的绿色生态示范基地，实现人与自然和谐相处。

5.1 生成沿革

20世纪70年代初期，欧美爆发了大规模环境灾难，大学生作为一个主体积极参与其中，进而使大学校园的环境污染和能源危机开始引起人们的关注。1972年联合国召开人类环境会议，签署了《人类环境宣言》，在第19项强调了包含大学在内的各类教育机构在环境保护中的重要性。以此为契机，绿色校园建设开始在全球范围内受到关注并开始有了本土性的尝试。1987年，世界环境与发展委员会发表了《我们共同的未来》，提出"可持续发展教育内容远不止于宣讲和传播可持续发展，也应包含可持续发展实践。可持续的学习环境，如生态学校或绿色校园，使教育工作者和学习者都能够把可持续发展原则贯彻到他们的日常生活实践当中。改变学习环境和培训环境不仅是用可持续的方式管理实体设施，而且还要变革整个机构的理念和管理结构。要求在学校及其他所有的学习、培训环境中，推行可持续发展教育"[5]。在教育领域绿色校园成为实现教育机构可持续发展的主要内容和重要途径，并逐步成为一种全球性共识，它也是绿色大学的最初版本。这一时期的绿色校园更加关注在自身运营过程中的能源使用量与资源节约率，合理拓展校园的绿化面积，同时进一步完善与更新校园绿色规划与绿色设计，提升对绿色建筑的要求，尽量使用清洁能源并与可再生能源进行搭建，避免光污染与化学污染带来的不良影响。

20世纪末，国外的绿色校园建设呈现科学化、系统化、制度化、国际化的趋势。至今，国际上已形成如高等院校可持续发展报告[6]等9套有代表性的指标体系，覆盖了多元化的嵌套模型、方法、标准。在绿色校园建设方面，废物和资源管理、绿色交通、可持续发展科学与绿色实验室、可持续采购和生活成本、餐饮、能源碳和水、生物多样性、绿色建筑[7]等均被纳入指标体系之中。此外，大部分指标体系还增加了校园环境审计、建立学生环境中心等内容[8]。绿色校园在建设的过程中应充分发挥生态学、环境科学、生态美学、绿色建筑等学科研究成果的作用，从学院规划到建筑物装饰尽显生态关怀。

5.2 中国实践

我国受发展阶段所限，绿色校园建设起步较晚。在国际社会的影响与带动下，我国于20世纪90年代制定了可持续发展战略，并开始关注绿色校园建设。1994年，《中国21世纪议程》发布，与绿色校园相关的绿色大学建设开始受到广泛关注并局部开始实践。在国家"十一五"规划出台之后，教育部下发了《关于建设节约型学校的通知》。全国各高等院校纷纷提出了"资源节约型、环境友好型"两型校园建设的规划和目标任务，其中节约型校园建设是基础、关键。

教育部直属事业单位——学校规划建设发展中心（CSDP）是国家推动绿色校园建设的重要力量。该中心的职能之一就是推动我国学校绿色发展，自觉履行绿色发展战略责任，推动建设绿色、智慧和面向未来的新校园[1]。在该中心的指导下成立了中国绿色校园设计联盟和中国绿色校园社团联盟。

中国绿色校园设计联盟是教育部学校规划建设发展中心联合国内知名高等院校的建筑设计院发起成立的，旨在加强对绿色校园规划设计的指导，切实提高绿色校园建设水平，有效引导和推动学校的智慧、绿色、低碳运行，促进形成人与自然和谐发展的格局并辐射带动校外空间绿色发展。该联盟通过在教育基本建设领域推广新理念、新技术、新材料，实现低消耗、低排放、高效益，服务学校提高整体规划建设水平和智慧化管理能力，促进硬件设施与教育改革同步发展。主要任务是根据《绿色校园评价标准》，编制《绿色校园评价指南》，提供绿色校园咨询服务，探索开展绿色校园评价工作；为既有校园开展绿色校园评价和绿色校园提升提供咨询服务；为学校建设提供项目建议书、可行性研究报告、初步设计方案等项目前期咨询服务，运用可持续发展理念引导学校向绿色校园方向发展；为学校建设提供校园总体规划、单体建筑设计等服务，推进绿色校园建设；组织召开"中国（国际）绿色校园发展论坛"，推广绿色校园建设新思想、新理念、新方向；组织开展国内外学术交流活动，与相关国际组织开展合作，以服务"一带一路"建设为契机，共同研究制定国际绿色校园评价体系。

中国绿色校园社团联盟于2016年11月正式成立，致力于打造绿色社团合作交流平台、绿色创新创业指导平台、绿色学生领袖培养基地和绿色校园建设参与基地，围绕创新创业、文化传播、交流培训开展活动。该联盟下设指导委员会、主席团和若干二级部门，第一批成员来自清华大学、同济大学、浙江大学等48所高等院校，第一届联盟指导委员会主任为邬国强，联盟秘书处设在浙江大学，秘书长为浙江大学海宁国际校区总务部部长屈利娟。

---

[1] 绿色、智慧和面向未来的新校园是CSDP三大引领性教育创新工程之一，另外两个工程是大学智慧学习工场和未来学校（基础教育）。

5.2.1　清华大学绿色校园建设[1]

清华大学注重校园的绿化和环保工作，积极开展绿色校园建设，努力把清华园建成资源节约、环境友好、人与自然和谐相处的生态校园。在园林景观建设方面，经过多年的努力，学校的园林建设已经做到了绿化、美化，实现了"三季有花，四季常绿"，植物品种优良多样、配植科学合理。目前，校园里的树种已经达到1 320种，树木有28万株，绿化覆盖率达到57%，形成了品位优雅、舒适宜人的自然环境。校园内的景观和园林建设相互依托、和谐共荣，营造出良好的生态环境和育人环境，已建成"二十景、二园、一河、一区"、世纪林等重要生态景观，将雍容古雅的皇家气度、厚重严谨的学术氛围和朝气蓬勃的校园气息巧妙地融合起来，形成了钟灵毓秀、魅力独具的绿色人文之园。学校多次组织开展景观评选、生态导览等活动，培养广大师生、员工亲近自然、尊重自然的情操，营造了多物种共生共荣、人与自然和谐相处的良好氛围。2010年，清华大学被《福布斯》杂志评选为14所"全球最美大学"之一，成为亚洲唯一上榜的大学。由此，清华园被誉为"清华三宝"之一。

在环境友好型校园建设方面，全校所有锅炉都由燃煤改造成了燃气，学校食堂的所有冰箱和冷柜都使用非氟制冷剂，最大限度地减少对臭氧层的破坏；坚持开展环境整治，现已基本做到"黄土不露天"；开设"绿色大学校园实验室"项目，通过对校园气象、水环境、智能交通等多方面的调查研究，实现了对校园环境、生态、能源利用的改善和相关信息的发布。学校先后建成了超低能耗示范楼和中意清华环境节能楼，把节能、环保、生态、智能等方面的先进理念和技术应用其中，起到了很好的示范作用。

在节约型校园建设方面，学校积极践行节约型校园建设理念，在意识培养、科技研发和示范应用等方面开展了卓有成效的探索。环境学院、公共管理学院等单位开展了科学管理，积极实施节能改造，充分利用本单位教学、科研优势推进

---

[1] 资料来源：清华大学绿色大学办公室。

节能工作；网络中心等单位积极应用SIS绿色数据中心等的绿色科研成果推动本单位节能工作；机关各单位结合本单位的工作性质创新性地开展行为节能，取得了良好的效果；后勤等各部门建立了节能降耗的奖惩机制，积极改进教室、食堂、宿舍等方面的节能设施，采取新工艺、新技术达到了节约水、电、煤气的良好效果；修缮校园管理中心安装了节水浇灌系统，建设日处理能力2 700 t的中水、污水回用工程，投用储量为2 000 t的雨水收集池，实现年节水270万t，同时积极开展新能源利用，利用地热、太阳能等补充传统热能，目前全校地热井出水量日均2 400 t，太阳能光热洗浴系统建设面积超过5 000 m^2；物业中心通过采取改造动力用电、调整教学楼的保洁时间等措施每年节电400万kW·h；饮食中心多措并举，连续多年能源消耗占营业额比例远低于北京市教委提出的标准化食堂能源消耗标准。节约型校园的建设，使清华大学的师生、员工在工作和生活中的节约意识普遍增强，节能减排理念深入人心。

2019年4月13日，在中国教育后勤协会能源管理专业委员会第一届第五次全体委员大会上，清华大学申报的节能监管平台示范项目建设方案荣获2018年"节能降耗——高校优秀节能项目建设方案"。清华大学申报的节能监管平台示范项目于2018年通过教育部、住房和城乡建设部组织的联合验收，验收意见认为该项目"以绿色大学建设为统领，科学规划，合理布局，分步实施，注重节能降耗的闭环管理，为全国高校节能管理工作提供了示范"。

2019年10月24日，清华大学绿色大学建设专家座谈会在工字厅举行。常务副校长王希勤，副校长吉俊民，原常务副校长、清华大学气候变化研究院学术委员会主任何建坤，环境学院教授钱易院士，建筑学院教授江亿院士，环境学院教授郝吉明院士，人文学院教授卢风，环境学院教授陈吕军，以及有关部门负责人代表参加座谈会。吉俊民表示，座谈会上专家的意见和建议对绿色大学建设具有重要意义，下一步，学校将在已有成绩的基础上进一步推进绿色大学建设，既要确定发展方向、明晰发展路径、形成发展共识、建立推动机制，也要注重项目落地，两手都要抓。王希勤充分肯定了清华大学建设绿色大学20多年来取得的成效，并指出生态文明建设正是着眼于满足人们对美好生活的向往，清华大学在20多年前提出绿色大学这一理念并付诸实践，具有前瞻性、战略性和引领性，在新时代要主动作为，承担起一流大学的使命与责任，以制定新的绿色大学发展规划为抓手，持续推进绿色大学建设。

5.2.2　北京林业大学绿色校园建设[1] [9]

北京林业大学创办于1952年，作为中国农林院校中的佼佼者入选一流学科建设高等院校名单，其林学、风景园林学两大优势学科入选国家"双一流"建设学科名单。得益于"知山知水，树木树人"办学理念的指导以及学科背景下对美丽中国人居生态环境的科研探索与实践积淀，北京林业大学绿色校园建设成效突出，校园绿地建设成果显著。建校60多年来，校园基础设施建设不断推进，与此相伴的校园环境绿化、美化建设逐步完善，曾被评为"全国绿化先进单位""全国城市节水科技创新工作先进校园""全国高校节能工作先进单位"等。

北京林业大学校园绿地建设在校园绿地总体规划、校园绿地营造、校园植物配置3个层面不仅满足《绿色校园评价标准》中对校园绿地建设评价指标的要求，也形成了自身的校园绿地建设特点：①以植物观赏型绿地为基底、与互动参与型和科教示范型绿地相结合的建设体系；②与科教场所相得益彰、与生活空间相互渗透、与实习基地相辅相成的3种特色绿地营造形式；③植物与地形、道路结合形成特色的校园植物景观空间。

1. 校园绿地总体规划

校园绿地总体规划以提升校园环境质量为主要目的，除对已建宿舍楼周边绿地、主入口区绿地、专业楼前绿地进行更新、补植植物新品种以完善植物观赏型绿地建设质量外，还围绕第二教学楼、行政楼、新增学生宿舍、学研中心建设4处互动参与型绿地，并在第二教学楼东侧点缀科教示范型绿地，满足了师生户外交流与活动的需求，增强了环境教育功能。从2012年开始，北京林业大学校园绿地总体规划结合校内大量彩钢房与临时建筑被拆除的现状，在科贸楼与林业楼之间与道路改

---

[1] 资料来源：北京林业大学生态文明研究院。

造结合建设植物观赏型绿地，在学生宿舍1号楼、4号楼北侧的临时建筑拆除地上建设互动参与型绿地，在行政楼与博物馆之间建设植物观赏型与互动参与型相结合的绿地，在新增学生宿舍13号楼周边建设互动参与型与科教示范型相结合的绿地，从而使校园绿地建设体系更加完善。

2. 校园绿地营造

校园绿地营造更注重对形式多样化的探索，逐渐形成与科教场所相得益彰、与生活空间相互渗透、与实习基地相辅相成的3种特色绿地营造形式，充分激发了场所的使用价值。

与科教场所相得益彰的绿地营造形式可以使绿地与建筑的平面关系十分紧密。以互动参与型绿地为主的科教场所有利于户外休闲活动的开展，同时规则的绿地形式强调了教学科研环境严谨的秩序之感。以学研中心景观为代表，设计师将内化的传统归纳浓缩为"溪山行旅"4个字，通过东侧、南侧及北侧景观、主轴广场、下沉庭院来表现对"溪山行旅"的语构详析。下沉庭院中放置有$PM_{2.5}$空气质量感应玻璃艺术装置，使庭院具有多重的艺术与生态含义。将现代景观与传统校园环境相融合、积极促进建筑内部与自然环境的相互渗透，是这种校园绿地营造形式的主要目标。

与生活空间相互渗透的绿地营造形式也可以使绿地与建筑的平面关系十分紧密。以互动参与型绿地为主的生活空间为学生日常交流与活动创造了轻松愉悦的生活环境，同时自然式的绿地形式表现出学生在生活区自由流动的场所氛围。在以树洞花园为代表的生活绿地设计中，将原为自行车棚的场地改造成"树洞转亭"、树池、长桌与坐凳，添加了停留节点。"树洞转亭"通过旋转与互望等多种视角提炼出"洞的哲理与感悟"，吸引了大量人群参与体验，也成为很多往届学生婚纱照拍摄的景点。利用风景园林设计手法对校园畸零地的环境营造进行层层跟进，使空间既富有情趣又触发场所记忆，是这种校园绿地营造形式的主要目标。

与实习基地相辅相成的绿地营造形式，其绿地与周边建筑无紧密的平面关系。科教示范型绿地置于互动参与型绿地中，方便教学实习与科研实验的开展，同时自然式的绿地形式有利于将环境教育功能融入师生日常生活。以13号楼周边绿地为代表，从现阶段已经完成的绿地建设中可见多种低影响开发措施的应用，其对生态与可持续建设理念的综合展示、对新型材料与技术的创新性尝试以及对传统工程做法的景观化处理可以为师生提供一处集课堂教学、科学研究与设计实践于一体的自然示范基地。将科教设施与景观要素进行有效整合、积极促进参与者与环境发生互动，是这种校园绿地营造形式的主要目标。

3. 校园植物配置

以保证校园植物种类丰富、群落结构稳定为基本前提，北京林业大学在校园植物配置方面更注重其景观空间类型与组合形式的多样化营造，并通过将植物与其他要素结合逐渐形成具有校园自身特色的植物景观空间。

通过各异的营造手法，学校将种类繁多的植物构成了不同的植物景观空间类型。北京林业大学的校园中以"模糊型"植物景观空间类型占多数，局部有"口"形与"平行线"形。"模糊型"植物景观空间无明确的空间领域感，从而展现出环境开放延展的特征；"口"形植物景观空间场地界定明确，"梁希像""学子情"广场均以该类型植物景观空间来增强场所的独立性；"平行线"形植物景观空间在对侧形成垂直界面，另外两端开敞，使空间既有围合感又有延展趋势，学生宿舍7号楼和10号楼间绿地、主楼南侧绿地均为该类型，前者既形成了学生生活区的独立空间又连通了2栋宿舍楼的入口，后者强调了由正门至主楼强烈的视觉指向性。

各植物景观空间单元相互组合构成了学校植物景观空间整体。校园中以"线式组合"方式占多数，局部有"集中式组合"方式。"线式组合"方式是以一个独立的线性空间将各单元联系在一起，校园中此类组合方式主要为通过道路串接各个绿地单元，形成流动感强、步移景异的观赏效果；"集中式组合"方式通过中心主导空间联系周边各个单元，校园行政楼南侧以树阵广场为中心空间团聚周边绿地单元，增强了空间的向心内聚效果。

5.2.3 北京师范大学绿色校园建设[1] [10]

北京师范大学是国内最早开展环境科学研究的大学之一，具有雄厚的环境科学

---

[1] 资料来源：北京师范大学环境科学学院。

方面的研究力量，也是最早开展环境教育研究的大学之一。学校的地理学、生态学和教育学都与绿色大学建设有关，在国内名列前茅。2013年，该校正式成立"中国绿色发展协同创新中心"，聚焦绿色发展领域的关键问题，构建面向绿色发展重大需求的协同创新模式，旨在建成支撑我国绿色发展的战略智库、共性核心技术研发基地和成果转化平台。学校与联合国环境规划署保持紧密联系，并已正式加入环境与可持续发展全球大学联盟。

1. 节约型校园建设

2015年，该校成立了校级能源管控中心（绿色大学建设办公室），加快推进节约型校园建设和绿色大学建设各项工作。学校还成立了校级领导小组，聘请院士、教授组成专家团队，形成专兼职三级节能管理队伍。通过信息化手段，上线能耗监管信息平台，进一步提高全校能源管控的科学化水平。其中，地下管网"一张图"立体管理平台的投入使用明确了学校计量分级关系，及时定位了校园老化管道等情况，避免了以往施工破坏管网等现象的出现。学校后勤还专门成立了后勤数字化办公室，建立了后勤微信及多客服系统、PC端管理系统和App"三位一体"的数字化平台，充分利用移动端的便捷性服务广大师生，推动智慧节能管理工作。

2009年，北京师范大学对学生宿舍用电实施了"一室一表"节约用电管理，执行"限额内免费、超额自付费"制度。该项工作的落地实施，一年就能节约用电量350万kW·h。截至目前，就此一项节约用电量达2 450万kW·h，相当于节约了8 166 t标准煤，减少了70 t二氧化硫和60 t氮氧化物的排放，为北京多一天蓝天做出了大学应有的贡献。

北京师范大学地处北方供暖区，每年的11月至次年3月需要进行全校性的供暖。学校的供暖采用燃气供暖锅炉，通过全校管网把热能输送到各个楼宇和房间。为了不影响供暖质量，又能节约燃气，学校对4台20蒸吨/小时的供暖锅炉进行了节能升级与改造，采用全智能化锅炉控制系统；对全校的供暖管网开展加强保温和节能技术改造；进行"分区分时供暖控制"管理，教室和办公楼夜间无人后，采取低温供暖的措施。通过这些举措，每年能节约天然气50万m^3，自2000年烧煤供暖改为烧气供暖后，累计节约天然气750万m^3。

2. 绿色教育

北京师范大学以创建绿色大学为目标，紧抓以人为本的教育思想，以绿色教育育人，丰富环境保护与可持续发展的知识，牢固树立环境保护与可持续发展的观念；以绿色大学熏陶人，建立示范性的环境优美、生态良性循环的师大生态园，为学生提供潜移默化的生态教育；以绿色行动感染人，将师大培养成学生参与环保及可持续发展的实践基地，培养学生绿色及可持续的行为方式。该校通过绿色大学建设塑造当代大学生"绿色人格"，使学生成为绿色大学的宣传者和实践者：积极倡导绿色行动，成立PRED学社、白鸽青年志愿者协会等学生社团，以及地理学与遥感科学学院、环境学院、资源学院等院系绿色环保小分队；组织学生社团和志愿服务团队在北京和全国举办"青年志愿者绿色计划"；利用学校资源，招募青年志愿者为幼儿园、中小学生每年上百余节节能、节水课程。

5.3 时代新解

源于西方发达国家、起步于20世纪末的绿色校园建设需要在新时代的背景下进行再认识。绿色校园建设在一定程度上是现代西方环境运动的副产品，要以马克思主义理论和方法来重新解读绿色校园建设。生态文明思想是马克思主义生态思想中国化的最新成果，以"生命共同体"为本体论基础，实现了生态唯物论、生态辩证法、生态思维论的统一，旨在达成人与自然、人与人、人与社会的三重和谐[11]。

绿色校园建设在新时代被赋予新的内涵，即绿色校园不再仅局限于从自然科学的角度去实现资源的节约和利用、自然环境的保护和治理，而是要以实现"人—社会—自然和谐"为目标，在生命共同体的架构内融合自然科学、社会科学（其中包括人文科学）的理论知识并加以融合创新，打造既坚持马克思主义生态思想，又批判吸收国外绿色校园建设经验，更能体现出中国特色区域文化个性基因的绿色化空间载体，为全社会生态文明建设起到良好的示范与导向作用。

2016年12月12日，教育部学校规划建设发展中心联合国内7家知名高等院校的建筑设计研究院，在中国绿色校园设计联盟成立大会暨首届中国绿色校园发展研讨会上向社会发布了《中国绿色校园发展倡议》（附录3），倡导教育战线的各位同人以绿色发展引领教育风尚，共同推动教育事业科学发展、健康发展、协调发展和可持续发展[12]。

参 考 文 献

［1］谭洪卫.高校节约型校园向绿色校园纵深发展的探索和思考［C］// 中国城市科学研究会，中国绿色建筑与节能专业委员会，中国生态城市研究专业委员会，等.第九届国际绿色建筑与建筑节能大会论文集——S09：绿色校园.2013.

［2］郜皓.高校绿色校园建设问题研究［D］.长春：东北师范大学，2014.

［3］吴志强，汪滋淞，王清勤，等.国家标准《绿色校园评价标准》编制情况介绍［J］.工程建设标准化，2016（9）：43-46.

［4］张思思，宋波，朱晓姣，等.绿色校园节能改造实测效果分析——以北京林业大学为例［J］.暖通空调，2018，48（10）：8-12.

［5］UNESCO Roadmap for Implementing the Global Action Programme on Education for Sustainable Development［EB/OL］.［2014-10-30］.https：//en.unesco.org/sites/default/files/roadmap_1.pdf.

［6］College Sustainability Report Card［EB/OL］.［2019-07-16］.http：//www.greenreportcard.org/about.html.

［7］Augsburg University. Environmental Stewardship［EB/OL］.［2019-03-29］.https：//www.augsburg.edu/green/get-involved.

［8］Heinz Family Foundation. Blueprint for a Green Campus：The Campus Earth Summit Initiatives for Higher Education［EB/OL］.［1995-01］.http：//www.ithaca.edu/sustainability/docs/crr/blueprintgreencamp.

［9］胡楠，王宇泓，李雄.绿色校园视角下的校园绿地建设——以北京林业大学为例［J］.风景园林，2018，25（3）：25-31.

［10］张强.中国绿色大学建设发展探讨——以北京师范大学为例［J］.住区，2017（S1）：24-27.

［11］张云飞."生命共同体"：社会主义生态文明的本体论奠基［J］.马克思主义与现实，2019（2）：30-38.

［12］教育部学校规划建设发展中心.中国绿色校园发展倡议［EB/OL］.［2021-06-03］.https：//www.csdp.edu.cn/article/1968.html.

第6章

绿色科研

2017年2月，中共中央、国务院印发《关于加强和改进新形势下高校思想政治工作的意见》强调指出高等院校肩负着人才培养、科学研究、社会服务、文化传承创新、国际交流合作的重任。科学研究是现代大学的基本职能，是大学实力与影响力的主要标志。高等院校的科学研究已经成为国家科学事业及其创新体系的重要组成部分，在国家科学技术进步中发挥着关键作用。尤其是学习型社会的来临，大学的科学研究职能更加受到重视。清华大学开启了我国绿色大学建设的先河，其核心就是"绿色教育—绿色科技—绿色校园"，因此新时代绿色大学建设必然包括也更加重视绿色科研的维度。

绿色科研要求通过增强广大教师的工作意识，以习近平生态文明思想为指导，用社会主义生态文明观铸魂育人，把绿色精神孕育和绿色技术研发的社会重心前移，以绿色课题研究为抓手，不断完善机制、体制以为高等院校绿色科研工作保驾护航，以此促进绿色科研内涵和质量的提高，为社会生态文明建设提供建设性的决策依据，不断提高自身的社会贡献度。

一方面，高等院校要积极开展生态文明领域的学理性基础研究。生态文明、绿色发展、可持续发展等理念都是新近出现的，学术界目前尚未能够对其开展丰富扎实又取得广泛认同的研究，诸多概念理论体系尚处于理论探索和争鸣阶段。尤其是生态文明，作为国家政治话语是由中国共产党正式提出的，但是目前还缺乏更为清晰明确的界定，尤其是要用"中国特色、中国气派、中国风格"的学术体系进行理论建构还有较长的路要走。因此，绿色科研的一个重要维度就是要进行哲学社会科学的学术创新，建构中国特色、国际认同的生态文明哲学社会科学理论体系。

另一方面，高等院校尤其是研究型大学要勇做绿色科技的坚定推行者。进入21世纪，尤其是新一轮科技革命以来，绿色科技创新成为当今世界科技发展进步的核心引领和主要趋势。绿色技术创新正成为全球新一轮工业革命和科技竞争的重要新兴领域。绿色科技革命的一个主要特征就是要实现多学科、交叉式的融合创新，并呈现出"绿色化和智能化"并举的时代特征，使科技革命的制高点向着"深空、深海、深地、深蓝"推进。进行多学科交叉科研创新是高等院校与企业、政府、科研院所的比较优势，因此高等院校要充分发挥应用基础研究主力军的作用，聚焦国家生态环境领域重大战略和经济社会发展重大需求，拓展实施生态文明领域的国家重大科技项目，突出关键共性技术、前沿引领技术、现代工程技术、颠覆性技术创新，为建设美丽中国提供有力支撑（附录4）。

6.1 学理研究

6.1.1 生态哲学

对生态文明进行哲学研究是绿色科研学理研究的重要基石。我国的生态哲学研究肇始于20世纪80年代。伴随着国际绿色政治以及环境学说的传播与扩散，我国学者开始对生态哲学问题予以关注。进入20世纪90年代，我国开始将可持续发展作为国家发展的战略导向，生态哲学的研究也随之进入一个快速发展期。科学发展观思想的提出，尤其是党的十八大明确提出的生态文明理念，作为中国特色社会主义事业"五位一体"总体布局的重要组成部分，要求统领和融入经济、政治、社会、文化建设的全方面和全过程，进而对生态哲学尤其是马克思主义生态哲学的研究开始深入推进，努力构建具有"中国特色、中国气派、中国风格"的生态哲学理论体系。

以代表国家最高级别研究水平的国家社会科学基金为例，截至2020年，其哲学和马列·科社两个学科中项目名称包含"生态文明"的共计204项，最早立项的课题为1996年中国人民大学刘宗超老师的"生态文明与生态伦理的信息增值基础"（表6-1）。其中，2000—2012年仅有21个项目立项，2012年之后共计立项181个。通过在最大的中文文献数据库——中国知网进行文献检索发现，其总体走势和上述生态哲学在我国的发展情况大致相同，大量的研究文献成果出现在2000年之后，尤其是在2012年前后开始有了明显的跃升，2019年更是达到了峰值（1 500篇/年）状态（图6-1）。

表6-1　截至2020年国家社会科学基金题目包含"生态文明"的部分重点项目

项目批准号	项目类别	学科分类	项目名称	立项时间	项目负责人	工作单位
96AZX022	重点项目	哲学	生态文明与生态伦理的信息增值基础	1996-07-01	刘宗超	中国人民大学
11AKS001	重点项目	马列·科社	《马克思恩格斯文集》中的生态文明思想研究	2011-07-01	方世南	苏州大学
13AKS005	重点项目	马列·科社	海南国际旅游岛"全国生态文明建设示范区"发展战略研究	2013-06-10	赵峰	海南师范大学
14AZX007	重点项目	哲学	绿色技术范式与生态文明制度研究	2014-06-15	潘家华	中央党校
14AKS012	重点项目	马列·科社	"五位一体"视域下的生态文明制度体系研究	2014-06-15	赵建军	渤海大学
14AZX021	重点项目	哲学	生态文明建设中的伦理问题研究	2014-06-15	魏巍贤	清华大学
18AKS007	重点项目	马列·科社	习近平新时代生态文明思想的逻辑体系及其时代价值	2018-06-21	李丽	江苏大学
18AKS016	重点项目	马列·科社	习近平新时代中国特色社会主义生态文明思想研究	2018-06-21	郇庆治	北京大学
19AKS015	重点项目	马列·科社	习近平新时代中国特色社会主义生态文明思想的理论体系研究	2019-07-15	胡长生	中共江西省委党校

资料来源：全国哲学社会科学规划办公室网站。

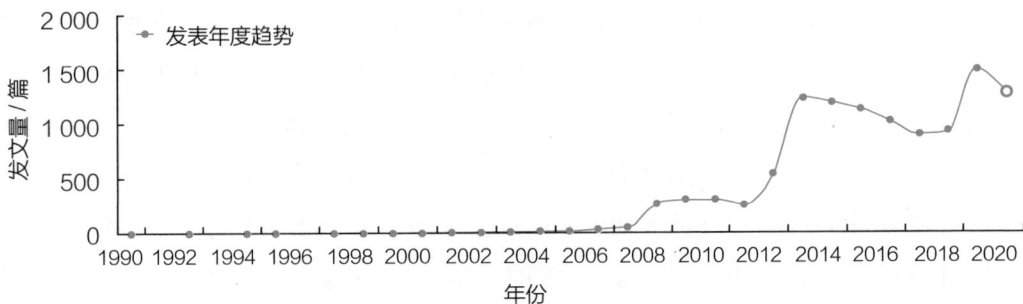

图6-1　中国知网中题目包含"生态文明"的文献数量变化

　　从国家社会科学基金项目和中国知网的文献成果分析可以发现，目前我国生态哲学的研究主要包括3个层面。①建设马克思主义生态哲学理论体系。我国学者注重加强马克思主义生态哲学理论体系建设，不仅系统梳理和研究了马克思主义经典作家的生态哲学思想，而且对马克思主义生态哲学的发展（如生态马克思主义）等进行了研究，翻译出版了一大批生态马克思主义著作。生态哲学研究者还把马克思主义生态哲学理论研究成果应用于生态文明建设实践，阐述其对可持续发展、低碳经济、"两型社会"建设的重要意义，注重发挥马克思主义生态哲学的指导和引领作用。②跟踪国外生态哲学研究。近年来，我国翻译出版了一批生态哲学著作，典型的有《绿色经典文库》《环境哲学译丛》等，注重引进和评价西方生态哲学思想，如美国学者利奥波德的"大地伦理学"、罗尔斯顿的"自然价值论"和挪威学者奈斯的"深层生态学"等，反思和批判某些西方哲学家以及西方哲学传统中不利于生态保护的现代性思想，如笛卡儿的机械论、主体性哲学等。在翻译介绍西方环境伦理学著作的基础上，组织了关于"人类中心主义"等的大讨论，在学术界反响强烈。③挖掘我国古代哲学中的生态思想。我国学者系统梳理和解读了传统的儒家、道家哲学思想，提炼其中的生态哲学智慧，并对其代表人物（如孔子、孟子、嵇康、张载等）的生态哲学思想进行了深入的挖掘研究。此外，还梳理和提炼了中华传统文化（包括少数民族文化）中的生态哲学思想，阐明其对当今生态保护与环境治理的价值，努力促进生态文明建设[1]。

在马克思主义生态哲学研究中，中国人民大学马克思主义学院张云飞教授主持完成的国家社会科学基金项目成果《唯物史观视野中的生态文明》较具代表性。该成果从唯物史观的高度系统建构了马克思主义生态文明理论体系，并分析了中国特色社会主义生态文明建设的基本路径[2]。该成果认为，作为马克思主义哲学制高点的唯物史观同样是生态文明理论研究和现实建设的科学的世界观和方法论。生态文明是中国特色社会主义内生性的原创性问题。随着中国特色社会主义的实践发展和理论升华，科学发展观第一次确立起了生态文明的战略地位。在建设中国特色社会主义的过程中，可持续发展、人与自然的和谐发展与生态文明是高度统一的。从发生领域来看，生态文明就是人们在社会实践过程中处理人（社会）和自然之间的关系以及与之相关的人和人、人和社会之间的关系所取得的一切积极、进步成果的总和；从问题指向来看，生态文明是人类解决全球性问题、统筹人与自然和谐发展、贯彻和落实可持续发展战略过程中形成的一切理论努力和实践探索的总和；从最终结果来看，生态文明就是合规律性和合目的性相统一的人类实践成果在作为主体和客体关系的人与自然关系领域的积淀和升华，集中体现为人与自然的和谐发展；从哲学实质来看，生态文明是人化自然和人工自然积极进步成果的总和。

唯物史观文明论是研究生态文明的科学方法论。唯物史观文明论为研究生态文明提供了实践、过程、结构、科学比较（多样性）和阶级等科学视野。从实践视野来看，必须从物质生产、人自身的生产、精神生产等生产总体中看待生态文明产生的实践基础；从过程视野来看，生态文明是随着社会生产关系尤其是生产资料所有制的性质、生产力的发展水平（尤其是技术进步的水平）、人的关系的丰富性和人的全面发展的程度而逐步建构起来的；从结构视野来看，在现代生产实践的基础上，经济结构、政治结构、文化结构、具体的社会结构（社会生活）、生态结构已经被整合为社会的整体结构，与之相应的是，物质文明、政治文明、精神文明、社会文明和生态文明已成为文明系统的基本构件；从文明多样性视野来看，在生态文明问题上不存在绝对的中心，更不存在唯一的范式；从阶级视野来看，文明总是有一定的阶级性的，我们要建设的是社会主义生态文明。

唯物史观是建构生态文明的科学的哲学基础。从理论地位来看，唯物史观是马克思主义哲学的制高点，具有普遍的指导意义，在人类实践的过程中，自然已经成为一个社会建构的过程，因此唯物史观也是适用于自然领域的；从理论对象来看，自然史和人类史彼此间相互制约的规律（人与自然和谐发展的规律）构成了唯物史观的基本内容，因此唯物史观直接地成为生态文明的指导思想；从理论内容来看，以科学的实践观为哲学基础，以物质变换为核心概念，唯物史观科学地揭示出人与自然的辩证关系的整体情况，并科学地说明了社会关系对生态关系的影响，最后形成了人与自然和谐发展的思想，这就是科学的生态文明理论的基本支点；从理论特征来看，唯物史观关于人与自然辩证关系的思想具有一切哲学思想和社会思潮不具有的鲜明的科学性和阶级性。显然，唯物史观是生态文明不可超越的哲学。

中华传统生态智慧是建构生态文明的思想文化资源。在世界历史的背景下，当我们从我国国情出发而建构新生态文明的时候，无疑更多地打上了中华文明自身的烙印。但是，只有立足于建设中国特色社会主义的伟大实践，在马克思主义的指导下将古为今用和洋为中用统一起来，开拓创新，我们才能真正走上生态文明的发展道路。

按照生态化原则开展的对象化活动是生态文明发生的现实基础。人（社会）和自然的关系是通过人的对象化活动实现的物质变换的关系，即生态学关系。人的对象化活动包括创价性（价值）、实在性（实践）和符号性（理论）3种形式。实践是其主要形式。对象化活动在人与自然关系领域的开展使自然界的形状、结构、性质和面貌发生了广泛而深刻的变化，使今天的自然系统成为由原初自然、人化自然、人工自然构成的复合整体。同时，对象化活动的开展具有明显的建设性和破坏性的双重效应。这样，就必须对对象化活动进行自觉的调控，既要不断增强其建设性效应，使人化自然和人工自然真正成为向人生成的过程，也要积极预防其破坏性效应，避免在生成人化自然和人工自然的过程中导致自然异化和生态异化。这种调整的过程就是要在消灭私有制造成的异化和剥削的基础上实现人与自然的和谐发展。这样，生态文明就获得了自己存在的合理性和合法性的内在的科学依据。

生态文明是贯穿所有社会形态（文明形态）的一种文明形式。渔猎文明、农业文明、工业文明、智能文明是技术的社会形态发展的几个阶段（文明形态），物质文明、政治文明、精神文明、社会文明、生态文明是人类实践在社会结构中积淀而成的成果（文明形式）。正像每一种文明形态都有其物质文明一样，生态文明是贯穿文明形态始终的一种基本要求。从技术的社会形态来看，取代工业文明的只能是智能文明。智能文明不仅会开辟出人类文明发展的新形态，也会开辟出生态文明发展的新纪元。

生态文明是文明系统中一种独立的文明形式。由社会基本矛盾运动所形成的经济、政治、文化和狭义社会结构等结构是社会的主导性结构，由劳动实现的人（社会）和自然之间的物质变换所构成的社会的生态结构是社会的基础性结构。生态结构是指在人（社会）与自然相互作用的过程中形成的社会系统的一个特定的层次结构。生态文明是人类实践在生态结构中所积淀的积极进步成果的总和。在整个人类文明系统中，生态文明构成了物质文明、政治文明、精神文明和社会文明的物质外壳。这一物质外壳在日益拓展着自己的厚度、深度和广度，标志着社会生产力的进步、人类改造和保护自然能力的增强。在这个过程中，生态文明已经从其他文明形式中独立出来，成为一种专门的文明形式。

生态文明是一个由基础系统、手段系统、控制系统、支柱系统和目标系统构成的整体。它超越了单纯的自然生态环境领域，涉及人与自然的关系领域、社会有机体的各个领域，已成为整个人类文明发展的基本方向。

生态文明是全面建成小康社会奋斗目标的新要求。将生态文明确立为全面建成小康社会奋斗目标的新要求，不仅表明全面小康应该成为"生态小康"，而且表明社会主义现代化应该成为"生态现代化"。生态现代化就是要使生态化成为整个现代化的基本原则和发展方向。在这个过程中，只有将"生态式开发脱贫致富战略"作为总体反贫困战略，促进社会结构的全面生态化，将生态化的原则贯穿农业现代化、工业化和信息化的各个方面，才能开辟一个永续发展的未来。

建设生态文明是现代化建设系统工程的重要组成部分。只有在科学发展观的指导下，按照生态化的原则和要求推进经济建设，才能为生态文明提供坚实的经济基础和强大的发展支撑。在这个问题上，节约发展、清洁发展和安全发展，从可持续发展体系的内部进一步强化了环境和发展的辩证关联；全面发展、协调发展和可持续发展，从可持续发展体系的外部进一步强化了环境和发展的辩证关联；发展的质量要求和效益要求，从经济建设和经济发展的内部进一步强化了环境和发展的辩证关联。为此，必须坚持统筹兼顾。同时，生态文明是服从和服务于经济建设中心的。以人为本是生态文明尤其是社会主义生态文明的本质和核心。坚持以人为本，就是要着眼于充分调动人民群众的积极性、主动性和创造性，着眼于满足人民群众的需要和促进人的全面发展，着眼于提高人民群众的生活质量和健康素质，大力开展生态文明建设活动。坚持以人为本，就是要在生态维度上重建人的主体性、在社会维度上提升人道主义的境界，要走向人道主义和自然主义的科学的有机的统一。此外，只有将社会制度的硬要求和国民素质的软约束统一起来，才能真正走上人与自然和谐发展的大道。为此，必须将人的和谐发展、充分发展、自由发展和全面发展协调起来。

社会主义和谐社会是建设高度生态文明的现实制度支持。生态危机既是资本主义总危机的组成部分，又加剧了资本主义总危机。社会主义和谐社会自觉地把人与自然的和谐相处作为其内在规定，要求将生产发展、生活富裕和生态良好统一起来，从而为建设生态文明提供了制度保证。只有在共产主义条件下，才能真正实现人与自然的和谐，才能最终使生态文明成为可能。

6.1.2　生态法学

法律是治国之重器，法治是国家治理体系和治理能力的重要依托。在国家治理现代化的时代语境中，大学科研服务与社会主义建设的题中之义就是开展法学理论研究工作，因而绿色科研活动的重要一环就是进行生态文明法治领域的研究工作。

生态文明法治（以下简称生态法治）是现代国家生态治理实现法治化的状态和过程，是生态文明建设实践行为的规范化、制度化，是当代世界主要国家法治体系的"新贵一族"，并驱动法治体系的生态化转型。生态法治建设发端于西方发达国家应对环境危机的强烈诉求，以美国《1970年国家环境政策法》为标志，其生态法治的理念、模式、方式、体系等都在与时俱进地不断完善，并逐步成为全球各国尤其是后发国家法治建设的重要议题。大陆法系生态法治的核心标识就是存在完备的生态法律制度体系，尤以瑞典的《环境法典》为标志。1998年，瑞典颁布了《环境法典》，被认为是"世界上第一部具有实质编撰意义的环境法典"[3]。1999年，法国政府以法令形式通过《法国环境法典》[4]。2006年4月3日，《意大利环境法规》（又称"环境法统一文本"）颁布[5]。2014年，爱沙尼亚颁布《环境法典法总则》[6]。

西方国家生态法治的形成与其以高等院校为主开展生态法学研究工作密不可分。生态法治在西方国家法治体系中成为"新贵"与生态领域的社会科学（以下简称生态社会科学）成为"显学"密切相关，如环境法学、生态伦理学、环境哲学、环境社会学、环境经济学、环境管理学等。生态社会科学一方面能够使民众和政府对生态环境问题的产生、发展及解决有了历史、科学、系统的理解，另一方面也能激发生态意识、传播生态知识、培育生态公民、建设生态政府、孕育生态社会。20世纪70年代以后，美国的环境社会学、环境法学、环境政治学等趋于成熟，能够为生态治理提供一些建设性理论观点和具有可操作性的治理方案，如《增长的极限》和《生存的蓝图》，构筑了环境友好型社会建设方案。值得注意的是，西方生态社会科学中还涌现出具有马克思主义和社会主义倾向的生态社会主义思潮，基于马克思主义资本社会批判的立场，倡导建立新的社会制度，进而彻底解决资本主义的生态危机。这一思潮在欧洲影响较大，在政治生活中以绿党作为理论践行者，进而参与和影响生态公共治理。因此，生态社会科学培育和塑造了生态社会和生态政府，为生态法治的出场和实现提供了良好的社会文化基础。故而，生态法学是一门交叉学科、边缘学科，其重要特点之一是涉猎面宽、知识结构复杂，既需要生态法学的基本理论知识，又需要具备一定的生态理论特别是生态法学的基本理论知识，还需要学习生态哲学、生态伦理学、生态经济学等学科的基本知识。可以说，在一定程度上，生态法作为独立的部门法已经在世界主要国家开始形成。

西方生态法学的研究工作还直接为立法、司法提供理论支撑，成为有力的思想理论武器：生态社会科学理论成果或是成为生态立法的重要来源，或是成为生态执法的重要考量，或是成为法院在作出生态判例时对生态社会科学理论的重要参照。环境权是环境法学的学术用语，也是现代环境法学理论构造的基础和核心概念。环境权的出现原本是为了解决公民环境诉讼的理论支撑，而后逐步受到环境立法以及宪法修订行为的关注。20世纪70年代以后，环境权的宪法化成为生态立法的主要趋势。1993年出台的《俄罗斯联邦宪法》第42条明确规定："每个人都有享受良好的环境和获得关于环境状况的信息的权利，都有因生态破坏导致其健康或财产受到损失而要求赔偿的权利。"[7]1994年，德国宪法的第20条A款规定："国家为将来之世世代代，负有责任以立法，及根据法律与法之规定经由行政与司法，于合宪秩序范围内保障自然之生活环境。"[8]2005年，法国议会通过《环境宪章》，明确规定"每个公民均享有生活在健康、和谐环境的权利"。[9]日本宪法第25条规定了公民的生存权，国家有保障生存权的义务，即"全体国民都享有健康和文化的最低限度的生活的权利。国家必须在生活的一切方面为提高和增进社会福利、社会保障以及公共卫生而努力"。[10]环境公平作为生态伦理的核心概念成为西方各国生态立法和执法的伦理标尺。美国国家环保局认为，环境公正即在制定、实施、执行环境法律、规章与政策时，确保人人享受公正的待遇并且能够有意义地参与，而不分种族、肤色、原国籍或收入水平。1990年，美国成立了环境公平工作组，专门负责研究社会团体和联邦总务办公室提出的环境公平问题[11]。1994年1月14日，美国总统克林顿签署第12898号行政命令，提出"联邦法案应体现对少数族群和低收入人群的环境公平"。1997年12月10日，美国国家环境质量委员会制定并发布了《环境公平——国家环境政策法指引》。

在我国的学术研究中，"生态法学"一词最早出现在1997年中国社会科学院研究生院马骧聪教授的《俄罗斯联邦的生态法学研究》一文中。马骧聪认为，生态法学的提出有其客观的基础和重大的学术及实践意义。环境、资源、国土资源是相关的概念，自然资源都具有环境属性，许多环境要素也都具有资源属性。环境属性也好，资源属性也好，从生态学的角度出发，任何自然客体（环境要素）都是生态因子，发挥着特定的生态功能，遵循着共同的生态规律。围绕生态因子的开发、利用、保护、管理和改善形成的社会关系因而具有相似的特质，从而确立了相类同的调整对象。[12]因此，生态法被定义为调整在开发、利用、保护、管理和改善生态系统过程中所发生的各种社会关系的法律规范的总称。生态保护法以围绕生态因子形成的社会关系为调整对象，注重生态价值，以生态规律为核心形成统一的生态法律原则。生态保护法是一个综合性的概念，其范围涉及环境法、自然资源法、国土法以及其他法律部门中的生态规范。[13]目前，国内很多学者虽然未明确提出"生态法"这一术语，但是他们从不同角度论述了把环境保护法、自然资源法等统一起来的重要性。生态法的研究也随着我国生态文明建设的发展而不断地深化：一方面，在传统的环境资源法和自然资源法的研究方面，随着国家生态文明建设战略的提出，以国家社会科学基金为例，相关研究在不断地深入和拓展，既包括一般环境法治理论的学理建构，也包括比较法视域下的制度分析和实践中制度创新问题研究，在2012年前后形成了研究热点（表6-2）；另一方面，法学界在2012年之后开启了对生态文明法治的系统研究，尤其是提出要对习近平生态法治观点进行研究，并以此为指导建构中国生态法治体系（表6-3）。

表6-2　国家社会科学基金项目中包含"环境法"的项目清单

项目批准号	项目类别	学科分类	项目名称	立项时间	项目负责人	工作单位
11FFX012	后期资助项目	法学	加拿大环境法律实施机制研究	2011-07-01	王彬辉	湖南师范大学
12FFX010	后期资助项目	法学	"生态人"：环境法上的人之形象	2012-07-01	吴贤静	武汉大学
00BFX005	一般项目	法学	环境公益衡平与环境法律制度创新研究	2000-07-01	李启家	武汉大学法学院
01BFX013	一般项目	法学	生态危机与法律革命：环境法创新研究	2001-07-01	陈泉生	福建福州大学
01CFX005	青年项目	法学	绿色产业与环境法创新研究	2001-07-01	刘国涛	山东师范大学政治法律系
02BFX018	一般项目	法学	我国入世后企业面临的环境法新问题	2002-07-01	周珂	中国人民大学法学院

项目批准号	项目类别	学科分类	项目名称	立项时间	项目负责人	工作单位
04BFX031	一般项目	法学	环境法学基础理论创新研究	2004-05-09	陈泉生	福州大学法学院
04XFX015	西部项目	法学	构建中亚地区环境法律保护的区域性合作机制研究	2004-11-22	秦鹏	新疆大学法学院
06BFX029	一般项目	法学	西部干旱半干旱地区流域生态环境法律制度创新研究	2006-07-01	俞树毅	兰州大学法学院
09CFX039	青年项目	法学	府际竞争背景下的区域环境法治研究——以湘鄂渝黔边民族"混居"区为例	2009-06-04	肖爱	吉首大学
10CFX013	青年项目	法学	环境法视阈下城市"垃圾围城"问题的法律治理研究	2010-06-17	胡苑	上海财经大学法学院
12BFX122	一般项目	法学	中国环境法治视野下环境警察制度构建研究	2012-05-14	邢捷	中国人民公安大学
12CFX002	青年项目	法学	西部地区经济发展与环境法治建设协调机制研究	2012-05-14	张瑞萍	甘肃政法学院
93BFX009	一般项目	法学	市场经济条件下的环境法比较研究	1993-05-27	曾昭度	武汉大学
96AFX011	重点项目	法学	可持续发展与环境法制	1996-07-01	蔡守秋	武汉大学环境法研究所
99BFX009	一般项目	法学	国际环境法的发展对现代国际法的影响研究	1999-07-01	王曦	武汉大学法学院
13BFX130	一般项目	法学	环境法实施效率研究	2013-06-10	张福德	山东理工大学

项目批准号	项目类别	学科分类	项目名称	立项时间	项目负责人	工作单位
13CFX095	青年项目	法学	城镇化进程中农村环境法制研究	2013-06-10	李奇伟	南华大学
14CFX045	青年项目	法学	美丽中国与环境法治视阈下的生态修复法律制度研究	2014-06-15	吴鹏	安徽大学
15BFX147	一般项目	法学	环境法合作原则及其法律适用研究	2015-06-16	柯坚	武汉大学
15BFX152	一般项目	法学	邻避风险的环境法治理研究	2015-06-16	杜健勋	西南政法大学
15BFX179	一般项目	法学	环境法中的容忍义务及其限度研究	2015-06-16	张璐	华东政法大学
15XFX020	西部项目	法学	社会资本理论视阈下的环境法治绩效解释研究	2015-06-16	徐忠麟	江西理工大学
18BFX174	一般项目	法学	坏境法律责任的功能协调与体系重构研究	2018-06-21	刘长兴	华南理工大学

表6-3　国家社会科学基金项目中题目包含"生态文明"的项目清单

项目批准号	项目类别	学科分类	项目名称	立项时间	项目负责人	工作单位
19AFX008	重点项目	法学	面向生态文明建设的我国污染环境犯罪治理机制研究	2019-07-15	焦艳鹏	天津大学
08BFX046	一般项目	法学	生态文明建设中公众参与法律机制研究	2008-06-04	蔡磊	云南大学法学院

项目批准号	项目类别	学科分类	项目名称	立项时间	项目负责人	工作单位
13BFX018	一般项目	法学	生态文明视阈中藏族生态习惯法文化的传承与当代变迁研究	2013-06-10	常丽霞	兰州理工大学
13BFX151	一般项目	法学	WTO法理框架中生态文明理念的建构及中国对策研究	2013-06-10	姜作利	山东大学
16BFX164	一般项目	法学	供给侧结构性视阈下推进生态文明建设的税收法制创新研究	2016-06-30	白晓峰	山西财经大学
17BFX120	一般项目	法学	"绿色生态文明"理念下环境公益诉讼立法完善研究	2017-06-30	孙洪坤	浙江农林大学
19BFX158	一般项目	法学	生态文明入宪研究	2019-07-15	张震	西南政法大学
08CFX032	青年项目	法学	生态文明背景下我国农业遗传资源保护和利用法律问题研究	2008-06-04	刘旭霞	华中农业大学文法学院
13CFX100	青年项目	法学	生态文明与能源法创新研究	2013-06-10	张忠民	中南财经政法大学
14CFX062	青年项目	法学	生态文明视野下环境行政处罚制度创新研究	2014-06-15	严厚福	北京师范大学

　　党的十八大以来，以习近平同志为核心的党中央领导全党全国人民大力推动生态文明建设的理论创新、实践创新和制度创新，开创了社会主义生态文明建设的新时代，形成了习近平生态文明思想。在现代国家治理的征程中，生态文明建设要坚持以习近平生态文明思想尤其是生态法治观点为指导，在充分借鉴和吸收国外生态治理先进经验的基础上，构建中国特色社会主义生态法治体系，为美丽中国的建成

提供坚实的制度保障[14]。学术界进而对习近平生态法治观点展开了研究。

习近平生态法治观点是建立在马克思主义生态思想和环境法哲学思想的基础上，立足中国特色社会主义建设的基本国情，借鉴国外生态治理实践经验，对党的生态文明制度建设思想的创新，是马克思主义生态思想和法治思想中国化的最新成果，主要由4个方面构成。①以民生为导向的法治伦理价值观。"良好生态环境是最公平的公共产品，是最普惠的民生福祉。"生态文明建设是民意所在、民心所向，建设生态法治必须坚持把实现好、维护好、发展好最广大人民根本利益作为法治建设的根本目的。以民生为导向的法治伦理价值观是"一切为了人民，一切依靠人民"的人民主体性思想在生态文明制度建设领域的具体体现。②以良法为目标的生态法制创设观。"法律是治国之重器，良法是善治之前提。"建设中国特色社会主义生态法治体系必须坚持立法先行，发挥立法的引领和推动作用，通过"推进科学立法、民主立法"提高立法质量，增强法律法规的及时性、系统性、针对性、有效性。生态文明建设不仅要做到"有法可依"，而且要做到"所依为良法"。③以"双严"为标准的生态法治运行观。"只有实行最严格的制度、最严密的法治，才能为生态文明建设提供可靠保障。"法律的生命在于实施。生态法治实施体系的核心是执法和司法，加大生态执法力度，改革生态司法体系，破除以往生态治理中的"行政依赖"，实现生态行政与生态司法的协同推进，严格执行奖惩措施，"对那些不顾生态环境盲目决策、造成严重后果的人，必须追究其责任，而且应该终身追究"。④以协同为要义的生态法治监督观。"加强党内监督、人大监督、民主监督、行政监督、司法监督、审计监督、社会监督、舆论监督制度建设，努力形成科学有效的权力运行制约和监督体系。"法治监督是指对法律实施情况的监督，是科学立法、严格执法、公正司法、全民守法的综合保障，通过建立严密的监督体系，协同作用，形成强大的监督合力，对法治运行进行全过程、全方位的监督，确保生态法治有序运行。

相关学术研究成果还提炼了我国生态法治建设的路径方略。中国特色社会主义生态法治体系建设以习近平生态法治观点为指导，在立足国情的基础上，实现了对西方国家生态法治体系的批判与超越，既全面吸收了古今中外的生态思想与经验，也彰显了中国特色社会主义制度的优势。①生态法治观点摆脱了传统的以立法为中心的法治建设模式的路径依赖，将生态法治涵盖到法治运行的各个方面和全过程，且更为侧重制度的适用性，重点突出司法公正、政府执法和依法治党等方面，具有很强的针对性。②生态法治观点将党内法规、以行政协议为代表的软法纳入生态法治的范畴，拓展了生态法治的外延，创设了新的生态法律责任形式。生态法治是一种开放式的公共问题治理，强调集体选择、公众参与、民主协商、共担社会责任，规避了传统的环境行政管制的一元主导、刚性约束、社会参与不足等问题。③生态法治观点强调依法治国与以德治国的有机结合，使法治和德治在生态文明建设中相互补充、相互促进、相得益彰，推进生态治理体系和治理能力现代化。法安天下，德润人心。生态法治的有效实施有赖于生态伦理的支持，生态伦理践行也离不开法律约束。④生态法治观点具有国际视野，将中国置于世界生态文明建设的整体予以考量。习近平总书记从人类命运共同体的理念出发，强调在生态法治建设上具有国际视野，要通过国际法实现国家间生态文明的协同治理、美丽中国和美丽世界统筹推进。

习近平生态法治观点的实现关键在于构建中国特色社会主义生态法治体系。①生态法治体系的实现需要完善生态法治的制度体系。将生态文明理念融入生态文明制度创新之中，以宪法的生态化为引领，以生态法律制度建设为中心，构建由宪法、法律法规、党内法规、软法等法律形式构成的多层次的生态文明制度体系，打破以往单一的法制模式，提倡法律多元主义治理。②生态法治体系的构建要以强化生态法治的实施环节为重点。法律的生命在于实施，生态法治体系的关键在于生态法律制度的实施，主要是行政与司法两个途径。以严格的生态执法和健全、公正的生态司法为突破点和重点，反哺生态法律制度权威。③生态法治体系的构建要以创新生态法治监督保障体系为保障。整体推进生态法治国家、生态法治政府、生态法治社会一体化建设，实现多元主体监督保障生态法治的实施格局，确保依法治国、依法行政和依法执政在生态文明领域协同发展。④生态法治体系的构建要以丰富的生态法治及生态社会科学理论创新成果为思想基础。法治实践与法治思想是一个互动融合的关系，纵观西方生态法治史，理论创新为生态法治实践提供了有力且丰富的思想武器。我国生态法治实践和研究起步较晚，但是我国当前处于"压力叠加、负重前行的关键期，已进入提供更多优质生态产品以满足人民日益增长的优美生态环境需要的攻坚期，也到了有条件有能力解决生态环境突出问题的窗口期"，新的实践将孕育和催生出具有中国特色的生态法治理论，构筑起契合我国国情的绿色话语体系，进而促进中国特色生态法治体系建设。

高等院校生态法学研究对国家生态文明建设的贡献还体现为积极参与国家生态文明制度建设。2014年，中共中央决定启动《中华人民共和国民法典》（以下简称《民法典》）编纂工作后，环境资源法学研究会会长吕忠梅教授带领民法典绿色化研究团队成员，通过课题研究、学术交流、立法建议、决策咨询、新闻访谈等多种形式积极参与《民法典》编纂工作，为《民法典》确立"绿色原则"、建立"绿色制度"、衔接"绿色诉讼"鼓与呼。

在《民法典》总则编纂阶段，吕忠梅作为农工党中央常委，担任第十届、第十一届、第十二届全国人大代表和第十二届全国政协委员期间，先后以学者、人大代表、政协委员等多重身份，参与《民法典》总则编纂的相关活动。为"民法总则草案"的几个建议稿和人大常委会的一审、二审、三审稿进行论证，为确立"绿色原则"，向全国人大法工委提交了近2万字的论证报告。2015—2017年，吕忠梅先后撰写《关于民法典中规定绿色原则的建议》《关于在民法总则草案中恢复绿色条款的建议》，以农工党中央专报形式呈送全国人大常委会领导。2016年8月，吕忠梅出席中国法学会举办的以"民法典编纂：理论、制度与实践"为主题的第十一届中国法学家论坛，做了"绿色发展理念在民法典编纂中的贯彻和体现"的主题发言，呼吁在《民法典》编纂中体现绿色发展新理念，并向中国法学会提交了咨询意见。2016年12月—2017年3月，在《民法典》总则三审稿将"绿色原则"从"总则"移入"民事权利"部分后，吕忠梅向全国人大常委会法工委提交了《民法总则修改建议》和专门的论证报告，建议恢复"绿色原则"，并在不同形式的意见会上大声疾呼，推动该条文回归为民法基本原则。

在《民法典》分编编纂阶段，吕忠梅作为第十三届全国政协常委、全国政协社会和法制委员会驻会副主任，农工党中央常委、农工党中央社会和法制委员会主任，中国法学会环境资源法学研究会负责人，积极参与和组织环境资源法研究会开展"《民法典》绿色化"研究并参与《民法典》各分编编纂工作。2017年，吕忠梅带领来自中国人民大学、浙江大学、华侨大学、华南理工大学等不同单位的青年学者组成课题组，申报了中国法学会2017年度部级法学研究课题——"绿色原则在民法分则中的制度化"并获得立项。课题组先后在《中国法学》《法律科学》上发表专题系列论文6篇，在《法学研究》《中外法学》《法商研究》上发表相关论文3篇，在《光明日报》（理论版）发表专门文章，就"绿色原则"的重要意义及分则立法的贯彻落实、配套衔接进行系统研究，提出建议、设想。该课题结项鉴定获评"优秀"。2018年1月，吕忠梅与课题组成员在中国人民大学第460期民商法前沿论坛上与《民法典》编纂工作小组分编召集人张新宝、王轶教授等民法学者进行会谈，专题讨论《民法典》的生态环境保护功能，就在《民法典》各分编中如何贯彻"绿色原则"进行研讨。2018年以来，课题组成员先后参加中国法学会和全国人大法工委共同组织的《民法典》各分编专家咨询会近10次，就相关物权编、合同编、人格权编、侵权责任编的绿色化提供立法建议。2018年11月，在吕忠梅和王利明教授的共同倡议下，中国法学会环境资源法学研究会与中国法学会民法学研究会在中国人民大学成功举办了"《民法典》分编绿色化学科对话会"，来自国内著名高等院校和科研院所的环境法学者和民法学者60余人齐聚一堂，共同就《民法典》如何实现"绿色化"进行研讨，达到了相互理解、凝聚共识的效果，为《民法典》分编立法中贯彻"绿色原则"、确立相关"绿色制度"奠定了良好的学理和法理基础。2018年12月，吕忠梅撰写了《关于在〈民法典〉分则中增加绿色条款的建议》，就《民法典》分则立法如何贯彻"绿色原则"提出详细、全面的立法建议，以农工党中央专报形式报送全国人大常委会领导。2020年1月，针对全国人大常委会面向社会公布的《民法典草案（征求意见稿）》，吕忠梅带领课题组成员进行专门研究并形成《关于在〈民法典〉中贯彻落实"绿色原则"的建议》，以中国法学会环境资源法学研究会专报形式报送中国法学会。2020年5月，在全国政协十三届三次会议讨论《民法典》草案期间，吕忠梅先后接受人民网和《人民政协报》《法制日报》《中国环境报》《检察日报》《第一财经》等媒体采访，并在《光明日报》《学习时报》上发表理论文章，解读《民法典》草案的"绿色条款系列"[15]。

6.1.3　生态政治学

生态政治学是绿色科研学理研究的另一个重要组成部分，关注如何构建人、自然、社会三者和谐共生的政治理论与实践。北京大学郇庆治教授将生态政治学的主要研究内容归结为绿色思潮（生态政治理论）、绿色运动（环境运动组织或团体）与绿党（绿党政治或政策）[16]。生态政治学大致界定为一门借助政治学的理论与方法分析解决现代生态环境问题的环境人文社会学科。具体地讲，它包括生态政治理论、环境政治运动与政党、政府环境政策与管治、国际环境政治等分支。

中国的生态政治学（多称为环境政治学）研究始于20世纪80年代中后期，最初主要围绕个别性议题领域开展，如西方绿色政治/社会运动（包括绿党）和生态社会主义理论（包括马克思主义生态思想），而且主要以翻译评介的方式为主。进入20世纪90年代中期后，同时受到1987年联合国环境与发展委员会报告《我们共同的未来》以及1992年举行的世界环境与发展大会和国内生态环境问题日渐突出事实的促动，我国的环境政治学无论是在研究议题的拓展、研究队伍的扩大，还是在学术成果出版和重大学术活动方面，都进入了一个迅速发展的新时期。中国环境文化促进会主办的月刊《绿叶》先后主办了"科学发展观与环境外交""发展模式、制度模式与环境政治""气候变化与低碳发展道路""中国的环保民间组织"专辑。《文史哲》杂志在其"人文前沿——环境政治与环境伦理"和"政治哲学研究"栏目、《马克思主义与现实》杂志在其"前沿问题研究"和"生态文明"栏目、《江海学刊》杂志在其"环境社会学研究"栏目、《江汉论坛》杂志在其"社会主义理论与实践"栏目、《南京林业大学学报》（社科版）在其"环境伦理学研究"栏目中均刊发了大量环境政治方面的专题性论文。这一时期的高等院校还组建了一大批研究机构，如中国社会科学院环境与发展研究中心、北京环境与发展研究所、北京大学生态文明研究中心、北京林业大学生态文化研究中心、中国社会科学院应用伦理研究中心等，但专门性的环境政治学研究机构应是山东大学的环境政治研究所。2000年、2005年和2008年，山东大学连续3次围绕不同主题（环境政治与欧洲绿党、环境政治与可持续发展、环境与社会主义）举办了"环境政治学国际研讨会"；2003年，山东大学批准组建了国内第一家环境政治研究所，专门致力于国内外环境政治与政策的比较研究、文献整理和人才培养；2005年和2008年，山东大学出版社组织出版了"环境政治学译丛"的第一辑和第二辑（共8本），并开始编辑出版"环境政治学论丛"。此外，自2009年开始，山东大学已经开始招收环境政治方向的博士研究生[17]。

2010年以来，我国的环境政治研究随时代的发展进入一个较快的发展时期。在理论著述方面，具有代表性的是北京大学郇庆治教授分别于2010年、2012年和2015年出版的3部文集，即《重建现代文明的根基：生态社会主义研究》《当代西方绿色左翼政治理论》《当代西方生态资本主义理论》。具体而言，《重建现代文明的根基：生态社会主义研究》分为3个部分共15章（包括导言和结论），分别在环境政治学视野下探讨了生态社会主义理论、国外绿色左翼运动与理论、东亚生态社会运动与理论等生态社会主义自20世纪90年代末以来取得的重要进展及其面临的问题；《当代西方绿色左翼政治理论》分为3个部分共16章，分别阐述了生态马克思主义/社会主义、绿色工联主义、社会生态学、包容性民主理论、生态女性主义和环境新社会运动理论等欧美"红绿"政治理论流派进入21世纪以来取得的重要进展及其面临的挑战；《当代西方生态资本主义理论》分为3个部分共17章（包括导言和结论），分别阐述了生态现代化、绿色国家、环境公民（权）与环境全球（公共）管治等欧美"浅绿"政治理论流派进入21世纪以来取得的重要进展及其面临的挑战。这3部文集不仅构建了关于"生态社会主义""绿色左翼政治理论""生态资本主义"等核心概念的意涵界定及其分析框架，而且作为一个整体实现了对环境政治理论（思想）的系统架构。此外，《重建现代文明的根基：生态社会主义研究》还出版了英文版，并产生了良好的国际与社会影响。在国外名著译介方面，山东大学出版社于2012年出版了郇庆治教授团队翻译的"环境政治学译丛"第三辑，具体包括马丁·耶内克和克劳斯·雅克布（主编）的《全球视野下的环境管治：生态与政治现代化的新方法》（李慧明、李昕蕾译）、罗宾·艾克斯利的《绿色国家：重思民主与主权》（郇庆治译）、马克·史密斯和皮亚·庞萨帕的《环境与公民权：整合正义、责任与公民参与》（侯艳芳、杨晓燕译）、罗尼·利普舒茨的《全球环境政治：权力、观点和实践》（郭志俊、蔺雪春译）。在学术机构与重大学术活动方面，比较有代表性的是山东大学环境政治研究所、湖北大学生态政治研究所（中心）、北京大学马克思主义学院的北京大学环境政治研究中心。北京大学马克思主义学院的"北大环境政治论坛"，迄今已先后邀请了多位国内外知名人士（学者）做学术报告或进行学术交流。郇庆治教授团队创建的社会主义生态文明研究小组与北京大学马克思主义学院和德国罗莎·卢森堡基金会北京代表处共同举办了多次环境政治学方面的学术活动，如"社会主义生态文明建设理论研究""社会主义生态文明案例研究""社会—生态转型理论与社会主义生态文明建设""中国社会主义生态文明研究小组：工作规则与研究议题"等。

绿色科研领域的学理性研究除前述3个学科领域之外，还包括生态美学、生态伦理学、生态行政学、生态经济学等，限于笔者水平和论著篇幅暂不详述。

6.2 科技创新

高等院校要勇做绿色科技的坚定推行者，因此其绿色科技创新是绿色科研的另一重要维度。高等院校应该为高新环保、能源等产业变革提供重要支撑，推进资源全面节约和循环利用，在创新上率先瞄准世界绿色科技前沿，充分发挥基础研究主力军作用，促进基础研究和应用研究融通创新，开展生态领域战略性、全局性、前瞻性问题的多学科会聚研究和联合攻关，突出关键共性技术、前沿引领技术、现代工程技术、颠覆性技术创新，特别是要集中优势力量解决好人民群众反映强烈的突出环境技术问题，推动建设绿色科技创新体系，力争在若干前沿方向优先取得重大突破，争做国际绿色科技前沿研究的并行者乃至领跑者[18]。

国家环保总局于2002年下发的《关于开展环境保护科学技术奖励工作的通知》（环办〔2002〕131号）指出，为了充分调动环境科学技术工作者的积极性和创造性，促进从事环境科学技术研究的单位与个人提高研究质量与水平，发现和培养环保科技人才，加速环境科学技术进步，提高可持续发展综合国力，特设立环境保护科学技术奖（以下简称环保科技奖）。环保科技奖设一、二、三等奖和科普奖，每年评审一次，奖励项目分为环境保护技术类研究项目和环境保护软科学类研究项目两类。一等奖授予在环境科学技术上有重大创新，技术难度大，总体技术水平、主要技术经济指标达到国际先进水平并得到广泛应用，取得重大环境效益，对推动经济发展和社会进步有重大意义和作用的项目，或者授予技术难度和工作量很大，具有较高理论、学术水平和创新特色，对推动环境管理改革和环保事业发展起到关键作用，取得重大社会效益和环境效益的软科学研究项目，获奖数量不超过申报项目总和的5%；二等奖授予在环境科学技术上有较大创新，技术难度较大，总体技术水平、主要技术经济指标达到中国国内领先水平并在较大范围应用，取得显著的环境效益，对推动经济发展和社会进步有较大意义和作用的项目，或者授予技术难度和工作量大，在我国环境管理上有创新，对推动环境管理现代化和领导科学决策起到重要作用，取得很大社会效益和环境效益的软科学研究项目，获奖数量不超过申报项目总和的15%；三等奖授予在环境科学技术上有创新，技术难度较大，总体技术水平、主要技术经济指标达到中国国内先进水平并取得较大环境效益，对推动经济发展和社会进步作用大的项目，或者授予技术难度和工作量较大，结合我国环境管理实际，具有前瞻性和可行性，对推动环境管理现代化与领导科学决策起到显著作用并取得较大的社会效益和环境效益的软科学研究项目，获奖数量不超过申报项目总和的20%。

2003年环保科技奖首次颁发。2007年3月27日国家环保总局对《环境保护科学技术奖励办法》进行了修订。生态环境部官网显示，截至2020年12月，环保科技奖一共评选了17次，共有851个项目获得该奖，其中，一等奖77项，二等奖374项，三等奖390项，科普类奖10项。通过对851项获奖项目进行统计发现（表6-4），项目成果第一完成人单位是高等院校的共计136项，占15.98%；在其他获奖成果中完成单位有高等院校成员的共计180项，占21.15%；高等院校主持和参与的科研成果占环保科技奖的37.13%。从总趋势来看（图6-2），高等院校在环保科技奖的比重呈逐年增长的趋势，设立之初占比为20%，2007—2014年基本保持在30%左右的占比水平，2015年开始达到42.86%、2018年达到54.05%、2019年和2020年更是达到

61%的水平。以国家最高的生态环境类奖项成果而言，高等院校在绿色科技创新方面的作用和贡献日益突出，基础研究主力军作用正在显现，基础研究和应用研究融通创新的格局正在形成。

表6-4 历年国家环保科技奖成果中的高等院校成果比例

年份	总数/项	高校主持		高校参与		高校占比	
		数量/项	占比/%	数量/项	占比/%	数量/项	占比/%
2003	30	4	13.33	2	6.67	6	20.00
2004	32	6	18.75	2	6.25	8	25.00
2005	27	5	18.52	1	3.70	6	22.22
2006	36	7	19.44	3	8.33	10	27.78
2007	41	8	19.51	6	14.63	14	34.15
2008	48	10	20.83	11	22.92	21	43.75
2009	62	9	14.52	9	14.52	18	29.03
2010	40	7	17.50	8	20.00	15	37.50
2011	51	8	15.69	6	11.76	14	27.45
2012	66	6	9.09	17	25.76	23	34.85
2013	62	8	12.90	11	17.74	19	30.65
2014	68	9	13.24	9	13.24	18	26.47
2015	63	8	12.70	19	30.16	27	42.86
2016	63	6	9.52	20	31.75	26	41.27
2017	42	5	11.90	15	35.71	20	47.62
2018	37	9	24.32	11	29.73	20	54.05
2019	39	8	20.51	16	41.03	24	61.54
2020	44	13	29.55	14	31.82	27	61.36
总计	851	136	15.98	180	21.15	316	37.13

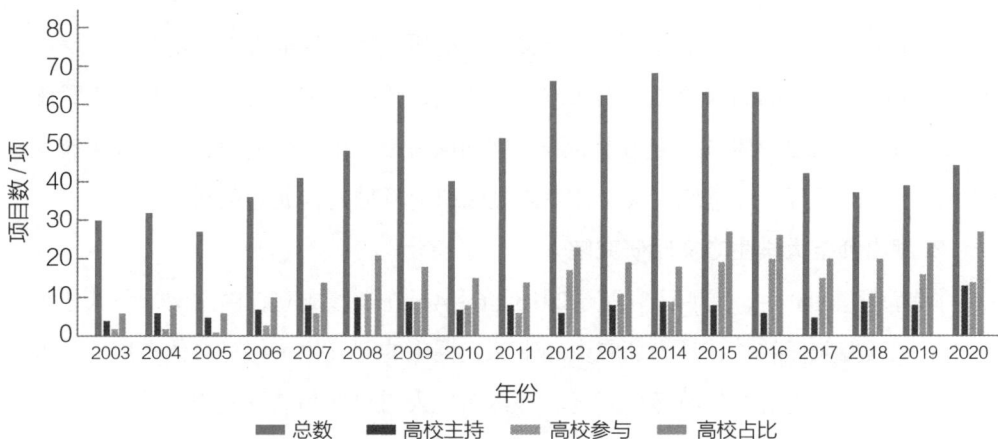

图6-2　高等院校成果在国家环保科技奖中的变化

6.3 平台建设

高水平的科研平台建设是绿色科研的重要载体和组织依托。高等院校绿色科研平台建设按照参与主体可以分为高校自建平台和校内外合作共建平台2种。

6.3.1 国内部分知名高等院校的生态文明研究机构

1. 清华大学生态文明研究中心

清华大学生态文明研究中心于2016年4月16日在北京成立。该中心是由清华大学环境学院、人文学院、低碳能源实验室等共同发起的交叉学科科研机构。中心主任由清华大学环境学院教授、中国工程院院士钱易担任，执行主任由人文学院教授卢风担任，顾问委员会主席由全国政协原副主席徐匡迪担任，副主席由国家发展改革委原副主任解振华担任，全国人大环境与资源保护委员会原主任委员曲格平等20名资深专家担任顾问委员会委员。该中心联合工科、理科和文科的一批学者进行深度合作，构建完整的生态文明理论体系，探讨生态文明的建设途径，力争推动清华大学成为生态文明研究的高等院校智库，为国家生态文明建设的决策贡献力量。

2. 北京大学环境科学与工程学院生态文明珠海研究院

2012年12月1日，北京大学环境科学与工程学院与珠海市人民政府在珠海合作成立北京大学环境科学与工程学院生态文明珠海研究院，以推进市、院在生态文明理论与实践建设方面的双赢。根据双方合作协议，该研究院致力于丰富与完善我国生态文明建设的理论体系并应用于实践，推动珠海市实现"在全国率先建设生态文明示范市"的目标，促进北京大学在生态文明研究领域的发展与创新。

3. 湖南师范大学生态文明研究院

湖南师范大学生态文明研究院于2013年6月4日在长沙成立，由湖南师范大学校长刘湘溶教授兼任院长，是为顺应党的十八大提出的"五位一体"总体布局的需要而成立的，也是为解决当前环境问题、探索实现人与自然和谐发展的有效路径的需要而成立的，更是适应大科学背景下集中优势资源、通过协同创新解决经济社会发展中的重大问题的需要而成立的，具有特殊的重要意义。

4. 中南林业科技大学湖南绿色发展研究院

湖南绿色发展研究院于2012年10月21日正式在中南林业科技大学挂牌成立。该院将整合湖南省内外资源，着力构建服务绿色湖南建设、支撑湖南实现绿色崛起的大型跨学科、应用性、开放式、综合型研究基地和产学研平台。它以生态文明建设为使命，弘扬绿色文化，倡导绿色消费，探索资源节约、环境友好的生产方式和消费模式，深入开展绿色发展理论与实践研究。

5. 福建师范大学生态文明研究所

福建师范大学生态文明研究所于2007年9月经学校批准成立，挂靠地理科学学院，主要从事生态文明理论研究与实践探索工作。该所所长为博士生导师廖福霖教授，副所长为博士生导师杨玉盛教授。生态文明研究所的成立为福建师范大学贯彻落实科学发展观提供了坚实的理论基础和实践指导，为海峡两岸经济区发展生态文明、实践可持续发展提供了理论支撑，同时有助于提升福建师范大学的科研竞争力和科技成果转化水平，为促进地理学、生态学、生命科学、环境科学等相关学科发展起到了积极作用。

6. 天津商业大学生态文明与现代经济研究所

天津商业大学生态文明与现代经济研究所以生态经济、生态环境、生态社会、生态管理、生态政治、生态工程和生态生物为研究领域，积极探索改革开放实践中出现的新课题、新任务，发挥多学科综合优势，为可持续发展、构建和谐生态文明社会贡献一份力量。该所所长由著名资深生态经济学家刘书瀚教授担任，常务副所长由白玲教授和刘泽勤教授担任。

7. 北京林业大学生态文明研究中心

北京林业大学生态文明研究中心于2008年1月正式成立，由中国工程院原副院长、著名林学家沈国舫院士担任学术委员会名誉主任。该中心不仅荟萃了校内各学院的专家学者，还聘请了中国社会科学院、清华大学、北京大学、北京师范大学等校外专家。其科研领域涉及森林文化、园林文化、非物质木文化、生态文化、林业史、绿色经济、绿色传播与绿色文化、绿色行政、绿色教育、绿色校园文化、生态法制、生态文学美学、环境心理学、马克思主义生态思想等。

8. 福建农林大学生态文明研究中心

福建农林大学生态文明研究中心于2012年12月30日成立，聘请我国著名的农林教授温铁军为兼职教授。该中心除了加大生态文明建设的课题研究，还把生态文明作为一种文化加以传播，使生态文明成为一种理念真正融入人们的生活。该中心成立后，除了加强对旅游、农业、林业等方面的生态技术的专项研究，还以生态文化建设为重点，对上述方面的生态文化进行研究，并印刷生态文明普及性读物，以普通大众容易接受的方式普及生态文明理念。

9. 贵州师范大学喀斯特生态文明研究中心

贵州师范大学喀斯特生态文明研究中心是贵州省高等学校人文社会科学研究基地，也是一个多学科交叉的文理兼容的人文社会科学研究机构，其学科范围涵盖地理学、生态学、植物学、民族学、经济学、社会学、历史学、管理学与艺术学等。该中心以科学发展观为指导，以学科建设为龙头，以制度建设为保障，以创新为动力，以深入实施西部大开发战略为契机，在加强科学研究的同时，高度重视服务社会与人才培养。2016年12月，该中心被贵州省人才工作领导小组批准为"贵州省第五批人才基地——贵州省生态文明研究人才基地"，又被贵州省社会科学界联合会评为首批"贵州省哲学社会科学十大创新团队"。该中心是贵州省史学会、贵州省地理学会历史地理专业委员会两个省级学术组织的挂靠单位。

10. 北京邮电大学社会主义生态文明研究中心

2018年1月13日，全国高等院校第一家社会主义生态文明研究中心在北京邮电大学成立。该中心的专家团队坚持运用马克思主义科学理论，特别是习近平新时代中国特色社会主义思想阐释生态文明建设实践，总结生态文明建设经验，讲好生态文明建设故事，传递生态文明建设声音，贡献生态文明建设智慧，真正体验古人"海阔凭鱼跃，天高任鸟飞"的旷达，推动构建体现中国特色、中国风格、中国气派的哲学社会科学体系。

11. 中国社会科学院大学新时代生态文明研究中心

2019年7月11日，中国社会科学院大学成立了新时代生态文明研究中心，由中央党校（国家行政学院）哲学部赵建军教授担任中心主任。该中心致力于生态文明领域的专项研究，目标是成为国内具有影响力的高端智库。目前，该中心已经与国内外生态文明领域知名学者、有关地方政府、企业等形成了战略合作关系，联合启动了"绿水青山就是金山银山理论创新实践工程"，旨在推动绿水青山就是金山银山理论研究成果与生态文明建设实践的深度融合，总结绿水青山就是金山银山理论创新实践经验，提炼绿水青山就是金山银山转化成功模式，为我国生态文明建设作出新的贡献。

12. 南开大学生态文明研究院

南开大学生态文明研究院于2015年11月11日挂牌成立，由南开大学原校长龚克担任院长。该院打通了不同学科间的界限，整合了环境科学、化学、历史学、经济学等10多个学科研究团队，旨在在我国环境保护与生态文明建设中发挥资政辅政、创新理论、保存历史、传播教育等方面的作用。该院积极构建完整的生态文明教育体系，进一步完善复合型人才培养制度，倡议成立由政府部门、高等院校、新闻出版机构和社会团体联合参与的"中国生态文明教育联盟"，主办高水准培训班，推出生态文明系列教材和慕课；同时，还大力开展固体废物处理、生态修复、循环经济、生态城市建设等项目研究，开展环境治理政府、社会和企业行为与法规效率影响机制等方面的综合研究，推动中国环境历史文化研究，建设中国环境历史数字资源库。

13. 江西财经大学生态文明研究院

江西财经大学生态文明研究院于2016年9月正式成立，为江西财经大学独立设置的实体研究机构，是为了顺应国家生态文明建设和绿色发展目标，特别是为了服务于江西省建设国家生态文明实验区战略需求，通过整合江西省"2011协同创新中心"——江西省生态文明制度建设协同创新中心和江西省高等院校人文社科研究基地——生态文明与现代中国研究中心而成立的。该院下设办公室、国土资源与环境经济研究所、生态产业与绿色发展研究所、美丽乡村建设研究所、绿色财税与金融研究所等机构，拥有人口、资源与环境经济学1个博士点和人口、资源与环境经济学、现代化与生态文明建设2个硕士点。该院首任院长由国家"百千万人才工程"人选、国家"万人计划"青年拔尖人才、国家"有突出贡献中青年专家"、享受国务院政府特殊津贴、博士生导师谢花林教授担任。

14. 东北林业大学生态文明研究中心

东北林业大学生态文明研究中心是一个体现学科交叉融合，以人文社会科学为核心，集管理科学、生态系统科学、信息科学、相关自然科学于一身的重要研究基地。自2001年成立以来，该中心已成为黑龙江省全面研究生态文明与生态经济领域的一面旗帜。2005年，该中心组织召开了"全国生态文明建设与和谐社会构建"学术研讨会，产生了广泛的影响。2007年，该中心被确定为东北林业大学人文社科重点研究基地，2011年被黑龙江省哲学社会科学规划办公室批准为黑龙江省生态经济与生态文明研究基地。该中心人才济济，学术队伍实力强劲，结构合理，治学严谨，成果丰硕，在全省生态经济与生态文明领域研究和人才培养及政策建议方面做出了巨大贡献。

6.3.2 有代表性的校内外合作共建平台

1. 绿色交通联盟

2012年2月28日，为解决交通运输业发展方式转变中的关键问题，整合交通运输业相关创新资源，提升交通运输业协同创新能力和创新人才培养水平，在交通运输部、教育部共同指导下，21家高等院校、科研院所、行业企业携手成立"绿色交通技术产学研协同创新联盟"（以下简称绿色交通联盟）。绿色交通联盟是由武汉理工大学、长安大学和大连海事大学发起，按照"自愿平等、开放共享、协同创新、合作共赢"的原则，由21家高等院校、科研院所、行业企业单位共同组建的。21家联盟成员单位拥有与交通运输业直接相关的国家重点实验室4个，国家工程实验室、国家工程研究中心和国家工程技术中心21个，交通运输行业重点实验室26个，教育部重点实验室、工程研究中心19个。绿色交通联盟围绕解决绿色交通运输体系科学发展的基础性、前瞻性、战略性重大问题，以长江黄金水道绿色航运综合技术、公路交通高效运行与安全保障技术、现代智能与绿色航运关键技术为三大主攻方向。

2. 绿色科技产业园

作为同济大学积极促进环保产业集群式发展的重要举措，同济大学环境科学与工程学院联合同济大学周边环保相关企业，于2015年6月共同组建成立"上海同济环保产业（联盟）促进中心"（以下简称同济环保产业联盟）。该联盟致力于国内外环保事业的文化和学术交流、技术合作并开展环保调研，提供环保技术咨询，推广环保科技成果，普及环保知识，为推动我国环境科学进步和环保事业发展作贡献。同济环保产业联盟已有成员近百家，在科技成果转化、外地政府市场对接、企业间互访、高端沙龙等方面开展了一系列高质量的交流合作活动。从2016年2月开始，同济大学发挥环境学科优势和知识溢出效应，联合上海市虹口区人民政府，共同建设"同济虹口绿色科技产业园"，共同打造"环同济知识经济圈"虹口段。同济大学积极推动环保学科与环保产业的紧密互动和协同创新发展，结合虹口区产业需求，区校共建绿色科技产业园。这一绿色科技产业园将构建环保科技研发、产业集聚与孵化、国际合作、科技金融融合等平台，力争建设成为一个人才、科技、金融、产业紧密结合，绿色科技产业特色鲜明的高科技创新创业园区。据悉，同济大学与上海市杨浦区政府合力打造的以现代设计服务产业为特色的"环同济知识经济圈"，2018年总产值超过415亿元，是同济大学优势学科外溢形成的产业集群和经济活动圈，是杨浦区由"传统工业杨浦"到"知识创新杨浦"转型的一个成功案例。下一步，同济大学将继续坚持区校合作、"三区联动"，推动产业结构实现转型升级，用"智能＋""互联网＋"赋予传统产业新的发展智能，积极服务上海智慧城市、科创中心建设。

3. 绿色建筑产业园

绿色建筑产业园由南京工业大学与南京市浦口区政府共同打造，依托南京工业大学土木学科特色和优势，转化相关高新技术成果并实现产业化，形成以绿色建筑设计建造、低碳节能建材研发应用等低碳科技产业为主导产业的特色鲜明的区域产业集群园区，占地面积135亩，总建筑面积9.6万 m^2，共计54幢研发办公楼，其中一期50亩，已完成3.8万 m^2 建筑面积、共计19幢研发办公楼的建设。绿色建筑产业园内的建筑主要采取地源热泵和屋顶雨水回收等高科技环保措施，打造集科技、产业、人文、山水于一体的绿色、宜居、和谐产业示范园区。

4. 佛山湘潭大学绿色智造研究院

佛山湘潭大学绿色智造研究院是湘潭大学与佛山市、顺德区联合成立的具备独立法人资格的事业单位，于2019年5月中旬正式启动建设工作，先后完成了事业单位登记注册、场地装修及设备配置、管理团队招聘等工作，于2019年8月初召开该院第一届理事会第一次会议。与此同时，该院积极推进相关团队与项目引进工作，完成3个项目调研、初步论证、与相关职能部门的沟通交流，已具备进入实质性的专家论证与签约引进条件，并已完成佛山湘潭大学绿色智造研究院科技发展公司注册工作。佛山湘潭大学绿色智造研究院将开展相关项目考察、调研与论证工作；组织学校与市、区科技管理机构、校友企业开展科技对接工作；组织专家、技术骨干深入本地企业，提供技术指导、培训、环评等咨询服务；整合资源，组织申报省、市创新团队。

5. 中国高校绿色金融研究联盟

中国高校绿色金融研究联盟由上海论坛2018绿色金融圆桌会议的参会代表共同倡议发起，致力于推动国内高等院校在绿色金融领域理论与实践的研究和交流，促进理论创新、人才培养与研究合作。该联盟2019年年会由南京大学—牛津大学金融创新研究、复旦大学泛海国际金融学院、南京江北新区中央商务区建设管理办公室联合会主办。来自相关省、市政府领导及主管部门领导，数十家高等院校领导、专家，金融机构负责人，国内外知名专家学者，企业负责人，相关媒体等150余人齐聚峰会，深入探讨了"绿色金融创新促长三角一体化高质量发展"议题。中国高校绿色金融研究联盟2020年年会暨绿色金融发展高峰论坛在厦门大学召开，由厦门大学经济学院与王亚南经济研究院主办，厦门大学经济学院金融系、复旦大学泛海国际金融学院、复旦大学绿色金融研究中心承办，来自20余所知名高等院校及相关单位的40多位专家学者齐聚年会，深入探讨了"绿色金融与经济绿色复苏"议题。

6. 中国高校生态文明教育联盟

中国高校生态文明教育联盟是由教育部与中国科学技术协会作为指导单位，南开大学联合北京大学、清华大学共同倡议发起，中国各高等院校自愿组成的生态文明教育合作组织。该联盟于2018年5月26日正式成立，南开大学原校长、南开大学生态文明研究院院长龚克教授为联盟管理委员会常任主席，轮值主席由南开大学、清华大学、北京大学提名人员轮流担任。联盟秘书处设在南开大学，三校成立事务委员会，推选南开大学徐鹤教授、清华大学陈吕军教授、北京大学王奇教授为联盟秘书长。截至目前，联盟共计有165家单位加入，成员整体情况按地域划分为东北地区共计18所、华北地区共计39所（其中北京21所、天津8所）、华东地区共计54所（其中上海8所）、华中地区共计21所、华南地区共计6所、西南地区共计12所、西北地区共计15所。按高等院校层次划分，"985"高等院校共计29所、"211"高等院校共计46所、其他高等院校共计87所，另有科研机构2所、报社1所。

该联盟的业务范围：①生态文明教育体系建设，从课程示范、教材编纂、教育培训、社会实践等多方面入手，实现学科交叉、教育资源共享，开展通识教育，共同推进多层次、网络化、知行合一的生态文明全方位教育体系建设；②生态文明基本学理构建，以跨学科的视野聚焦生态文明基础性、创新性课题，深化生态文明研究交流，推进多学科集成交叉，推进多校及学研产政多才联合，开展科学、技术、文化、法规、市场、产业等多角度、多层次系统性研究，实现理论、文化、制度、科技和产业的多重创新；③绿色影响力与国际化，通过高等院校国际化窗口，积极对接全球教育机构、行业协会、社会组织，提升联盟在生态文明建设中的绿色影响力，搭建国际交流平台，建立国际交流长效机制，持续推进联盟国际化发展；④绿色大学建设，围绕生态文明教育这一核心，以"绿色教育"、"绿色科技"和"绿色校园"为主要内容，将环境保护思想落实到大学的各项活动中，将可持续发展融入大学人才培养、学科建设、科学研究和校园建设的各个环节。

该联盟成立以来的主要活动：①承担教育部重点课题，联盟自成立以来得到教育部领导的高度重视，教育部特委托南开大学牵头承担教育部重点专项"生态文明教育的理论与实践研究"课题，并正式交托该联盟为教育部《关于加强生态文明教育的指导意见》提供建议稿；②编写系列教材，该联盟已于2018年10月29日在天津召开生态文明教育教材研讨会，讨论拟订具有系统性、统合性的生态文明教学大纲，着手准备系列教材编纂工作；③开发共享课程，在生态文明课程体系构建下推进开发生态文明网络课程（慕课），这是实现优质资源共享的一个良好途径，同时考虑与相关机构合作，延请权威学者和优秀老师共同开设多学科混合、专题讲解的生态文明慕课，还可在联盟内的高等院校现有课程中挑选出一批精品课程（如南开大学"生态文明"慕课国家级精品课程）共同分享并向全国高校推荐；④搭建创意平台，对于生态文明教育而言，学生是主体，课堂（课程）是基础，行动是重点，该联盟在已有基础上选择建设若干实践基地，现已建立5个联盟区域实践中心，组织了全国范围的大学生生态文明建设认知度、认同度和参与度调查。

2020年10月10日，中国高校生态文明教育联盟在天津举办年会，主题为"疫情时代下的生态文明建设与大学使命"，来自清华大学、北京大学、南开大学等国内40余家高等院校、研究机构、传媒机构的代表及生态文明教育领域的专家学者出席该学术论坛。生态文明教育研究分会理事长、清华大学环境学院院长、中国工程院院士贺克斌，南开大学副校长陈军分别致辞。南开大学原校长龚克发来致辞视频。论坛同时举办"高校生态文明研究与教学"和"人文关怀、社会担当与生态文明品格"2个分论坛，围绕构建高等院校生态文明课程体系和高等院校、媒体应承担的生态文明建设责任展开研讨。

参 考 文 献

［1］肖显静 . 加快构建中国特色生态哲学［J］. 人民周刊，2017（22）：52-53.

［2］全国哲学社会科学规划办公室 . 国家社科基金项目成果选介汇编：第七辑［M］北京：社会
科学文献出版社，2011.

［3］竺效，田时雨 . 瑞典环境法典化的特点及启示［J］. 中国人大，2017（15）：53-55.

［4］莫菲 . 法国环境法典的历程及启示［J］. 中国人大，2018（3）：52-54.

［5］李钧 . 一步之遥：意大利环境"法规"与"法典"的距离［J］. 中国人大，2018（1）：
51-54.

［6］张忠利 . 迈向环境法典：爱沙尼亚《环境法典法总则》及其启示［J］. 中国人大，2018（15）：
52-54.

［7］俄罗斯联邦宪法［EB/OL］.［2021-06-04］.http：//cn.mid.ru/foreign_policy/founding_
document/301.

［8］联邦德国基本法（GG）［EB/OL］.［2002-07-26］.http：//www.recht-harmonisch.de/GG-
chinesisch.pdf.

［9］Mini-site du rapport d'activité 2020 du Conseil constitutionnel［EB/OL］.［2021-06-04］.
http：//www.conseil-constitutionnel.fr/conseil-constitutionnel/english/constitution/charter-
for-the-environment.103658.html.

［10］日本国宪法［EB/OL］.［2021-06-04］.https：//www.cn.emb-japan.go.jp/fpolicy/kenpo.
htm.

［11］United States Environmental Protection Agency.Environmental Justice［EB/OL］.
［2021-06-04］.https：//www.epa.gov/environmentaljustice.

［12］马骧聪 . 俄罗斯联邦的生态法学研究［J］. 外国法译评，1997（2）：37-45.

［13］陈茂云，马骧聪 . 生态法学［M］. 西安：陕西人民教育出版社，2000.

［14］郭永园，张云飞 . 参照与超越：生态法治建设的国外经验与中国构建［J］. 环境保护，
2019，47（1）：57-62.

［15］中国法学会环境资源法学研究会 . 吕忠梅教授率民法典绿色化研究团队参与民法典编纂工作
情况［EB/OL］.［2020-06-23］.http：//www.riel.whu.edu.cn/view/10120.html.

［16］郇庆治 . 环境政治学研究在中国：回顾与展望［J］. 鄱阳湖学刊，2010（2）：45-56.

［17］郇庆治 .2010 年以来的中国环境政治学研究论评［J］. 南京工业大学学报（社会科学版），
2018，17（1）：23-38.

［18］吴朝晖 . 全面发挥高校在生态文明建设中的支撑引领作用［EB/OL］.［2019-04-29］.http：//
zdpx.zju.edu.cn/news1_5127_301.html.

评价体系

作为缓解全球生态危机的重要对策之一，绿色大学自诞生起就受到政府与学术界的广泛关注。在绿色大学研究中，评价指标体系既是生态文明内涵的具体化，也是对大学生态化建设进程的度量。一个科学合理的评价指标体系不仅能反映绿色大学自身的功能和性质，还能监测系统发展的进程，通过分析绿色大学建设过程中的优势与不足及时调整其建设路线、方针与政策，提升建设质量。因此，如何建立科学严谨的评价指标体系一直是学者关注的重点和难点问题。我国疆域辽阔，各所大学之间存在着巨大的地域差异。对当前绿色大学评价指标体系的梳理与分析发现，现有评价指标体系往往是制定一个全国统一的、静态的评价标准，很少考虑绿色大学建设的地域性、动态性和复杂性。绿色大学建设是一项复杂的系统工程，只有建立一套更具地域性的动态化的评价体系，才能做到有的放矢，推动我国绿色大学的生态化建设进程。据此，在环比国内外绿色大学评价指标体系的基础上，以生态文明思想为指导，本章提出了一套集区域差异与大学特色于一体的绿色大学评价指标体系，以期进一步推动与提升我国绿色大学建设的进程与质量。

7.1 指导思想

党的十八大以来，以习近平同志为核心的党中央领导全党全国人民全面推进生态文明建设，生态环境保护发生历史性、转折性、全局性变化，推动生态文明建设的理论创新、实践创新和制度创新，开创了社会主义生态文明建设的新时代，形成了习近平生态文明思想[1]。

习近平生态文明思想是习近平新时代中国特色社会主义思想的有机组成部分，其核心要义集中体现为科学自然观、绿色发展观、基本民生观、整体系统观、严密法治观、全球共赢观。这一思想深刻回答了为什么建设生态文明、建设什么样的生态文明、怎样建设生态文明的重大理论和实践问题，进一步丰富和发展了马克思主义关于人和自然关系的思想，深化了我们党对社会主义建设规律的认识，为建设美丽中国、实现中华民族永续发展提供了根本遵循[1]。这一思想集中体现了我们党的历史使命、执政理念、责任担当，对新时代加强生态环境保护、推动我国生态文明建设迈入新境界具有重大的指导意义。

高等院校是弘扬生态文明的主要阵地，高校师生是生态文明建设的传播者和主力军。高等院校在新时代落实和践行习近平生态文明思想，就是要实现高等教育的生态化转向，集中体现为绿色大学建设。因此，新时代绿色大学建设是以习近平生态文明思想为指导，充分发挥教育的基础性、先导性和全局性作用，通过充分发挥高等院校在人才培养、科学研究、社会服务、文化传承创新、国际交流合作等方面具有的独特优势与重要作用，将其建设成为新时代生态文明建设的思想库、创新源、人才泵，助力新时代生态文明建设迈向新境界[2]。

7.2 他山之石

7.2.1 可持续发展跟踪、评估和评级系统

可持续发展跟踪、评估和评级系统（STARS）是以理念为引领、制度为规约的绿色大学指标评价体系。STARS源于2006年高等教育协会可持续发展联盟（HEASC）对绿色大学可持续发展评价体系的呼吁与倡导，2010年正式发布并投入使用，成为全球盛行的绿色大学评价指标体系。STARS涵盖了高等教育可持续发展的方方面面，包括学术、参与、运营、规划和管理，以及创新项目等相关绩效指标和标准，包括135项指标。STARS将自身定义为一个透明的可供大学和学院衡量其可持续发展绩效的自我报告框架，以一年为单位对积极参与测评的绿色大学进行综合评估，并力求确保其评价度量的精准性。STARS曾先后5次对测评工具进行更新与改善，就当前STARS 2.1版（2019年）来说，它一方面总结和吸收了过去9年测评中的反馈、建议和经验教训，成为最具时代标识的可持续性测评工具；另一方面旨在促进与改善同高等教育可持续发展对话过程中的衡量标准，为社区学院、研究型大学、校园可持续发展领导者等提供了参与、塑造、完善的延展性空间与可持续性发展方向。

STARS具有权威的理念价值引领，在推动人类走向一个更可持续的未来方面能够发挥重要作用。STARS是由高等教育发展而来的，它认识到大学的独特使命、

挑战、约束和机遇，认为学生能够将可持续发展理念推及公众，以促进经济、社会、环境和社区研究，有助于促动一个更加公正和文明的社会建立。基于此，STARS以《我们共同的未来》提出的可持续发展定义为根本遵循，以《人类环境宣言》的主旨——关于可持续未来的道德和价值观的全球共识声明为标识，将可持续发展中相互联系、相互依存的社会、环境、经济3个基本组成部分贯穿于可持续发展的未来中，更加关注对世界穷人的基本需求与各国物质的可持续性在逻辑上的代际延伸的评估，深化了对社会正义、环境福利和经济安全之间联系的理解。2015年，STARS参照联合国2030年可持续发展议程的主题，进一步更新了评估方向，将人与自然生态健康、社会正义、生活保障等可持续发展观点转化为绿色大学的可衡量目标。

STARS具有严格的制度设计，提供透明而彻底的自我评估框架，制定严格的问责制度与评量制度，以保障高等院校追踪和衡量自身可持续发展绩效的规范性。其中，问责制度表现为一系列的控制权威，制定了保障评价体系正常运转的各项规则，有助于确保数据源的可靠性与准确性。STARS对数据获取、公开、核实、修订等一整套流程中涉及的内容给予部门规范、行政问责、责任到人等制度保障，并且正着手制定针对数据追踪、评估的趋势寻求第三方核实的重要机制。评量制度即依据各项评估指标，通过评价者的全面评定给予相应分数，具有相当程度的开放性与灵活性，有助于激发各高等院校可持续发展的创造力。STARS结合高等院校所在地的地理位置、交通状况、校园环境等进行综合评估，而不是仅依赖指标完成的难易程度进行分数度定。通过制定相应的评分阈值将其划分为青铜、白银、黄金和白金4类等级，在各高等院校履行可持续发展实践和绩效的信息共享职责的基础上，激发其继续完善与塑造可持续发展系统的创造力。

7.2.2　大学可持续发展报告卡

大学可持续发展报告卡（College Sustainability Report Card，CSRC）的系统测评由可持续捐赠机构（SEI）发起，始于2005年，流行于北美地区，涵盖管理、气候变化和能源、食品和回收、绿色建筑、学生参与、交通、捐赠透明度、投资优先事项和股东参与9类共48项指标。CSRC曾于2011年在半年内对各所高等院校进行了4次严格筛选与测评，以多元化的评分方法加以评估，参与回馈率达到90％以上，取得了当年可持续发展评级的辉煌成就。但令人遗憾的是，2012年可持续捐赠机构暂停了对绿色大学的评估。

CSRC运用独特的运营机构与多元化的评分方法无偿为高等院校进行可持续发展评估，以引导和促进其可持续性发展。SEI是一个致力于研究和教育的非营利组织，以六大基金会捐赠为支撑，旨在促进校园管理与捐赠实践的可持续性。从组织结构来看，该机构层级构成较为简单，拥有完善的管理机制，主要依托洛克菲勒基金会的专项计划为支撑，总部设立于英国剑桥，主要由熟稔高等教育、可持续发展、治理和捐赠政策等方面的专业性人才组成多样化、专业化的顾问指导委员会。从最终目标来看，SEI的根本目的是探索与发现在可持续发展方面处于领先地位的高等院校，通过综合评估，为各高等院校提供无障碍信息，以便激发与鼓舞后发高等院校制定有效的可持续发展政策，如Green Report Card.org是第一个为美国所有50个州和加拿大的数百所大学提供深入可持续性概况的互动网站[3]，有助于推动各高等院校间的相互交流与合作。

CSRC主要依据二进制、增量、比例3种评分方法的交叉运用，针对高等院校地理位置、交通状况等具体情况逐一对9个类别的48项指标进行适用性筛选，从而实现绩效确定。首先，3种评分方法各有千秋、各尽其用。二进制评分方法的主要功能是对绿色大学原有可持续发展计划进行是非判断，即实践与原有计划一致则加分，若缺席则不加分；增量评分方法适用于对绿色大学实施动态监测，能够识别不同高等院校可持续发展计划的复杂程度和发展阶段，依据完成进度进行评分；比例评分方法适用于定量数据，根据相对于其他学校的百分比等级来奖励积分。其次，CSRC的评分机制较为简明且公开透明。开始测评前要将不适用于该校的指标剔除，以8个相同加权分类等级来计算总体的平均成绩（0～4）。结果分为5个等级：A＝4、B＝3、C＝2、D＝1和F＝0。在CSRC的评级历史中，参评高等院校的最低等级为D档，这样才能不影响其获得相应捐赠。在每项指标中，根据独立于其他学校（在二元、增量和定性评分的情况下）或基于比例超出其他学校的相对表现奖励积分的算法授予分数。

7.2.3　印度尼西亚世界绿色大学评比

印度尼西亚大学发起的世界绿色大学评比主要包含五大类目：环境和基础设施、能源和气候变化、废物、水、交通，共42项指标。世界绿色大学评比追求最大限度地对影响可持续发展的各项因子进行容纳与归结，并将每次的评比结果进行全球性的学术研讨，在不断调整与完善自身的同时也推动了全球可持续发展的绿色化进程。

印度尼西亚大学致力于对世界所有在可持续发展理念指导下的大学进行绿色测量与排名，试图推动全球大学走向绿色，与全球一道共商共研，共同推进可持续发展的绿色化进程（附录5）。在每两年一次的世界绿色大学评比结果公布后，印度尼西亚大学将以学术研讨的形式邀请参与评比的各高等院校校长、教授、专家、可持续发展部门主任、一线教师、学生代表等各方人士莅临论坛现场。秉承走向绿色的指导理念，印度尼西亚大学试图以各抒己见的形式展现各高等院校在应对可持续发展问题上的优秀战略，如将居于榜首的荷兰瓦格宁根大学对绿色交通的良性治理、中国台湾屏东大学对废水排放的合理化建议、英国诺丁汉大学将校园与社区的适切性融合，以及英国牛津大学对绿色技术的创新经验等优秀范例进行分享，营造出百家争鸣、百花齐放的良好氛围。这一举措极大地增强了各高等院校可持续发展的合作性与共识性，有助于提高学校内外对可持续发展重要性的认识，能够拓展可持续发展、可持续性研究、可持续管理的范围，进一步推动公民可持续发展素质的提升。值得关注的是，世界绿色大学评比当前主要关注如何提高公众对可持续发展的认识，未来将被调整为鼓励社会行动与改变，用行动应对全球生态环境挑战。

7.3　中国实践

绿色大学评价指标体系是一个蕴含丰富内涵的理论范畴，在经过我国战略布局的不断调整与发展后，形成了更多的理性积淀。由于受到我国绿色大学创建时间较晚、起步较慢的影响，当前我国绿色大学评价指标体系的研究尚处于起步阶段，呈理论探索与良性发展的稳步上升趋势（附录6）。我国绿色大学评价指标体系的创建主体可划分为高等院校、学者、社会组织3类。就高等院校主体而言，在国内近3 000所高等院校中，仅有南开大学与重庆大学编制了绿色大学评价体系，占比0.067%。作为我国第一所全方位制定绿色大学评价指标体系的高等院校，南开大学在环境质量、环境绿化、基础设施、环境教育、能源资源利用、环境管理6个方面对自身进行评估，按照德尔菲法原理计算大学的绿色度，一方面能够有效促进自身的生态化发展，另一方面为各大高等院校系统制定评价指标体系奠定了基础，起到辐射与带动的指向标作用。就学者主体而言，跻身于一线的高等院校教师（其中环境专业教师数量远小于其他专业教师的数量）根据自身所处的环境，融合国外评价体系之所长，通过模型建立与层次划归精心编制出各具特色的绿色大学评价指标体系。叶平等在参考国内外研究的基础上，在国家生态环境、教育部门的支持下开展了针对我国绿色大学的相对系统的研究，其采取的评价主要包括绿色体制、绿色教育、绿色校园管理、绿色文化、绿色科技和其他、特色和获奖[4]。

绿色大学建设是我国走向生态文明的必经之路，也是助力全球可持续发展的中国行动。通过整理与分析发现，2030年可持续发展议程、《中国落实2030年可持续发展议程进展报告》、"美丽中国"建设内涵均与绿色大学指标的确立有着密切联系，各项政策与标准相辅相成、互为补充，为绿色大学评价指标体系的构建提供了有力保障。从人类全面发展来看，全球可持续发展目标与"美丽中国"的内涵同根同源，二者的共同目标之一是保障绿色大学建设以全面提升人类福祉水平。从高等教育发展来看，《国家中长期教育改革和发展规划纲要（2010—2020年）》《教育部关于"十二五"普通高等教育本科教材建设的若干意见》（教高〔2011〕5号）等为绿色大学发挥基础性教育功能作了重要保障。从生态环境建设来看，《中共中央　国务院关于全面加强生态环境保护　坚决打好污染防治攻坚战的意见》（中发〔2018〕17号）、《绿色发展指标体系》和《生态文明建设考核目标体系》等文件为绿色大学建设、审计、创新等提供了政策保障。

笔者参与了中国生物多样性保护与绿色发展基金会积极响应党的十九大指示发起的活动，参与起草了《绿色学校评价标准》（*Evaluation Standard for Green*

School，ESGS）[5]，该标准是我国首个具有先导性与规范性的绿色大学评价标准，对于推动校园绿色可持续发展与生态进阶式发展起到不可小觑的正向作用。笔者参与了层次标准的制定，并提出了新时代绿色大学评价指标体系（表7-1）。

表7-1　新时代绿色大学评价指标体系

维度	主指标	次指标
绿色规划与管理	办学	指导思想
		制度制定
		原则遵循
	规划	规划设计
		统计报告
	管理	机构部署
		管理措施
		团队构成
		员工考核
绿色教育与科研	教育	绿色课程
		绿色教材
		绿色实践
		示范辐射作用
	科研	科研项目
		绿色技术运用
		绿色成果转化
绿色协作与参与	政府支持	提供生态文明建设项目
		资金支持
	校内协作	学生主导
		部门协作
	公众参与	社区伙伴
		校企合作

维度	主指标	次指标
绿色生态审计	校园生态审计	空气品质审计
		水资源审计
		清洁能源审计
	能源评估	能源合理回收与利用
		废弃物及有害物审计
		废物转移率
绿色校园	校园景观	校园植被覆盖率
		生物多样性保育
		生命周期评估
		净初级生产力
		土地开发与利用
		绿色景观规划
绿色校园	绿色交通	绿色交通规划
		绿色通勤模式
		校园绿色标识
	绿色建筑	地表绿化
		节能程度
		室内环境与健康
	绿色消费	绿色采购
		绿色餐饮
		生活用品重复使用情况

参 考 文 献

［1］本刊编辑部.在习近平生态文明思想指引下迈入新时代生态文明建设新境界［J］.求是，2019（3）：20-29.

［2］郭永园，白雪赟.绿色大学：习近平生态文明思想在高等教育中的"打开方式"［J］.思想政治教育研究，2019，35（5）：49-54.

［3］College Sustainability Report Card［EB/OL］.［2019-07-16］.http：//www.greenreportcard.org/about.html.

［4］叶平，迟学芳.从绿色大学运动到全国生态文明宣传教育［M］.北京：中国环境出版集团，2018.

［5］中国生物多样性保护与绿色发展基金会.绿色学校评价标准［EB/OL］.［2019-08-29］.http：//www.cbcgdf.org/.

附 录

————————

XINSHIDAI
SHENGTAI WENMING
CONGSHU

附录1 "为了可持续发展的未来"大学校长协会塔乐礼宣言

10点行动计划

我们——来自世界各地的大学校长及大学主要领导人，十分关注当今空前严重和日益加剧的环境污染、土地退化和自然资源消耗的问题。当地、区域、全球的大气污染和水污染，有毒物质的积累和分布，森林、土壤和水的破坏与消耗，臭氧层空洞和温室气体，这些环境问题正威胁着人类及地球上数千种其他物种的生存、地球的完整性和生物多样性，国家安全及人类的后代。导致上述环境变化的原因是很多地区的生产和消费方式的不公平和不可持续发展。

我们认为，当前必须采取紧急行动来介绍这些根本性的问题并扭转其发展趋势。在建立公平与可持续发展和人类与自然协调的问题上，应该采取的关键措施包括保持人口稳定、在工业和农业技术上采取环境无害化技术、植树造林以及恢复生态环境。大学在教育、研究、制定政策以及信息交流方面能够使这些目标得以实现。因此，大学校长必须发起、支持和动员校内外的一切资源来对这项紧急挑战做出反应。因此，我们一致同意采取如下行动：

（1）提高可持续发展的环境意识。利用一切可能的机会向社会公开宣传面向环境可持续发展未来的紧迫性，以提高公众、政府、企业、基金会和大学可持续发展的环境意识。

（2）建立可持续发展的制度文化。鼓励所有大学在人口、环境、发展及最终指向全球可持续发展的问题上，广泛开展教育、科研、制定政策和信息交流活动。

（3）培养大学生对环境负责的公民意识。设置环境管理、经济可持续发展、人口学及其他相关领域的课程，确保大学毕业生具有一定的环境知识和对环境负责的公民意识。

（4）提升所有人的环境素养。对大学教师进行培训，使他们能够给大学生、研究生和高职学生教授环境知识。

（5）实行制度化的生态政策。建立制度化的生态政策，采取资源保护、循环利用、减少浪费及环境无害化技术等措施，树立对环境负责的榜样。

（6）吸纳所有力量。鼓励政府、基金会、企业在环境可持续发展的跨学科研究、教育、制定政策和信息交流方面给予大力支持，开展与团体和非政府组织的合作，协助他们找出环境问题的解决方案。

（7）开展各学科间的合作。召集大学老师和从事环境工作的人员，开发支持环境领域可持续发展未来的跨学科综合课程、研究项目和活动。

（8）提升中小学开展可持续发展教育的能力。与中小学建立合作关系，帮助他们提高在人口、环境和可持续发展方面的跨科学综合教学能力。

（9）在国家和世界范围内加强服务和外联。开展同国内和国际组织的合作，促进全世界的大学向未来可持续发展方向努力。

（10）运作保障。建立秘书处和指导委员会，以便于继续推广我们的行动，并负责支持各大学实施本宣言并及时通告各自所取得的成就。

全国普通高等院校绿色大学创建情况

	高等院校名称	绿色体制				绿色教育						绿色校园管理			绿色文化活动						绿色科技和其他					特色和获奖					
		绿办	规划	制度	职责	机构	体系	课程	教材	基地	活动	机构	规划	环评	规划	制度	设施	活动	服务	获奖	研发	应用	人文	社科	课题	优势	成果	级别	层面	影响	自评
1	清华大学	✓	✓	✓	✓	✓	✓	✓	✓	✓	✓	✓	✓	✓	✓	✓	✓	✓	✓	✓	✓	✓	✓	✓	✓	1	高	广	大		优
2	北京大学					✓		✓	✓		✓	✓	✓	✓	✓	✓	✓	✓	✓	✓	✓	✓	✓	✓	✓	1	高				
3	中国人民大学					✓		✓	✓		✓	✓	✓	✓	✓	✓	✓	✓	✓	✓	✓	✓	✓	✓	✓	1	高				
4	南京大学					✓		✓	✓		✓	✓	✓	✓	✓	✓	✓	✓	✓	✓	✓	✓	✓	✓	✓	2	高				
5	武汉大学					✓		✓	✓		✓	✓	✓	✓	✓	✓	✓	✓	✓	✓	✓	✓	✓	✓	✓	1	高				
6	南开大学							✓	✓		✓	✓	✓	✓	✓	✓	✓	✓	✓	✓	✓	✓	✓	✓	✓	1	高			中	
7	西北大学					✓		✓	✓		✓	✓	✓	✓	✓	✓	✓	✓	✓	✓	✓	✓	✓	✓	✓	2	中				
8	哈尔滨工业大学					✓		✓	✓		✓	✓	✓	✓	✓	✓	✓	✓	✓	✓	✓	✓	✓	✓	✓	1	高				
9	哈尔滨工程大学							✓	✓		✓	✓	✓	✓	✓	✓	✓	✓	✓	✓	✓	✓	✓	✓	✓	2	中				
10	北京林业大学					✓		✓	✓		✓	✓	✓	✓	✓	✓	✓	✓	✓	✓	✓	✓	✓	✓	✓	1	中				
11	东北林业大学					✓		✓	✓		✓	✓	✓	✓	✓	✓	✓	✓	✓	✓	✓	✓	✓	✓	✓	1	中				
12	南京林业大学					✓		✓	✓		✓	✓	✓	✓	✓	✓	✓	✓	✓	✓	✓	✓	✓	✓	✓	1	中				
13	中国医科大学							✓	✓		✓	✓	✓	✓	✓	✓	✓	✓	✓	✓	✓	✓	✓	✓	✓	1	中				
14	黑龙江中医药大学							✓	✓		✓	✓	✓	✓	✓	✓	✓	✓	✓	✓	✓	✓	✓	✓	✓	1	中				
15	昆明医科大学							✓	✓																	1	中				
16	东北大学							✓	✓		✓	✓	✓	✓	✓	✓	✓	✓	✓							1	中				

序号	高校名称	绿色体制				绿色教育						绿色校园管理			绿色文化活动						绿色科技和其他					特色和获奖					
		绿办	规划	制度	职责	机构	体系	课程	教材	基地	活动	机构	规划	环评	规划	制度	设施	活动	服务	获奖	研发	应用	人文	社科	课题	优势	成果	级别	层面	影响	自评
17	广州大学							√	√		√	√	√	√	√	√	√	√	√								1	中			
18	华南理工大学							√	√		√	√	√	√	√	√	√	√	√								1	中			
19	苏州科技大学							√	√		√	√	√	√	√	√	√	√	√								1	中			
20	四川大学							√	√		√	√	√	√	√	√	√	√	√		√	√	√	√	√	√	1	中			
21	河海大学							√	√		√	√	√	√	√	√	√	√	√								1	中			
22	大连海事大学							√	√	√	√	√	√	√	√	√	√	√	√	√	√	√	√	√	√	√	2	高			
23	大连理工大学							√	√	√	√	√	√	√	√	√	√	√	√	√	√	√	√	√	√	√	2	高			
24	湖南师范大学				√			√	√		√	√	√	√	√	√	√	√	√	√	√	√	√	√	√	√	1	高		中	
25	北京理工大学				√			√	√		√	√	√	√	√	√	√	√	√	√	√	√	√	√	√	√	2	高			
26	山东科技大学					√		√	√		√	√	√	√	√	√	√	√	√	√	√	√	√	√	√	√	2	中			
27	南京财经大学					√		√	√		√	√	√	√	√	√	√	√	√	√	√	√	√	√	√	√	2	中			
28	东北师范大学					√		√	√		√	√	√	√	√	√	√	√	√	√	√	√	√	√	√	√	2	高			
29	哈尔滨师范大学					√		√	√		√	√	√	√	√	√	√	√	√	√	√	√	√	√	√	√	1	中		中	
30	北京师范大学							√	√		√	√	√	√	√	√	√	√	√	√	√	√	√	√	√	√	2	高		中	
31	内蒙古大学					√		√	√		√	√	√	√	√	√	√	√	√	√	√	√	√	√	√	√	2	中			
32	东北农业大学					√		√	√		√	√	√	√	√	√	√	√	√	√	√	√	√	√	√	√	3	中			
33	安徽农业大学					√		√	√		√	√	√	√	√	√	√	√	√	√	√	√	√	√	√	√	3	中			
34	中国农业大学							√	√		√	√	√	√	√	√	√	√	√	√	√	√	√	√	√	√	2	中			

分组：绿色体制（绿办·规划·制度·职责）｜绿色教育（机构·体系·课程·教材·基地·活动）｜绿色校园管理（机构·规划·环评）｜绿色文化活动（规划·制度·设施·活动·服务·获奖）｜绿色科技和其他（研发·应用·人文·社科·课题）｜特色和获奖（优势·成果·级别·层面·影响·自评）

	高校名称	绿办	规划	制度	职责	机构	体系	课程	教材	基地	活动	机构	规划	环评	规划	制度	设施	活动	服务	获奖	研发	应用	人文	社科	课题	优势	成果	级别	层面	影响	自评
35	中国民族大学							√	√		√	√	√	√	√	√	√	√	√	√	√	√	√	√	√	√	2	高		中	
36	中华女子学院					√		√	√		√	√	√	√	√	√	√	√	√	√	√	√	√	√	√	√	2	中			
37	中国传媒大学					√		√	√		√	√	√	√	√	√	√	√	√	√	√	√	√	√	√	√	3	中			
38	中央美术学院					√		√	√		√	√	√	√	√	√	√	√	√	√	√	√	√	√	√	√	3	中			
39	北京电影学院							√	√		√	√	√	√	√	√	√	√	√	√	√	√	√	√	√	√	2	中			
40	北京化工大学							√	√		√	√	√	√	√	√	√	√	√	√	√	√	√	√	√	√	2	中			
41	青年政治学院							√	√		√	√	√	√	√	√	√	√	√	√	√	√	√	√	√	√	2	中			
42	北京联合大学							√	√		√	√	√	√	√	√	√	√	√	√	√	√	√	√	√	√	2	中			

新疆维吾尔自治区命名的绿色大学

分组：绿色体制（绿办·规划·制度·职责）｜绿色教育（机构·体系·课程·教材·基地·活动）｜绿色校园管理（机构·规划·环评·能评）｜绿色文化活动（规划·制度·设施·活动·服务·获奖）｜绿色科技和其他（研发·应用·人文·社科·课题）｜特色和获奖（优势·成果·级别·层面·影响·自评）

	高校名称	绿办	规划	制度	职责	机构	体系	课程	教材	基地	活动	机构	规划	环评	能评	规划	制度	设施	活动	服务	获奖	研发	应用	人文	社科	课题	优势	成果	级别	层面	影响	自评
1	新疆大学	√	√	√	√	√	√	√	√	—	√	√	√	√	—	√	√	√	√	√	√	√	√	√	√	√	√	2	中	特	中	优
2	新疆农业大学	√	√	√	√	√	√	√	√	—	√	√	√	√	—	√	√	√	√	√	√	√	√	√	√	√	√	2	中	特	中	优
3	石河子大学	√	√	√	√	√	√	√	√	√	√	√	√	√	√	√	√	√	√	√	√	—	√	√	√	√	√	2	中	特	中	优
4	伊犁师范学院	√	√	√	√	√	√	√	√	√	√	√	√	√	√	√	√	√	√	√	√	—	—	√	—	√	—	2	中	特	中	优
5	喀什师范学院	√	√	√	√	√	√	√	√	√	√	√	√	√	√	√	√	√	√	√	√	—	—	√	—	√	—	2	中	特	中	优
6	克拉玛依职业技术学院	√	√	√	√	√	√	√	√	√	√	√	√	√	√	√	√	√	√	√	√	—	—	√	—	√	—	2	中	特	中	优

广西壮族自治区命名的绿色大学

	高校名称	绿色体制				绿色教育						绿色校园管理				绿色文化活动						绿色科技和其他					特色和获奖					
		绿办	规划	制度	职责	机构	体系	课程	教材	基地	活动	机构	规划	环评	能评	规划	制度	设施	活动	服务	获奖	研发	应用	人文	社科	课题	优势	成果	级别	层面	影响	自评
1	广西大学	√	√	√	√	√	√	√	√	√	√	√	√	√	—	√	√	√	√	√	√	√	√	√	√	√	√	2	中	特	中	优
2	广西民族学院	√	√	√	√	√	√	√	√	√	√	√	√	√	—	√	√	√	√	√	√	√	√	√	√	√	√	2	中	特	中	优
3	广西师范学院	√	√	√	√	√	√	√	√	√	√	√	√	√	√	√	√	√	√	√	√	—	√	√	√	√	√	2	中	特	中	优
4	广西医科大学	√	√	√	√	√	√	√	√	√	√	√	√	√	√	√	√	√	√	√	√	√	√	√	√	√	√	2	中	特	中	优
5	桂林理工大学	√	√	√	√	√	√	√	√	—	√	√	√	√	√	√	√	√	√	√	√	√	√	√	√	—	—	3	中	特	中	优
6	桂林电子工业学院	√	√	√	√	√	√	√	√	—	—	√	√	√	√	√	√	√	√	√	√	—	√	√	√	—	—	3	中	特	中	优
7	梧州师范高等专科学校	√	√	√	√	√	√	√	√	—	√	√	√	√	√	√	√	√	√	√	√	√	√	√	√	—	—	3	中	特	中	优
8	广西广播电视钦州分校	√	√	√	√	√	√	√	√	—	√	√	√	√	√	√	√	√	√	√	√	—	√	√	√	—	—	3	中	特	中	优

附录3 中国绿色校园发展倡议

绿色发展是将生态文明建设融入经济、政治、文化、社会建设各方面和全过程的全新发展理念。人类在面临自然资源约束与生态环境约束日益强化的同时，产业技术创新与新增长点尚未寻求到根本性突破，可持续发展在自然和社会两个维度都面临着严峻挑战。我国正处在城市化高速发展期，坚持以人为本，建设生态文明，实现绿色发展，是提升人民群众生活质量、促进国民经济持续健康发展的内在要求，也是我国展现负责任大国形象的重要体现。

党的十八届五中全会提出"创新、协调、绿色、开放、共享"五大新发展理念以来，绿色发展已成为关系我国发展全局的重要理念之一。教育部积极践行绿色发展理念，在2016年全国教育工作会上提出"以绿色发展引领教育风尚"，旨在促进教育事业科学发展、健康发展、协调发展和可持续发展。

学校是人才培养的摇篮，不仅能为解决环境气候问题提出创新性良策，同时也是宣导绿色发展理念最理想的教育基地。因此，在应对全球气候危机、推动中国绿色创新发展等方面，学校应发挥更为重要的作用。绿色校园建设要重点围绕以教学为中心的教学设施及配套改造、以师生为中心的生活设施及配套改造、以人文为中心的校园环境设计改造、以产学研为中心的基地建设、以节能环保为中心的后勤设施运维与改造等内容。教育事业发展既要积极推进绿色发展、建设绿色校园，更要培养具有良好环保意识和绿色人文精神的一代新人。

作为中国绿色校园建设的推动者和倡导者，我们向教育战线的各位同人正式发出倡议：

一、创新发展，激发绿色校园发展动力。校园空间的绿色化，是推动校园科学育人的重要基础，只有依靠包括理论创新、制度创新、科技创新、文化创新等在内的各方面创新，才能破解绿色校园发展所面临的诸多难题，形成校园与自然、校园与社会良性互动的新格局，为推动绿色校园规划设计相关领域发展提供持续动力。

二、合作共赢，实现绿色校园技术协作。推进中国绿色校园的建设与发展，既是一项长期的任务，也是一个包括政府主导、高校研发、设计支撑、运维协同、产业联动、社区参与等在内的多机构协作的过程。校园空间既是协作的平台，更是共赢的产物，中国绿色校园的发展，只有集各方之力，才能实现跨越式创新。为此，需要大家更积极地参与到构建绿色校园的协同平台建设中，为绿色校园建设的快速、有序推进创造良好的基础条件。

三、开放共享，促进绿色校园全面发展。当今中国的绿色校园建设与发展已步入快车道，而区域发展不平衡所带来的挑战日益严峻。唯有秉持更为开放的姿态，通过创新理念的互通与传播、技术资讯的开放与共享，才能促进绿色校园建设的快速、全面发展。因此，各方要紧密围绕"绿色校园"的核心理念，以开放的态度，积极参与到绿色校园理念与技术的实践与分享中，共同推动中国绿色校园设计与建设水平的提高。

中国的学校在可持续发展方面所做出的努力和探索有目共睹、成效显著。但可持续发展的路上充满挑战，需要我们高举生态文明建设的旗帜，坚定绿色发展理念，规划绿色校园，创建未来大学。建设绿色校园需要我们从点滴做起，付诸具体的行动。在此，我们呼吁每所学校、每位绿色校园践行者立即行动起来，将绿色发展的理念贯穿实际学习和工作中，贯穿能源资源消费与行为习惯中，努力营造节约能源、合理消费、低碳环保、健康生活的良好校园氛围。

让我们从现在做起，从设计做起，用行动推动校园的绿色发展，共同为人类创造绿色、健康的美好明天！

附录4　教育部第四轮学科评估生态学A类院校情况

序号	学校代码	学校名称	评估结果
1	10335	浙江大学	A+
2	10558	中山大学	A+
3	10001	北京大学	A
4	10200	东北师范大学	A
5	10730	兰州大学	A
6	10027	北京师范大学	A-
7	10246	复旦大学	A-
8	10269	华东师范大学	A-
9	10284	南京大学	A-
10	10673	云南大学	A-

1. 浙江大学环境与资源学院

（1）简介

浙江大学环境与资源学院成立于1999年7月，由原浙江大学、杭州大学、浙江农业大学相关系（所、室、中心）合并组建而成，现有3个系、8个研究所及1个实验教学中心，有教学科研用房近25 000 m²。

学院现有教职工130人，其中正高级职称48人、副高级职称28人，博士生指导教师66人、硕士生指导教师93人，中国工程院院士3人（其中双聘1人）、教育部长江学者7人（含青年学者1人）、国家杰出青年科学基金获得者6人、国家百千万人才工程4人、国家万人计划4人（含青年拔尖人才2人）、国家有突出贡献的中青年专家2人、优秀青年科学基金获得者8人，在站博士后73人、研究生816人（博士研究生315人，硕士研究生501人）、本科生480人。

学院拥有污染环境修复与生态健康教育部重点实验室、浙江省农业资源与环境重点实验室、浙江省农业遥感与信息技术重点实验室、浙江省水体污染控制与环境安全技术重点实验室、浙江省有机污染过程与控制重点实验室、浙江省水污染控制工程实验室、土壤污染协同防治浙江省工程研究中心，建有"有机污染物环境界面行为与调控技术原理""土壤污染过程与修复原理"国家自然科学基金创新研究群体、"污染环境修复与生态系统健康"教育部创新团队、"产地环境质量与农产品安全""土壤污染缓解与控制"农业农村部创新团队、"水处理功能材料及应用""燃煤工业锅炉炉窑烟气污染控制技术"浙江省重点科技创新团队。

（2）硕士、博士情况

2019年9月学校官网显示，学院现有环境科学与工程（入选国家"双一流"建设学科，A级学科）和农业资源与环境（国家重点学科，A+级学科）2个一级学科，环境/生态学科连续13年进入ESI世界十年引文次数前1‰。学院设有环境科学与工程、农业资源与环境2个博士后流动站，拥有环境科学与工程、农业资源与环境2个一级学科博士学位授予点，环境科学、环境工程、土壤学、植物营养学、农业遥感与信息技术、水资源利用与保护6个硕士学位授予点，环境工程、资源利用与植物保护、农业工程与信息技术3个硕士专业学位授予点，环境科学、环境工程、农业资源与环境、资源环境科学4个本科专业。

2. 中山大学生态学院

（1）简介

中山大学生态学科肇始于1924年建校之初的生物学系，历史悠久、底蕴厚重，近年来面向重大学术前沿、国家战略需求、国家和区域经济社会发展，开展了一系列前沿基础研究和应用研究，重点解决困扰当前人类与自然和谐共存的可持续发展的各种问题，包括生物多样性流失、环境破坏、生物资源有效和平衡利用以及害虫防治。中山大学生态学专业和学科在发展过程中分别入选国家级一流本科专业建设点、教育部双一流学科，在教育部第三轮和第四轮学科评估中分别并列第一名和并列A+，入选教育部专业综合改革试点项目及国家理科基础科学研究和教学人才培养基地（生物学）。2018年，中山大学在深圳校区成立生态学院，是学校强化和发展生态学科的创新举措。生态学院秉承国家生态文明建设理念，致力于在生物多样性形成、维持、保护与恢复等领域构建具有鲜明专业特色的学科体系。学院面向学科前沿、国家重大战略需求、粤港澳大湾区及广东经济和社会发展，坚持开放包容、锐意创新的理念，为国家生态文明建设贡献力量。

（2）师资情况

教授：储诚进，兰州大学生态学博士、美国犹他州立大学（Prof. Peter Adler实验室）博士后；刘蔚秋，中山大学植物学专业博士；庞虹，华南农业大学昆虫生态博士研究生、获理学博士学位。

副教授：陈浩，中国科学院华南植物园生态学博士（硕博连读）；崔融丰，美国得克萨斯农工大学生物学博士；贾妍艳，中山大学环境科学与工程学院博士；李芙蓉，瑞典林奈大学生物与环境科学学院古生态学博士；刘阳，瑞士伯尔尼大学生态与进化博士；马嘉欣，澳大利亚汤斯维尔詹姆斯库克大学海洋生物学博士；张丹丹，中山大学生命科学学院博士后。

助理教授：包童，波恩大学（德国）地球科学古生物学博士；杨玉春，香港大学环境微生物博士；张履冰，中国科学院动物研究所生态学博士。

专职研究员：吕磊。

专职副研究员：谷浪屿、李浩森。

博士后：陈华燕、刘路、刘振华、潘新园、宋紫檀、魏晨韬、王攀登、鲜文东、张晓。

3. 北京大学城市与环境学院生态学系

（1）简介

生态学系成立于2002年，由城市与环境学系景观生态学教研室发展而来。2003年开始招收本科生，2011年成立生态学一级学科博士点，2013年设立生态学博士后流动站。现有教授11名，青年千人计划研究员2名、副教授5名、工程师1名、海内外兼职教授5名，其中中国科学院院士1名。

生态学系目前具备植物生理生态学、孢粉分析、树木年轮分析、植物形态与解剖、植物化学与土壤化学分析、植被数量分析、生态遥感等实验条件。作为北京大学"地表过程分析与模拟教育部重点实验室"的一部分，同时具备生物地球化学循环过程研究的实验条件。北京大学生态与环境研究网络塞罕坝实验站和三峡—大老岭实验站为生态学系的教学和科研提供了有力的支撑。

生态学系在充分吸收国内外优秀生态学教育经验的基础上，建立了适合中国国情的从本科到博士后各阶段的生态学人才培养体系：本科教学涵盖植物生态学、动物生态学和微生物生态学等主要生态学分支学科，尤其注重生物科学与地球科学、环境科学、信息科学等学科的交叉内容，通过室内实验与野外基础训练，让本科生能系统地掌握生态学的基本概念、基础知识、主要理论体系以及基本的实验与分析技能；研究生教育以培养专业研究人才为主要目标，注重特定生态学分支学科的基础理论、研究方法和手段等方面的专业训练，特别重视从事专业研究的科学思维能力、分析和解决问题能力的培养和提高。

生态学系目前有全球气候变化及其生态响应、生物多样性保护、植被生态学、植物生理生态学、地下生态学、景观生态与景观规划以及城市生态学等几个有特色的研究方向，今后将主要关注基于碳循环和第四纪环境变化的全球与区域生态响应研究、生物多样性保护研究、地下生态学研究、植被生态与山地生态学研究、生理生态学研究、景观生态学与生态规划研究、城市生态与恢复生态学研究，以及不同尺度生态学研究的整合。

（2）硕士、博士情况

硕士研究生研究方向：生态学、植被生态学、全球变化生态学、景观生态学、生态规划与设计、植物生理生态学、地下生态学、生物多样性。

博士研究生研究方向：生态学、植被生态学与生态遥感、全球气候变化、景观生态与生态规划、生态系统生态学。

4. 东北师范大学环境学院

（1）简介

东北师范大学环境学院成立于2013年，其前身为城市与环境科学学院环境科学系。环境科学系（1986年）是在东北师范大学环境科学研究所的基础上建立的，是我国高等院校中最早创办的培养从事环境科学研究、教学和环境保护人才的基地之一。环境科学研究所是按照国家发展战略需求于1978年设立的，为全国首批建设的环境学科，在此基础上，于1983年开始招收环境化学、环境生物学和环境地学硕士研究生；1986年设立环境科学本科专业，建立环境科学系；1994年设立生态学本科专业，为全国首批样板设置；2000年获得环境科学博士学位授予权、环境工程硕士学位授予权；2002年、2007年其环境科学专业连续被评为吉林省重点学科；2002年与生命科学学院草地所联合申报获得生态学国家重点学科；2006年环境科学与工程获得一级学科博士学位授予权；2007年环境科学专业被评为吉林省高等学校特色专业，同年获批环境科学与工程一级学科博士后流动站；2009年环境科学专业获批国家高等学校特色专业，同年环境科学基础教学实验中心被评为吉林省实验教学示范中心；2011年环境科学与工程一级学科被评为吉林省高等学校优势特色重点学科；2012年获批国家级生态学实验教学示范中心；2013年成立环境学院；2014年环境科学专业被评为吉林省第一批品牌专业，同年开始招收首届环境工程本科生；2015年成立环境工程硕士教育中心；2016年环境科学教学团队被评为吉林省高等学校优秀教学团队；2017年获批东北师范大学国际化示范学院培育项目。

学院现设有环境科学系、生态学系、环境工程系，包括环境科学、生态学、环境工程3个专业，拥有国家环境保护湿地生态与植被修复重点实验室、植被生态科学教育部重点实验室、吉林省动物资源保护与利用重点实验室、吉林省生态安全预警中心等多个国家级、省部级科研平台，并在龙湾国家级自然保护区、长岭等全国各地建立多个野外实验站。

学院成立以来，不断完善师资队伍建设，在数量、质量及结构方面逐步优化，有力地保障了教学与科研工作的高效开展。学院拥有教职人员共计75人，其中，专任教师55人，包括教授19人、副教授18人、讲师14人、师资博士后4人；教辅人员12人，包括高级职称4人、中级职称8人；行政管理人员8人。专任教师队伍以中青年教师为主，其中，55岁以上教师6人，45～55岁教师11人，35～45岁教师23人，35岁以下教师15人。45岁以下青年教师的比例为69％，已获得博士学位的教师53人，非本校博士学位获得者20人，多数教师拥有海外学习、研修经历。

此外，学院还拥有特聘教授（院士）2人、国务院学科评议组成员2人、国家自然科学基金优秀青年科学基金获得者2人、教育部"新世纪优秀人才"获得者4人、吉林省"长白山学者"特聘教授3人、"荣誉教授"1人、"仿吾计划"特聘教授4人、"东师学者"讲座教授6人。（数据更新至2019年11月1日）

经过多年建设及重大研究课题的开展，学院教学条件不断改善。目前，学院坐落于净月校区，建筑面积超过11 000 m^2的教学实验大楼已落成并投入使用。现有可容纳180人的多功能报告厅、6间多媒体教室、计算机教学实验室。学院实验中心设有基础实验室、光谱室、色谱室、分子生态学实验室、细胞培养室等多个实验教学场所，教学条件建设达到国内领先水平。

学院的科学与技术研究主要集中于环境科学与工程学和生态学2个学科领域。

环境科学与工程学领域设立了3个研究方向：①环境污染与控制化学方向，主要研究典型有机污染物的生态风险评价、细胞电化学检测污染物毒性方法、植物废弃物的资源化、环境友好型高效催化剂的设计及应用；②环境灾害风险评价与管理方向，主要针对环境灾害风险形成机制与定量化预测预警理论方法，环境规划、评价与风险防控，环境灾害评价、管理与应急决策支持技术等开展研究；③水污染控制工程与技术方向，着重研究废水处理降解机制、工艺调控资源化及与其他废水处理技术耦合机制，新型高级氧化水处理技术研发与水质安全保障技术。

生态学领域设立了3个研究方向：①动物生态与保护生物学方向，主要研究哺乳动物的声行为特征、学习过程、发育机制、功能适应性及进化机制、重要感官表型的适应性辐射机制及物种形成；②生态安全与生态修复方向，集中于湿地生物多样性、功能多样性、水文生态过程及功能变化机制与安全评价研究，同时研发受损湿地生态系统的特征识别与评价、修复技术；③草地生物种间关系及生态功能方向，从草地生态系统中的多物种（食物网与营养级）相互作用探讨种间关系与系统稳定性、营养级效应与系统多功能问题。

近年来，学院承担国家、省部及国际合作等项目220项，累计获得科研经费1.1亿元。其中包括科技部重大专项（水污染治理）7项、"973"计划课题3项、国家自然基金重点项目3项、优秀青年科学基金项目1项、面上及青年基金项目60项。学院发表了一系列重要研究成果，获得多项科研奖励与专利授权，包括发表SCI（E）检索论文214篇，EI检索论文18篇；学院曾获得国家科学技术进步奖3项、教育部高等学校科学研究优秀成果奖自然科学奖1项、大禹水利科学技术奖1项、吉林省科学技术进步奖5项；出版学术专著和教材12部；获得发明专利与实用新型专利授权40项、软件著作权12项。

多年来，学院积极开展对外交流与合作，与10余个国家和地区的20余所国际一流大学和科研机构，如美国的乔治敦大学、加利福尼亚大学洛杉矶分校、宾夕法尼亚州立大学、佐治亚理工学院、康涅狄格大学、佛罗里达大学、威斯康星大学，英国的阿伯丁大学、曼彻斯特大学，德国的马普学会，加拿大的阿尔伯塔大学，日本的东京大学、京都大学、北海道大学、东京工业大学、早稻田大学、筑波大学，澳大利亚的悉尼科技大学，新西兰的梅西大学，挪威的卑尔根大学等建立了长期稳定的合作与交流关系。每年邀请10余名国际知名教授来校交流，并选派研究生若干出国进行联合培养，同时接收来自其他国家的留学生及访问学者。

近年来，学院还承担了上海合作组织大学生态学方向的项目任务，与其中5个成员国相关院系间互派研究生进行交流。先后与俄罗斯的新西伯利亚大学（俄罗斯排名第四）、俄罗斯科学院、莫斯科大学、人民友谊大学在上海合作组织大学框架下签署双边合作协议，可互派生态学方向研究生进行学习交流。学生在毕业后获本校学位证书和上海合作组织大学颁发的结业证书。

学院现有环境科学、环境工程和生态学3个本科专业。环境科学专业为国家级特色专业和吉林省首批品牌建设专业。本科主要培养适应国家建设需要，具有较全面的自然科学基础知识，兼具人文科学素养，系统掌握环境科学、环境工程或生态学专业基础理论和实验技能，受到良好科学思维和科学方法的基础训练，德、智、体全面发展，可以在各自专业领域从事环境或生态监测与评价、规划与管理、工程设计与运营管理、研发与教育等方面的应用型理工人才，或继续深造在国内外知名大学和科研院所攻读相关专业研究生。为提升学生的专业实践能力，学院在吉林省长白山和龙湾自然保护区、大连市经济开发区、东北市政设计研究院等20余家企事业单位设立实习基地，组织学生进行实践学习；为增强学生的国际视野、提升其创新素质，学院积极推荐学生到境内外知名高等院校进行学习交流，鼓励学生科研立项、参与各级创新创业竞赛，在国际大学生可持续大会、挑战杯等国内外赛事中屡获佳绩，并有多名学生被斯坦福大学、曼彻斯特大学、清华大学等国内外著名学府录取为研究生。

学院具有环境科学与工程一级学科博士点和生态学一级学科博士点（与生命科学院联合），目前能够招收环境科学、环境工程和生态学3个专业的博士和硕士研究生，研究方向包括环境化学、环境生物学、环境规划与管理、水污染控制工程、环境工程微生物、水污染监测与控制、固体废物处置与资源化、污染生态学、动物生态学、生态系统保育与生态修复、生态安全评价与管理。其中，环境科学专业为吉林省重点学科。学院始终重视学生教育的平台建设，多年来通过与吉林省林业和草原局、吉林省生态环境厅、中国科学院东北地理与农业生态研究所、吉林省环境科学研究院等单位的合作，建立了多个专门的学生实习与实践基地。

（2）硕士、博士情况

截至目前，已培养本科生1 863人、研究生841人，为大专院校、科研机构、政府职能部门及企事业单位输送了大批人才。学院毕业生中有国家级、省部级领导干部，国家杰出青年科学基金获得者，长江学者特聘教授，生态环境部青年拔尖人才，企业高管等。目前，学院在读本科生401人、硕士研究生220人、博士研究生56人、留学生46人。（数据更新至2019年11月1日）

5. 兰州大学生命科学学院

（1）简介

兰州大学生命科学学院具有悠久的发展历史。早在1946年，在著名生物学家、教育学家、校长辛树帜教授和植物学家董爽秋教授的带领下，兰州大学建立了植物学系和动物学系，1951年合并为生物学系。1999年，由兰州大学生物系、教育部直属兰州大学细胞生物学研究室和植物生理学研究室、干旱农业生态国家重点实验室合并成立了生命科学学院。根据学科发展的需要，学院整合成立了植物学与细胞生物学系、动物学与生物医学系、生态学与环境科学系，依托草地农业生态系统国家重点实验室（与草地农业科技学院共建）、细胞活动与逆境适应教育部重点实验室、教育部野外台站、旱区农业与生态修复教育部工程研究中心、甘肃省环境生物监测与修复重点实验室等重要研究基地，分别为农业、医药和生态等领域提供支持和服务。经过几代人70余年的艰苦奋斗，学院已经发展成为国内外知名的生命科学研究和人才培养基地，服务于"黄河流域生态保护和高质量发展"及"一带一路"等国家重大战略需求，为西部地区的经济社会发展做出了巨大贡献，在海内外享有盛誉。

学院建有国家理科基础科学研究与教学人才培养基地（生物学）、国家生命科学与技术人才培养基地、国家基础学科拔尖学生培养试验计划（生物学）、强基计划（生物学）、国家级生物学实验教学示范中心及国家级生物学野外实习基地。学院还是国家首批博士、硕士培养与学位授予单位，设有生物学和生态学博士后流动站；生态学获批建设世界一流学科，植物和动物科学、生物学和生物化学以及环境和生态学均进入ESI（Essential Science Indicators，基本科学指标）国际学科排名全球前1%。

近年来，学院根据学科发展需求大力引进和培养了一支高水平的师资队伍，现有教授59人、副教授58人，包括国家特聘专家1人、教育部长江学者特聘教授5人、国家杰出青年科学基金获得者4人、万人计划领军人才2人、国家级青年人才7人，拥有教育部长江学者创新团队2个、"111"引智基地2个。学院围绕动植物生长发育调控机制、生物适应环境的机制、生态环境保护修复以及可持续发展等重大科学问题开展了广泛深入的研究，取得了丰硕成果，近年来主持国家重大和重点项目20余项；获国家科技进步二等奖2项、省部级自然科学一等奖2项；在 *Nature Genetics*、*Cell Research*、*Nature Plants*、*PNAS*、*Plant Cell*、*Brain*、*Ecology Letters*、*Nature Communications*、*PLoS Genetics*、*Development*、*Plant Physiology*、

Plant Journal、*Molecular Plant*、*New Phytologist*和*Global Change Biology*等国际主流学术期刊上发表了一大批高水平研究成果。

面临新的发展机遇，学院将秉承"秉德维新、务本求真"的院训，强化开放意识，提升协同创新的能力，注重内涵建设，提高教育质量，加强科学研究与对外交流，努力将生命科学学院建设成国际知名、国内一流的高水平研究型学院。

（2）师资情况

院士：王锐、郑国锠。

长江学者：侯岁稳（Dr. Suiwen Hou）、黎家（Dr. Jia Li）、潘建伟、向云、李凤民、王锐、刘建全。

国家杰出青年科学基金获得者：李凤民、王锐、安黎哲、刘建全。

万人计划（国家高层次人才特殊支持计划）：邓建明、熊友才。

百人计划：李凤民、王锐、龙瑞军、安黎哲、刘建全。

优秀青年科学基金获得者：武一、向云、方向文、邓建明。

萃英特聘教授：黎家（Dr. Jia Li）、李祥锴、苟小平（Dr. Xiaoping Gou）、邱全胜（Dr. Quan-Sheng Qiu）、张胜祥、李凤民、龙瑞军、安黎哲。

新世纪人才：方向文、吉尚戎、熊友才、黄德军（Dr. Dejun Huang）、王玉金、侯岁稳（Dr. Suiwen Hou）、郭旭生（Dr.Xusheng Guo）、肖洒、向云、苟小平（Dr. Xiaoping Gou）、冯虎元（Huyuan Feng）、武一、赵长明（Dr. Changming Zhao）、李金花、尚占环（Dr. Zhanhuan Shang）、李凤民、邓建明、吴雨霞、安黎哲、刘建全。

甘肃省领军人才：吉尚戎、黎家（Dr. Jia Li）、熊友才、向云、冯虎元（Huyuan Feng）、武一、赵长明（Dr. Changming Zhao）、李凤民、王锐、龙瑞军、安黎哲、刘建全。

博士生导师、硕士生导师：常金科、张立勋（Dr. Lixun Zhang）、任广朋、朱莹莹（Dr. Yingying Zhu）、肖洒、毛春兰、赵序茅、苟小平（Dr. Xiaoping Gou）、冯虎元（Huyuan Feng）、杨浩、张文华、刘永俊、张华、毕玉蓉、王晓敏。

6. 北京师范大学生命科学学院

（1）简介

北京师范大学生命科学学院的前身是创办于1904年的京师大学堂博物系，1923年更名为生物学系，是我国高等学校中最早建立的生物系之一，1998年扩展为北京师范大学生命科学学院。经过汪堃仁、孙儒泳、郑光美、薛绍白、王永潮、柳惠图和徐汝梅等一批国内外知名学者几十年的严谨治学和艰苦创业，以及一大批中青年学者的奋发努力，学院软、硬件办学条件显著提升，教育与科研业绩显著，事业发展蓬勃。

学院历经百余年的发展与壮大，建立了科学研究和高层次人才培养的卓越地位，已成为我国生命科学科技创新和高层次人才培养的重要基地之一。学院为国家理科基础科学研究与教学人才培养基地、国家生命科学与技术人才培养基地、国家基础学科拔尖学生培养试验计划单位，以及"211"工程和"985"项目重点建设单位。

学院学科建设的组织机构为"四所五系制"，即学院设有生态学研究所、遗传与发育生物学研究所、细胞生物学研究所和生物化学与生物技术研究所。依托四大学科群的学术力量，构筑四大教学与科研创新平台与团队。学院的教学机构为生态科学系、遗传与发育生物学系、细胞生物学系、生物化学与生物技术系、生物学教育系。作为首批生物科学一级学科博士学位授予权单位，学院拥有生物学和生态学2个一级学科及其博士后科研流动站。其中，生态学和细胞生物学被列为国家重点学科，生物学被列为北京市一级重点学科，生物化学与分子生物学被列为北京市重点学科，发育生物学被列为校级重点学科。学院现有生物多样性与生态工程教育部重点实验室、细胞增殖及调控生物学教育部重点实验室、抗性基因资源与分子发育北京市重点实验室、基因工程药物及生物技术北京市重点实验室、生态服务产业规划与设计北京高等学校工程研究中心、高等学校蛋白质组学研究院和北京师范大学医学研究院以及8个校级重点实验室与7个专门性研究中心等科技创新及高层次人才培养机构。

学院师资队伍力量精良，拥有一批高水平的教师队伍，其中，中国科学院院士2人、长江学者特聘教授1人、国家杰出青年科学基金获得者5人、国家"百千万人才工程"入选者3人、跨世纪与新世纪优秀人才支持计划8人、国家级教学名师1人、北京市教学名师4人、北京市优秀教师3人、聘任国内外兼职教授40余人，构成了一支学科结构合理、梯队结构优化、学术氛围和谐、创新性强、团结相融的师资队伍。

（2）硕士、博士情况

生态学学科拥有生物多样性与生态工程教育部重点实验室、生态学博士后科研流动站（2012年），2010年被ESI评估为国际环境/生态学领域前1%研究机构，2011年被中华全国总工会授予"全国工人先锋号"荣誉称号。现有教授19人、副教授9人，其中，中国科学院院士2人、长江学者特聘教授1人、国家杰出青年科学基金获得者1人、国家"百千万人才工程"入选者1人、教育部新（跨）世纪人才3人、国家级教学名师奖获得者1人、北京市教学名师奖获得者1人。

7. 复旦大学生命科学学院

（1）简介

复旦大学生命科学学院由中国遗传学奠基人谈家桢教授于1986年创立，是我国最早在大学中成立的生命科学学院，其前身为1926年成立的复旦大学生物学系，是国家生物学基础科研和教学人才培养基地，也是国家生命科学和生物技术人才培养基地。谈家桢教授任生命科学学院的首任院长，后任的院长分别为苏德明、李育阳、毛裕民、金力、马红，现任执行院长为林鑫华教授。

复旦大学生命科学学院由平行的3个组织结构组成：重点实验室、系和研究所（中心）。学院拥有遗传工程国家重点实验室、长江河口湿地生态系统国家野外科学观测研究站和生物多样性与生态工程学、现代人类学2个教育部重点实验室，以及基因技术教育部工程研究中心、上海市工业菌株工程技术中心。学院拥有遗传学和遗传工程系、生态与进化生物学系、生物化学与生物物理学系、微生物学和免疫学系、生理学和神经生物学系、计算生物学系、人类遗传学与人类学系、细胞和发育生物学系。学院拥有遗传学研究所、植物科学研究所、生物多样性科学研究所、生物统计研究所、进化生物学研究中心、发育生物学研究所，以及实验教学中心、生物技术中心。

学院有生物科学、生物技术和生态学3个本科专业。生物学和生态学2个一级学科博士点，生物学一级学科下设9个二级学科博士点，分别为遗传学、发育生物学、生物物理学、植物学、微生物学、生物化学和分子生物学、神经生物学、人类生物学、生物信息学，学院拥有生物学、生态学2个博士后流动站。

学院的遗传学、生态学为国家重点学科，生物物理学为上海市重点学科，遗传学科被列为教育部"211工程"建设重点学科、复旦大学"985"工程"重中之重"建设学科。在历次一级学科评估中，学院的生物学、生态学学科均在国内高校中名列前茅。近期，生物学和生态学被国家列为复旦大学"双一流"重点建设学科。

学院现有教职员工216人，现有教授及研究员84人、副教授及副研究员57人，包括中科院院士2人、国家杰出青年科学基金获得者15人、"973"计划和重点研发计划首席科学家17人，拥有国家基金委创新群体3个、国家优秀青年人才计划入选者35人。3人荣获全国"五一"劳动奖章。国家教学名师1人，上海市教学名师2人。

（2）硕士、博士情况

学院现有学生约1460人，其中本科生450人，研究生1010人。学院秉持"宽口径、强基础、重能力、求创新"的教育理念，让学生逐步由被动的知识接受者向积极的知识发现者转变，利用拔尖计划、强基计划、卓博计划等多种形式为学生发展提供有力支撑。学院学生在各项大赛中斩获佳绩，先后5次获得全国大学生挑战杯特等奖、一等奖，多次获得全国大学生生命科学竞赛和创新创业大赛特等奖、一等奖，并在国际基因工程机器大赛（iGEM）中多次获得金奖和单项奖，7人的论文获得全国百篇优秀论文荣誉称号。在全国人才基地建设的2次评估中均被评为优秀理科人才培养基地。

8. 华东师范大学生态与环境科学学院

（1）简介

华东师范大学生态与环境科学学院成立于2014年，其前身为环境科学系，创办于1986年，是在环境科学研究所（创建于1978年）的基础上组建而成的。现有教职工132人，其中专任教师66人、技术支撑人员12人、党政及教辅人员10人、专职科研人员17人，博士后27人。在读本科生266人，研究生472人（硕士生336人、博士生136人）。

学院拥有一级学科博士点2个（生态学、环境科学与工程）、博士后流动站2个（生态学、环境科学与工程）、本科专业3个（生态学、环境科学、环境生态工程）。学科发展效果显著，其中生态学科是上海市重点学科、国家重点学科，2017年教育部指定建设一流学科，生态学、环境科学与工程均入选上海市高峰学科（Ⅳ类），环境科学与生态学进入ESI全球排名前0.3%，环境科学专业、生态学专业分别在2019年、2020年获批国家级一流专业建设。

学院建设有浙江天童森林生态系统国家野外科学观测研究站、上海市城市化生态过程与生态恢复重点实验室两个重点研究基地，上海有机固废生物转化工程技术研究中心和上海市教委实验教学示范中心（生态与环境实验教学中心），共建原国土资源部大都市区生态空间修复工程技术创新中心、上海城市困难立地绿化工程技术研究中心、长江口三角洲河口湿地生态系统教育部/上海市野外科学观测研究站、普陀山森林生态系统定位观测研究站。经过30多年的建设，学院形成了以学科相融合为特色的生态—环境—工程学科群。

学院秉持"卓越育人、生态文明、绿色发展"使命，以立德树人为根本，积极推进课程思政改革，通过课程教学、社会实践、价值引领等方式，创新人才培养模式，培养了一大批生态环境领域的高层次复合型人才。

（2）硕士、博士情况

2018年5月官网资料显示，学院拥有一级学科博士点2个、博士后流动站2个。生态学为国家重点学科（2002）、上海市一流学科（A类，2012）、"211工程"

和"985工程"重点建设学科，在第三届全国学科评估中并列第三，全球ESI学科排名前1%（2012年5月ESI更新数据）。"环境生态学"学科排名稳定在ESI全球排名前1%。

博士后科研流动站（2个）：生态学、环境科学与工程。

一级学科博士点（2个）：生态学、环境科学与工程。

一级学科硕士点（2个）：生态学、环境科学与工程。

专业学位授权领域（1个）：工程硕士（环境工程）。

9. 南京大学生命科学学院

（1）简介

南京大学生命科学学院起源于1914年成立的金陵大学农科系和秉志先生于1921年创立的南京高等师范学校（国立东南大学）生物系，1992年正式成立，是我国大学中的第一个生物系，也是国内历史最悠久的生命科学研究与教学机构之一。百年来，学院秉承实事求是的科学精神、严谨求实的学术作风、勤奋进取的治学传统，为国家培养了大批杰出人才，60多位两院院士曾在此学习和工作。

学院下设生物系、生化系、生态系、生理学系、生物技术与药学系5个系，拥有生物学国家理科基础科学研究和教学人才培养基地、国家生命科学与技术人才培养基地和国家级生命科学实验教学示范中心3个国家级人才培养平台，医药生物技术国家重点实验室和国家遗传工程小鼠资源库2个国家级科研平台，以及模式动物与疾病研究教育部重点实验室、蛋白质与多肽新药教育部工程研究中心、江苏省小核糖核酸工程技术研究中心和教育部批复成立的南京大学生物技术研究所。

学院拥有一支高素质的师资队伍，现有教授（研究员）53人，副教授47人，长江学者奖励计划特聘教授8人、国家杰出青年科学基金获得者11人、万人计划领军人才2人、"国家级青年人才计划"入选者4人、"国家优秀青年基金"获得者7人、"教育部跨/新世纪人才"19人、江苏特聘教授1人、国家自然科学基金委创新研究群体1个，"教育部长江学者和创新团队发展计划"创新团队2个。

在学科建设方面，学院覆盖生物学、生态学、药学3个一级学科，目前在分子生物学和遗传学、免疫学、农业科学、神经科学与行为学、生物学和生物化学、药理学与毒理学、植物与动物科学、环境与生态学8个学科全球排名前1%（ESI学科排名）。生物学是国家一级重点学科，并入选国家"双一流"建设学科。生态学、药学是省级重点学科，并且生态学入选江苏省优势学科三期项目。在第四轮学科评估中，生物学被评为A，生态学被评为A-。

学院现拥有生物学、生态学、药学3个一级学科博士点；植物学、动物学、生理学、生物化学与分子生物学、生态学、药理学、药剂学、药物化学、微生物与生化药学、生物与医药（专业学位硕士）10个硕士专业；生物科学、生物技术、生态学3个本科专业。

（2）硕士、博士情况

在研究生培养方面，积极推进"四三三"博士研究生培养模式和"二三三"硕士研究生培养模式改革，落实招生入口优化、过程严格把关、毕业出口弹性设计的三个环节质量控制，完善质量保障与监督体系，推进了我院研究生培养水平的提升。目前，学院拥有博士生导师64人、硕士生导师38人。2020年院在校博士研究生335人、全日制学术硕士研究生365人、全日制工程硕士164人、在职工程硕士18人，研究生培养质量及科研水平逐年提升。

10. 云南大学生态学与环境学院

（1）简介

生态学与环境学院是云南大学国家"双一流"建设中"生态学与地球环境学科群"主要承担单位，作为教育部认定的国际一流建设学科，云南大学早在1956年就开始培养生态学研究生，1989年就获得博士学位授权点，2002年入选国家重点学科，2012年全国学科评估中名列第二（并列），2017年全国学科评估进入A类学科。目前，学院有生态学、环境科学与工程2个本科专业，为国家特色专业和云南省重点专业；拥有生态学一级学科博士（硕士）学位授权点（2012）和生态学博士后科研流动站（2013），形成了"学士—硕士—博士—博士后"完整的人才培养体系。

云南大学的生态学科发轫于1937年，当年世界著名数学家、教育家熊庆来教授担任云南大学校长后，认为云南生物资源、生态环境优势独特，开展生物、生态学研究占有地利优势且学术影响甚大，在1938年成立了生物系，生态学作为一个重要内容融于生物学各方面的工作中。此时正值抗日战争，国内生物学界一批精英荟萃在云南大学，在生物资源调查、植物和动物分类与系统学研究、植物群落分类与分布规律及生物多样性多个领域取得了重要成果。尤其是20世纪50年代以来，国际公认的法瑞地植物学派国内主要代表人之一的朱彦丞教授，英美植物生态学学派国内重要代表人之一的曲仲湘教授和一批苏联学者来到云南大学开展研究，汇集国际三大生态学派，生态学蓬勃发展，成为我国生态学高等学校师资和人才培养的重要核心。1997年，生物学和化学结合组建了生命科学与化学学院；2002年4月，生物学科又重组为生命科学学院；2014年，生命科学学院把从事生态与环境研究的师资队伍进行调整，经整合组建了生态学与环境学院。

生态学与环境学院是以生态学为优势学科、支持和驱动环境学科发展、特色显著的学院。生态学经过70多年的积累和持续建设，在国内外具有重要的学术影响，特别是20世纪90年代，生态学作为省级重点学科和国家"211工程"的重点学科得到了持续建设和发展，"十五""十一五"连续入选为国家级重点学科，成为本学科领域在西南地区唯一的国家级重点学科。早在1956年就开始招收生态学研究生，1986年获得生态学硕士授权单位，1989年获得博士授权点。云南大学以此为基础于2002年获得植物学、微生物学博士点，2004年获得生物学一级学科博士点。作为全国四家发起单位之一，经过10多年的积极倡议和行动终于在2011年使国家将生态学调整为一级学科，支撑了国家生态文明发展战略。

全院现有在职教职工116人，退休19人；其中在职教师正高37人、副高45人，生态学博士生导师44人，硕士生导师89人。拥有博士学位、主持国家级科研项目和海外学习经历的教师比例占90％以上，有国务院学位委员会学科评议组成员、国家万人计划教学名师、国家级教学名师、云岭学者1人；国家杰出青年科学基金获得者、国家新世纪百千万人才、中科院百人计划获得者、云岭学者

1人；省创新团队1支、省教学团队1支。学院主持有国家重大科技水专项、国家重点研发计划课题、国家自然科学基金—云南省联合重点项目等一系列科研课题；主持国家级专业综合改革试点项目1个、国家精品课程2门、国家级精品资源共享课程1门、国家级精品视频公开课1门。学院与国内外多所著名高校和国际组织保持着良好的合作交流关系，有云南省高原山地生态与退化环境修复重点实验室、云南省生态文明建设智库、云南省生态文明建设与可持续发展研究基地、云南省高校高原山地生态与资源环境重点实验室等科研平台，还联合共建国家重点实验室培育基地2个，建设有联合国教科文组织生态技术教席点、中加高原湖泊研究中心、云南省高原湖泊及流域生态修复国际联合研究中心等国际合作研究与人才培养平台。

学院以人才培养为中心，以学科建设为重点，以争取重大项目为突破口，以优化重组资源为手段，以激活资源、优化机制、驱动创新为工作内容，着力推进创新型学院、活力型学院、和谐型学院的建设与发展，科学研究、人才培养、社会服务各方面显示出强劲的发展势头。

（2）硕士、博士情况

学院拥有1个一级学科博士（硕士）学位授权点、1个博士后科研流动站。国家重点学科1个、云南省级重点学科1个。

博士后科研流动站：生态学。

一级学科硕士学位授权点：生态学。

一级学科博士硕士学位授权点：生态学。

国家重点学科：生态学。

云南省级重点学科：生态学。

1. 学校所在与基础建设

1.1 高等教育机构类型请选以下选项之一

（ ）［1］综合

（ ）［2］专门高等教育机构

1.2 请选择最适合形容学校所在地区的气候类型

（ ）［1］热带潮湿

（ ）［2］热带干湿

（ ）［3］半干燥

（ ）［4］干燥

（ ）［5］地中海型

（ ）［6］湿润亚热带

（ ）［7］海洋西岸

（ ）［8］湿润大陆性

（ ）［9］次北极

1.3 校区个数（请提供校区数量）

1.4 校园所在请选以下选项之一

（ ）［1］偏僻

（ ）［2］郊区

（ ）［3］都市

（ ）［4］在市中心

（ ）［5］高楼大厦

1.5 主要校园面积（请提供面积数字，单位为m²）

1.6 主要校区所有建筑物总占地面积（300分）（请提供面积数字，单位为m²）

1.7 主要校区建筑物总面积（请提供面积数字，单位为m²）

1.8 开放空间占总面积百分比（300分）

（　）［1］<1%

（　）［2］1%～70%

（　）［3］70%～85%

（　）［4］85%～92%

（　）［5］>92%

1.9　校园内森林总面积百分比（200分）（以m²为单位提供总面积）

（　）［1］<1%（总面积）

（　）［2］1%～2%（总面积）

（　）［3］2%～9%（总面积）

（　）［4］9%～22%（总面积）

（　）［5］>22%（总面积）

1.10　校园内植栽面积总百分比（200分）（栽植植物包括草坪、花园、绿屋顶、内部种植等，提供总面积，单位为m²）

（　）［1］<1%（总面积）

（　）［2］1%～9%（总面积）

（　）［3］9%～19%（总面积）

（　）［4］19%～34%（总面积）

（　）［5］>34%（总面积）

1.11　校园内除森林与植栽外，校园内透水（吸水）地表总百分比（200分）（提供总面积，单位为m²）

（　）［1］<1%（总面积）

（　）［2］1%～2%（总面积）

（　）［3］2%～14%（总面积）

（　）［4］14%～29%（总面积）

（　）［5］>29%（总面积）

1.12　一般学生总数（包含全职学生与在职专班）（请提供学生数量）

1.13　在线授课学生总人数（包含全职学生与在职专班）（请提供学生数量）

1.14 教师与行政人员总数（请提供人数）

1.15 总开放空间面积除以校园总人数（300分）

( ) ［1］<1 m^2

( ) ［2］1～3 m^2

( ) ［3］3～27 m^2

( ) ［4］27～83 m^2

( ) ［5］>83 m^2

1.16 大学年度总预算（请提供数字，以美元计价）

1.17 用于环境可持续发展的预算总额（请提供数字，以美元计价）

1.18 环境可持续发展预算占大学年度总预算之百分比（200分）

( ) ［1］<1%

( ) ［2］1%～3%

( ) ［3］3%～5%

( ) ［4］5%～10%

( ) ［5］>10%

2. 能源与气候改变

2.1 节能设备的使用（200分）请选以下选项之一

( ) ［1］<1%

( ) ［2］1%～25%

( ) ［3］25%～50%

( ) ［4］50%～75%

( ) ［5］>75%

2.2 主校区智慧建筑总面积（请提供面积数字，单位为m^2）

2.3 智慧建筑的执行落实情况（300分）

( ) ［1］<1%

( ) ［2］1%～25%

（　）［3］25％～50％

（　）［4］50％～75％

（　）［5］>75％

2.4　校园内可再生能源来源数量（300分）

（　）［1］0

（　）［2］1个来源

（　）［3］2个来源

（　）［4］3个来源

（　）［5］>3个来源

2.5　每年在校园内生产再生能源

（　）［1］无

（　）［2］生物柴油（请提供千瓦之数目）

（　）［3］生质能源（请提供千瓦之数目）

（　）［4］太阳能（请提供千瓦之数目）

（　）［5］地热（请提供千瓦之数目）

（　）［6］风力发电（请提供千瓦之数目）

（　）［7］水力发电（请提供千瓦之数目）

（　）［8］热电联产（请提供千瓦之数目）

2.6　每年用电量（请提供总量，以kW·h为单位）

2.7　总用电量除以校园总人口（每人每kW·h）（300分）

（　）［1］>2 424 kW·h

（　）［2］1 535～2 424 kW·h

（　）［3］633～1 535 kW·h

（　）［4］279～633 kW·h

（　）［5］<279 kW·h

2.8　再生能源生产占年总用电量百分比（200分）

（　）［1］<1％

（　　）［2］1%～25%

（　　）［3］25%～50%

（　　）［4］50%～75%

（　　）［5］>75%

2.9　整体建筑结构或整建装潢采用绿色建筑元素的政策执行（300分）

（　　）［1］没有

（　　）［2］1个元素

（　　）［3］2个元素

（　　）［4］3个元素

（　　）［5］>3个元素

2.10　降低温室气体排放政策（200分）

请从以下的选项中选择一个反映你的大学在降低温室气体排放的政策执行状态

（　　）［1］没有相关政策（如果校园尚未执行任何相关政策，请选择此选项）

（　　）［2］政策规划中（如可行性研究和推广）

（　　）［3］计划旨在减少大学污染来源的直接排放，包括大学车队和车辆废气的排放

（　　）［4］计划旨在减少购买电力的间接排放

（　　）［5］计划旨在减少因大学运作而发生的所有其他来源的间接排放，但这些排放并非来自大学来源（如员工通勤、出差和纸张消耗）

2.11　总碳足迹除以校园总人口（t/人）

2.12　请提供总碳足迹（过去12个月的二氧化碳排放量，以t表示）（300分）

（　　）［1］>2.05 t

（　　）［2］1.11～2.05 t

（　　）［3］0.42～1.11 t

（　　）［4］0.10～0.42 t

（　　）［5］<0.10 t

3. 废弃物

3.1 大学废弃物回收计划（300分）

请从以下的选项选一个反映当前你的大学鼓励员工与学生回收废弃物努力情形的状态

（　）［1］没有

（　）［2］部分（1%～25%废弃物）

（　）［3］部分（25%～50%废弃物）

（　）［4］部分（50%～75%废弃物）

（　）［5］广泛（>75%的废弃物）

3.2 纸类与塑料减量的计划（300分）

请从以下的选项中选一个反映当前你的大学鼓励员工与学生回收废弃物努力情形的状态（双面打印政策方案、使用杯子、使用环保袋、有需要才打印）

（　）［1］不适用

（　）［2］1个计划

（　）［3］2个计划

（　）［4］3个计划

（　）［5］>3个计划

3.3 有机废弃物处理（300分）

请选最能描述你的大学里有机废弃物整体处理的选项

（　）［1］开放倾倒

（　）［2］部分（1%～25%处理）

（　）［3］部分（25%～50%处理）

（　）［4］部分（50%～75%处理）

（　）［5］广泛（>75%处理和回收）

3.4 无机废弃物处理（300分）

请描述在你的大学里无机废弃物（废物、垃圾、废纸、塑料、金属等）处理的

方法

（　）［1］露天焚烧

（　）［2］部分（1%～25%处理）

（　）［3］部分（25%～50%处理）

（　）［4］部分（50%～75%处理）

（　）［5］广泛（>75%处理和回收）

3.5　有毒废弃物回收处理（300分）

请选择一个选项，反映当前你的大学废弃物处理情形的状态

（　）［1］没有被处理

（　）［2］部分（1%～25%处理）

（　）［3］部分（25%～50%处理）

（　）［4］部分（50%～75%处理）

（　）［5］广泛（>75%处理和回收）

3.6　污水处置（300分）

请描述在你的大学对于污水处理的主要方法。请选最能描述你的大学对于污水处置的整体处理选项

（　）［1］未经处理进入水道

（　）［2］按传统模式处理

（　）［3］技术化处理

（　）［4］降级处理

（　）［5］升级处理

4. 水

4.1　水资源保护计划（300分）

（　）［1］无（需要保护计划，但尚未规划）

（　）［2］1%～25%：准备计划（如可行性研究和推广）

（　）［3］25%～50%：初期实施（如潜在地表径流量的测量）

（　　）［4］50％～75％的水保存

（　　）［5］>75％的水保存

4.2　水再生利用计划（300分）

（　　）［1］无（需要水回收计划，但尚未规划）

（　　）［2］1％～25％：准备计划（如可行性研究和推广）

（　　）［3］25％～50％：初期实施（如废水测量）

（　　）［4］50％～75％的水循环使用

（　　）［5］>75％的水循环使用

4.3　节水器的利用（200分）（水龙头、冲水扭）

（　　）［1］无（需要节水设备，但尚未规划）

（　　）［2］1％～25％：准备计划（如可行性研究和推广）

（　　）［3］25％～50％安装了节水设备

（　　）［4］50％～75％安装了节水设备

（　　）［5］>75％安装了节水设备

4.4　处理过（污水）水资源利用情形（200分）

（　　）［1］没有

（　　）［2］消耗1％～25％处理后的水资源

（　　）［3］消耗25％～50％处理后的水资源

（　　）［4］消耗50％～75％处理后的水资源

（　　）［5］消耗>75％处理后的水资源

5. 运输

5.1　实际使用与管理汽车总数

5.2　每日进入校园的汽车总数

平均每日进入校园的汽车数目（含节假日）。

5.3　每日进入校园的摩托车总数

平均每日进入校园的摩托车数目（含节假日）。

5.4 车辆总数（汽车和摩托车）除以校园总人口的比例（200分）

（ ）［1］1∶1（1人使用一辆车）

（ ）［2］1∶2（2人使用一辆车）

（ ）［3］1∶3～1∶8（3～8人使用一辆车）

（ ）［4］1∶9～1∶22（9～22人使用一辆车）

（ ）［5］>1∶22（超过22人使用一辆车）

5.5 班车接驳服务（300分）

（ ）［1］有能力提供班车服务但不提供

（ ）［2］提供班车服务

（ ）［3］提供班车服务，而且是定期提供

（ ）［4］提供班车服务，而且是定期免费提供

（ ）［5］提供班车服务，定期、免费和"零碳"排放。或是校园内无法使用接驳车

5.6 校园巴士数量

5.7 接驳车的平均乘客人数

5.8 接驳车每天的班数

5.9 校园"零排放"车辆（ZEV）政策（200分）

（ ）［1］"零排放"车辆不可用

（ ）［2］"零排放"车辆的使用是不可能或不实际的

（ ）［3］"零排放"车辆可供使用，但不是由大学提供

（ ）［4］"零排放"车辆可供使用，由大学提供并收取费用

（ ）［5］由大学提供"零排放"车辆且免费使用

5.10 校园每天"零排放"车辆的平均数量（如自行车、独木舟、滑雪板、电动车等）

5.11 "零排放"车辆（ZEV）除以校园总人口的比例

（ ）［1］>1∶500（超过500人的一个ZEV）

（ ）［2］1∶251～1∶500（251～500人一个ZEV）

（　）［3］1：126～1：250（一个ZEV适用于126～250人）

（　）［4］1：51～1：125（一个ZEV适用于51～125人）

（　）［5］<1：51

5.12　停车场总面积（m²）（200分）

5.13　停车区域与校园总面积比例（200分）

（　）［1］>8%

（　）［2］6%～8%

（　）［3］4%～6%

（　）［4］1%～4%

（　）［5］<1%

5.14　近3年校园限制或减少停车位的计划（200分）（2015—2017年）

（　）［1］没有计划

（　）［2］计划准备中（如可行性的研究及推广）

（　）［3］计划减少10%的停车位

（　）［4］计划减少10%～30%的停车位

（　）［5］计划减少超过30%的停车位或校区内不允许停车

5.15　减少校园私家车的交通措施（200分）

（提高停车费、共享汽车、地铁/电车/公交车站在校园内设立运行）

（　）［1］没有相关措施

（　）［2］1项措施

（　）［3］2项措施

（　）［4］3项措施

（　）［5］>3项措施

5.16　校园的人行道政策（300分）

（　）［1］人行道不适用于校园

（　）［2］有人行道

（　）［3］提供人行道，并设计安全

（　　）［4］提供人行道，设计安全、方便

（　　）［5］提供人行道，设计安全、方便，且设置无障碍设施

5.17　校园内车辆的每日行驶距离（请提供距离，以km为单位）

6. 教育

6.1　有关环境与可持续发展课程的开授数目

你的大学开设有关环境与可持续发展课程的数量。课程数量要根据学校自身的特色来确定，只要课程包含环境与可持续发展的元素就可以视作是环境与可持续发展课程。

6.2　开授课程的总数

你的大学一学年提供的所有课程的总数。此信息会用来计算你的大学针对环境及可持续发展教育的教学活动比例。

6.3　可持续发展相关课程与总课程/科目的百分比（300分）

（　　）［1］<1%

（　　）［2］1%～3%

（　　）［3］3%～8%

（　　）［4］8%～17%

（　　）［5］>17%

6.4　致力于环境与可持续发展研究的总补助金额（美元）对过去每年环境与可持续发展方面研究的平均资助

6.5　研究补助总金额（美元）对过去1年研究的补助

6.6　可持续发展研究

研究补助与研究补助总经费的百分比（300分）

（　　）［1］<1%

（　　）［2］1%～7%

（　　）［3］7%～14%

（　　）［4］14%～30%

（　）［5］>30％

6.7　环境与可持续发展方面学术成果发表数目（300分）

过去1年里平均每年环境与可持续发展方面学术性刊物的发表数目

（　）［1］无

（　）［2］1～20

（　）［3］21～83

（　）［4］83～300

（　）［5］>300

6.8　有关环境与可持续发展的学术活动（300分）

你的大学承办或组织有关环境与可持续发展相关的学术活动的数目（过去每年平均）

（　）［1］无

（　）［2］1～4

（　）［3］5～17

（　）［4］18～47

（　）［5］>47

6.9　有关环境与可持续发展议题的学生组织社团（300分）

（　）［1］无

（　）［2］1～2

（　）［3］3～4

（　）［4］5～10

（　）［5］>10

6.10　是否有与可持续发展议题相关的网站（200分）

（　）［1］没有

（　）［2］正在运作或正在建设中

（　）［3］有，可运作

（　）［4］有，可运作，偶尔更新

（　）［5］有，可运作，定期更新

6.11　如有与可持续发展议题相关的网站，请提供

6.12　已出版/公开的建构可持续发展报告（100分）

（　）［1］没有

（　）［2］可持续发展报告正在准备中

（　）［3］已有可持续发展报告

（　）［4］已有可持续发展报告且每年更新

（　）［5］已有可持续发展报告，可供使用且每年更新

注意：其他信息请参考准则手册。

附录6 国内部分绿色大学评价标准

1.《广西壮族自治区"绿色大学"评选管理办法》（2007年开始试行）

第一条　为了认真落实党和国家关于"以德治国"的重要指示精神，树立大学生良好的环境道德观念和行为规范，大力推进素质教育和社会主义精神文明建设，根据《全国环境宣传教育行动纲要》有关创建"绿色大学"活动的要求，特制定本办法。

第二条　自治区党委宣传部、自治区环境保护局、自治区教育厅每两年联合表彰一批在创建活动中成绩优秀的自治区级"绿色大学"。

第三条　评选的基本条件

（1）大学领导重视环境保护工作，把环境教育列为大学重要议事日程。大学成立校长亲自牵头，由各方代表参加的环境教育领导小组。环境教育领导小组负责制定大学环境教育规划、计划和活动主题，并组织实施，指导师生开展各类环境教育活动。

（2）通过课堂教学、课外活动以及规范的管理，使学生切实掌握各科教材中有关环境保护的内容，培养大学生自觉关心环境、爱护环境的良好品行。学校主管领导、任课老师定期接受环保培训，积极开展环境教学研究，提高环境教育水平。

（3）根据环境教育计划和活动主题，积极组织大学生参与校内外环境保护活动，学校成立环境保护团体或环保组织（小组），全年参加活动人数应占学校总人数的80％以上。

（4）师生具有较高的环境意识和良好的环境道德行为。学校环境清洁优美，可绿化面积都得到绿化，校内所有污染源得到控制和治理，无违反环境保护法律法规行为。节水、节电，再生资源得到回收和利用。

（5）绿色大学评估总分为100分，自查分在90分以上可申报评选命名。

第四条　自治区党委宣传部、自治区环境保护局、自治区教育厅联合组成"绿色大学"评选表彰领导小组，负责评选命名活动的指导、协调和评审工作。领导小组下设办公室（设在自治区环境保护宣传教育中心），负责日常工作，主要包括负责组织全区"绿色大学"创建工作的培训、总结、交流、考察、日常创建指导工作等活动。各地推荐"绿色大学"的截止日期为评选年的5月30日。

第五条　凡申报自治区命名的大学，须向所在地的市（地）委宣传部、教育、环境保护行政主管部门提出申请。

第六条　各市（地）党委宣传部及环境保护、教育行政主管部门共同负责按照本办法第三条对申报的大学进行审核，并提出推荐意见，填写推荐表，报自治区评选领导小组办公室。

第七条　自治区"绿色大学"评选表彰领导小组办公室汇总各市的推荐意见，对推荐的大学进行复审，合格后报评选领导小组审定。经领导小组审定的"绿色大学"，由自治区党委宣传部、自治区环境保护局、自治区教育厅联合发文命名，授予牌匾，其中的优秀院校将被推荐参加国家级"绿色大学"评比。

自治区"绿色大学"评选表彰领导小组办公室每三年对获得自治区级"绿色大学"称号的单位进行复查，符合条件的，保留称号，不符合条件的，取消称号。

2.《广西壮族自治区"绿色大学"评估标准》（2004年6月15日）

绿色大学的含义：用环境保护和可持续发展的理念，全面实施于大学的管理、教学、科研和建设的整体过程。

所谓"绿色大学"就是一种将可持续发展和环境保护的原则及指导思想落实到大学的各项活动中，融入大学教学全过程的新颖高等院校。其主要包括以下三个层次的含义。

用"绿色教育"思想培养人才。大量培养社会上的环境保护和实施可持续发展战略的骨干和核心人才。"绿色教育"的形式是多样化的，有专题讲座、学科渗透、社会实践及考察、环境意识普及活动等，而最根本的是将基础的环境教育课程列为必修的公共课。

用"绿色科技"意识开展科学研究。将可持续发展和环境保护的意识贯穿到科学研究工作的各个方面和全过程，使科技工作的追求目标从单一目标（经济效益）过渡到双重目标（环境效益与经济效益）。

用"绿色校园"示范工程熏陶人。提高校园绿化率和植物多样性，实施污水处理及日用工程，设置垃圾收集、回收和处理系统，加强校园污染的综合整治，建设环境优美、生态良性循环的"绿色校园"。

名称	总分	内容	分值	评分标准	自评分	复查得分
一、组织管理	20	1.遵守国家和地方制定的环保、节能、卫生等法律法规，积极改善学校的环境质量，有效预防和控制污染	6	新建、改建、扩建项目严格履行环境管理手续、自觉申报，有一处违规不得分		
		2.成立环境教育及创建活动领导小组，组长由学校主要领导担任，并落实有校领导专人负责该项工作	4	成立有领导小组，校主要领导任组长得3分，有专人负责得1分		
		3.有较完整的"绿色大学"创建活动工作计划、组织方案、思路和工作总结，制定有"绿色大学"的中长期规划，定期研究部署环境教育工作，把环境教育纳入学校的工作计划	4	有计划、措施和总结得2分；缺一项扣分；定期布置工作得1分，纳入工作计划得1分		
		4.学校主要领导院长（系主任）、骨干教师每年定期参加市级以上环境教育培训不少于2人	2	每少一人扣1分		

名称	总分	内容	分值	评分标准	自评分	复查得分
二、环境教育	25	5.学校有开展创建活动和环境教育的文件档案资料，每年至少订购5种关于环境的书籍、报刊及声像制品，环保读物和教学辅助材料等	4	有文件资料1分；环保读物每少一种扣1分		
		1.学校非环境专业要开设环保课程或环保讲座；师范院校要逐步把环保课列为必修课程或选修课程	8	开设环保课（讲座）得4分；开设环保选修课得8分		
		2.学校有健全的环境保护专题教育体系，定期举办环境教育讲座，以绿色活动小组为单位，组织学生开展环境专题讨论	6	环境教育讲座、讨论每学期两次以上得6分；一次得2分；没有得0分		
		3.在各主要学科中重视环境渗透教育，主学科要有环境渗透教育的计划、教案、教材和其他资料	6	每门学科教案有渗透教育内容得4分；有教材得2分		
		4.设立有相关的环境保护课题研究小组，正常开展以环境保护为主要内容的课题研究、讨论和实践活动	5	有研究小组得3分；开展活动得2分		

名称	总分	内容	分值	评分标准	自评分	复查得分
三、环境实践	20	1.围绕世界环境日、地球日、植树节等环保主题活动，结合学校实际，在学校和社会开展有环境保护特色的宣传教育活动。有活动、有创新、有发展	5	特色项目每年2次，有创新并有社会效果得5分；开展一次得2分；开展较好得3分；开展活动一般得1分		
		2.成立学校环保志愿者组织，自觉参与学校的环境规划、决策，维护学校的环境状况	2	成立组织得1分；参与活动得1分		
		3.组建或成立环保社团、组织或兴趣小组，定期开展各类环保社会实践、信息交流、专题讨论研究、讲座等活动	3	有2个以上环保活动组织或其他形式得2分；开展活动每学期少于2次，每次扣1分		
		4.积极参加各地、各级环保指导机构组织举办的各类环保科普宣传、实践活动	2	不参加活动该项无分		
		5.积极组织大学生参加各类环保社会实践活动，开展厂校、区校绿色文明共建活动，推动社区、企业环保各项工作的开展	3	学校的环保组织至少与2家单位共建并开展活动，少一家扣2分		

名称	总分	内容	分值	评分标准	自评分	复查得分
		6.通过墙报、板报、广播电视网络、电子信息网络、计算机网络、环保标语等进行环境保护宣传教育活动	3	有宣传专栏或专题得1分；有永久性环保宣传标语得2分，缺一项扣1分		
		7.学校自建生态环境实践教育园地或示范基地，或与自治区绿色环保教育基地联合开展环境教育实践活动	2	有基地得1分；开展活动得1分		
四、校园环境建设	20	1.以生物多样性标准开展校园绿化美化活动，校园可绿化面积要达到90%以上	3	少于90%该项得0分；绿化有特色得3分		
		2.学校建筑整体布局、式样选择趋于合理性，办公室、教室、图书室（馆）、实验室、宿舍等应洁净、明亮、整齐、经济	3	建筑布局合理得1分；办公、教学场所整洁得2分，差一项扣1分，直至扣完该项分		
		3.学校无卫生死角，设有垃圾分类回收箱（桶）。按要求进行垃圾分类并回收利用。食堂卫生、废弃物排放达标。厕所干净无恶臭味	3	卫生死角一处扣1分；厕所有恶臭味扣1分；无垃圾分类回收设施该项无分；师生不按要求分类扣1分		

名称	总分	内容	分值	评分标准	自评分	复查得分
		4.学校自身产生的污染能够得到有效控制。学校的废水、废气、固体废物等的排放必须符合国家规定的标准,严格控制校园环境噪声污染	6	排放不符合标准每发现一处扣1分		
		5.积极推广使用清洁能源、无磷洗涤用品,提倡绿色消费,不使用含氟化物的气雾剂型化妆用品、一次性不可降解的塑料、泡沫制品和其他浪费资源的一次性用品。积极开展校园节能、节电、节水活动,杜绝"长明灯""长流水"现象	5	发现使用不符合环保要求的用品酌情扣分;"长明灯""长流水"现象每发现一处扣1分,直至扣完该项分		
五、环境教育效果	15	1.学校师生的环境教育论文、科研成果、教案等发表和交流	4	教师有环境教育论文、环境教育教案的发表与交流,国家级公开发行的报刊有两篇以上得4分;省市级公开发行的报刊有两篇以上得3分;少一篇扣1分		
		2.环境教育成果获得表彰、奖励,包括论文、文艺作品、知识竞赛、调查报告、演讲征文、文艺表演等	4	参加各项活动评比获奖的每个项目得2分		

名称	总分	内容	分值	评分标准	自评分	复查得分
		3.不定期对师生进行环境意识、可持续发展意识、绿色消费意识等程度测试，养成良好的环境行为规范和环境道德	3	全校师生环境意识抽样合格率90%以上得3分；合格率60%以上得2分；合格率50%以下不得分。学生在校内不随地吐痰，不乱丢乱倒垃圾、不乱写乱画，不高声喧哗，不破坏绿地，发现违规一项扣1分		
		4.环境质量明显改善，所有污染达标排放	4	有一项不达标该项无分		
六、特色加分	10	1.学校获得国家级、自治区级和市级文明、绿化、环境教育等优先单位称号。环保课题研究或环保科研成果获国家或自治区三等奖以上	以实际计算，总分不超过10分	获得国家级先进单位每项得2分、自治区级得1分、市级得0.5分。项目获得国家级奖励加5分，获自治区级奖励加3分		
		2.教师、学生以环境为主题的论文、报道、调查报告、征文获全国、自治区二等奖以上的奖励		获全国奖励一等奖得3分，二等奖得2分；自治区奖励一等奖得2分，二等奖得1分		
		3.师生在各类环境活动中获得全国或自治区级奖励		每获奖一项加1分，但总分不得超过10分		

3.《新疆维吾尔自治区创建绿色大学活动方案》（2005年3月15日）

绿色大学是教育生态化在高等教育改革中的具体体现，它是全球环境保护与可持续发展对高等教育所提出的新要求，也是高校实施科教兴国和落实科学发展观的良好途径。通过绿色大学建设，将有益于社会"绿色意识"的形成，实现"绿色人才"的培养，同时，也常促进高等院校自身的持续发展。为了达到活动的最终目的，制定创建绿色大学活动方案如下。

一、指导思想

创建"绿色大学"必须坚持以"三个代表"重要思想为指针，以可持续发展为主题，以提高人居环境质量和社会文明水平为目的，立足学校长远发展来组织和实施学校当前的各项工作，保持学校持续发展的潜力。

二、创建意义

高校中的大学生是广大青少年中具有较高文化水平的一个群体，创办绿色大学，让大学生首先形成这种环境意识，成为环保社会风尚形成的榜样，影响社会的其他群体，逐步形成保护环境的社会风尚。

三、创建对象

新疆维吾尔自治区辖区内的各高等院校。

四、规划目标

根据国家进一步加大创建绿色学校工作力度的精神，自治区2005年力争3所以上高校创建成为自治区级绿色大学，到2010年自治区级绿色大学最少达到10所。

五、创建程序

绿色大学的创建为自治区一级命名，各地负责做好自治区级绿色大学的推荐工作，推荐必须采用自下而上的形式。

六、绿色大学的标准及考核要求

（一）绿色大学的标准

围绕组织管理、环境宣传、环境教育、公众参与、校园环境、教育成果、污染控制7个方面，37项要求来制定标准（详见新疆维吾尔自治区绿色大学评估标准）。

（二）绿色大学的考核要求

1.考核应提供以下相关材料：

（1）《新疆维吾尔自治区创建绿色大学申报表》并按规定填写，申报表中的自评报告限制在500字以内。

（2）上报创建绿色大学活动过程中的总结材料（在总结中应对暂未达标的项目提出推进计划和措施，并承诺整改时限）和有关活动的文字图片、影像（含VCD）资料等。活动总结限制在5 000字以内。

2.各院校要建立创建绿色大学档案。

3.自治区创建绿色学校活动领导小组收到申报表、评估标准自评分和创建绿色大学总结等材料后，适时组织相关人员按照新疆维吾尔自治区绿色大学评估标准要求逐项考核验收，评估标准共37项满分100分，评估验收分值达到90分以上（含90分），并将考核结果适时向社会公示后没有异议，将通过最终验收。评估验收组在验收过程中发现存在问题应及时反馈学校，校方应针对存在的问题提出整改方案提交评估验收组，在校方完成整改措施后再约请评估验收组重新复验。

4.自治区绿色大学考核指标由自治区创建绿色学校活动领导小组负责解释。

七、创建工作组织管理

创建绿色大学工作由自治区创建绿色学校活动领导小组负责，并组织相关人员对绿色大学进行考核验收，评估命名，最后由自治区教育厅和环保局联合下发文件公布审定通过的"绿色大学"名单，同时颁发"绿色大学"牌匾。

自2005年起自治区将不定期开展命名自治区级绿色大学活动，并每4年复验，复验合格继续保持荣誉，对工作退步，已不具备绿色大学标准的院校，将提出限期改进要求，整改不合格收回牌匾。

4. 新疆维吾尔自治区绿色大学评估标准（试行）（2011年6月16日）

序号	项目	评估标准	评估方式	分值
一	组织管理（12分）	1.把创建绿色大学纳入学校的发展规划和年度工作计划中	提供文件	2分
		2.有创建决定、创建计划，有校主管领导、专干等负责人分工负责的组织机构	提供文件	3分
		3.有创建绿色大学的经费保障	财务支出	2分
		4.平时有检查、督促措施，年终有总结	文字资料	2分
		5.创建绿色大学文件、计划、总结、论文、教案、活动方案、照片、录像等资料齐全	提供材料	3分
二	环境宣传（8分）	1.校园内有环境教育宣传栏	现场查看	2分
		2.校内广播有环保内容，阅览室有环境宣传书籍及环境报刊	现场查看	3分
		3.学校网站要有环保栏目，并及时更新内容	现场查看	1分
		4.每年在环保相关的纪念日举办环保主题宣传活动两次以上	影像资料	2分
三	环境教育（14分）	1.主管校长、部门领导、专干等积极参加市级以上环保培训	提供证明	1分
		2.校内每年组织对骨干师生有1～2次的环保讲座及培训	影像资料	2分
		3.在公共科目中设置以环保、可持续发展为内容的选修课程	查阅教案	4分
		4.在相关环保课程教学中有环境保护内容渗透教育，渗透内容正确、结合贴切、学生反映良好	查阅教案问卷调查	3分
		5.在学年相关科考试中有环境保护内容	查阅试卷	2分
		6.参加环保选修课的学生不低于全校学生总数的15%	提供资料	2分

序号	项目	评估标准	评估方式	分值
四	公众参与（20分）	1.学校有各科师生参加的环保志愿者组织	提供资料 问卷调查	3分
		2.环保社团组织健全、年度有计划、有活动、有记录，在校内和社会上有一定影响力	提供资料	3分
		3.积极参与环保公益性活动，向社会公众宣传环保法规常识	影像资料	3分
		4.与其他环保社团、绿色组织等有联系并进行信息交流等	提供资料	1分
		5.对校内、社会、政府在环境建设上有独到的建议并参与策划	提供资料	3分
		6.环保社团组织有自己的环保网页并有一定比例的点击率	现场查看	2分
		7."6·5"世界环境日有全校或环保社团组织参加的专题宣传活动，并有专题活动方案、活动记录，效果好	影像资料 提供资料	3分
		8.学生环保知识问卷抽测合格率为90%	问卷调查	2分
五	校园环境（14分）	1.经常组织师生开展净化校园、美化校园的活动	影像资料	2分
		2.学校食堂符合卫生标准，有严格的管理制度，课堂、宿舍卫生整洁，厕所干净、无臭味	现场查看	4分
		3.教师、学生具有绿色消费观念。使用环境友好产品，不用或少用对环境有污染、耗能高及一次性的用品	问卷调查	3分
		4.实施节水、节电、节能，垃圾分类、废物回收等措施，效果明显	现场查看	3分
		5.校园清洁优美，无乱丢、乱吐、乱写、乱画现象，校园内可绿化地均能得到绿化，无折枝毁木现象，可绿化面积绿化率达90%以上	现场查看	4分

序号	项目	评估标准	评估方式	分值
六	教育成果（5分）	1.师生以环保为主题的论文、征文、艺术作品等受市级以上表彰、奖励的	提供证书	3分
		2.学校、师生个人获市、区、县级以上环保相关部门奖励的	提供证书	2分
七	污染控制（27分）	1.自觉遵守环保法规，无违反环保法行为，参评年限内无环保部门行政处罚的	环保部门出具证明	10分
		2.校园内无对师生和周边居民产生危害的污染	走访居民	2分
		3.对正在使用的老设备及环保设施有计划积极更新改进，以保证设施的平稳运行	提供资料现场查看	3分
		4.锅炉房、食堂和三产项目等产生的水、气、声、渣等污染物达标排放	环保部门出具检测报告	3分
		5.危险品、危险废物、辐射、实验室废物等污染物管理符合国家规定	现场查看	3分
		6.校园内的建筑施工严格按照环保要求作业	现场查看	3分
		7.对污水合理处置，逐步实现循环利用	现场查看	3分

5. 新疆维吾尔自治区环境教育基地评估标准

名称	总分	内容	分值	评分标准	考核方式
一、行政管理	25分	1.有一个健全的环境教育基地领导小组，有单位主要领导专管	4	两项齐全得4分，缺一项扣2分	检查文件、档案和领导分工情况
		2.有一个比较完整的环境教育基地发展计划和工作思路	4	有计划得3分，内容完备得1分	检查计划

名称	总分	内容	分值	评分标准	考核方式
		3.有计划地安排领导、职工、讲解员等定期参加环保相关内容的培训	5	有培训计划及记录得2分，培训率达60%以上得3分，每下降20%扣1分	检查学习计划和会议记录，进行问卷调查（问卷另设）
		4.定期开展有关环境保护的学习、讨论和专题讲座等，全体员工具有较高的环境意识	4	有计划且开展过相关学习得2分，问卷调查及格率达80%以上得2分	检查学习计划和会议记录，进行问卷调查（问卷另设）
		5.主动与环保局、教委、团委、工会等部门建立工作联席制度，制订有环境教育基地年度计划	4	有制度、有计划得4分，缺一项扣2分	检查活动计划和记录
		6.设有来访者意见箱，认真对待群众意见，听取群众建议，及时反馈信息，不断改善基地形象	4	有意见（建议）簿、有反馈记录得4分，缺一项扣2分	检查意见簿及处理记录
二、基础建设	25分	1.基地规划有序、布局合理，与周围环境协调	5	基准分5分，布局不合理扣2分，不协调的扣2分，有特色的加1分	实地巡视
		2.基地环境整洁，绿化良好	5	发现一处卫生死角扣1分，绿化覆盖率未达30%的扣1分	实地巡视
		3.有固定的环境宣传教育示意图、标志牌和公益宣传广告，要求图、牌整洁完好，用字规范	5	图、牌缺一项扣2分，发现一处差错扣1分	实地巡视

名称	总分	内容	分值	评分标准	考核方式
		4.基地自身各种污染源得到有效控制，达标排放，严格遵守各项环保法律、法规	5	依照国家或地方有关法律、法规和标准	实地测量
		5.积极订购关于环境保护的书刊、影像资料，不定期地更新展品，优化、刷新布展内容	5	半年内不更新的扣2分，年订阅5种环保刊物以上得1分，有关环保藏书100册以上得2分	检查图书馆（资料），查看更新记录
三、宣传教育	25分	1.宣传教育设施齐全，有固定的展览和接待观众的场所，讲解员熟悉相关环保业务	5	场所具备得3分，讲解纯熟得2分	实地巡视
		2.场馆整洁，展品完好陈列	5	基准分4分，发现一处欠整洁或欠完好扣1分，展品陈列有特色加1分	实地巡视
		3.坚持常年开放，能认真组织接待社会各界人士和团体的参观、考察、访问活动，做好活动记录台账	5	对外正常开放，服务热情周到得3分	检查参观人数记录簿、意见簿
		4.教育活动经常化、制度化，能配合全年重大环保日开展有特色的宣传教育活动	5	每年配合环保节日开展活动加5分	检查活动记录
		5.有一套能反映基地功能流程等概况的文字和影像资料，向观众播放和分发录像、录音资料	5	有文字和影像资料得3分，有播放能力得2分	现场观看、收听

名称	总分	内容	分值	评分标准	考核方式
四、社会效益	25分	1.在本地区的环境信息咨询、教育培训、科普宣传、生态展览等方面发挥环境宣传教育功能，表现突出	5	有上级政府部门或环保部门颁发的奖状得5分	实地检查、检查证书
		2.在环境污染治理、生态环境保护、环境科普等方面起示范和推广作用，对本地区工作做出突出贡献	5	有上级政府部门或环保部门颁发的奖状得5分	实地检查、检查证书
		3.坚持把社会效益放在首位，将社会效益、环境效益和经济效益有机结合	5	有这方面的规章制度并认真实行得5分	检查参观记录
		4.对青少年和学校组织活动提供票价优惠政策	10	免票得10分，半价得5分，不优惠不得分	价目表

6. 大连市绿色大学评估标准（试行）

项目指标		评估标准	信息来源	满分100	
				自评分	评估分
组织管理（20分）	领导重视（8分）	1.把创建绿色大学纳入学校的发展规划和年度工作计划中（2分）	学校工作计划、总结记录		
		2.有创建决定、创建计划，有校主管领导、专干等负责人分工负责的组织机构（2分）			

项目指标	评估标准	信息来源	满分100	
			自评分	评估分
	3.有创建绿色大学的经费保障（2分）			
	4.平时有检查、督促措施，年终有总结（2分）			
资料齐全（4分）	5.创建绿色大学文件、计划、总结、论文、教案、活动方案、照片、录像等资料齐全（3分）	查阅资料		
	6.订阅《中国环境报》等环境报刊1种以上（1分）			
宣传教育（6分）	7.校园内有环境教育宣传栏（2分）	巡视校园、图书室、学生座谈		
	8.校内广播有环保内容，阅览室有环境宣传书籍（1分）			
	9.学校网站要有环保栏目，每年2次环保专题（1分）			
	10.每年植树节、爱鸟周、环境日等大型主题宣传活动2次以上（2分）			
环保培训（2分）	11.主管校长、部门领导、专干等积极参加市级以上环保培训（1分）	学校培训计划		
	12.校内每年对骨干师生有1～2次的环保培训（1分）			

项目指标		评估标准	信息来源	满分100	
				自评分	评估分
环境教育（12分）	课程设置（12分）	13.在公共科目中设置以环保、可持续发展为内容的选修课程（4分）	各科教学计划、教案、学生座谈		
		14.在相关环保课程教学中有环境保护内容渗透教育且结合自然贴切，学生反映良好（3分）			
		15.在学年相关科目考试中有环境保护内容（1分）			
		16.校内师生每年开展以环保为主题的网络讲座1次以上（2分）			
		17.参加环保选修课的学生不低于全校学生总数的15%（2分）			
课外活动（20分）	社团组织活动（17分）	18.学校有各科师生参加的环保志愿者组织，并有一定比例的师生参加市环保志愿者协会组织（5分）	查阅活动计划、活动记录		
		19.社团组织健全、年度有计划、有活动、有记录，在校内和社会上有一定影响力（3分）			
		20.积极参与环保公益性活动，向社会公众宣传环保法规常识（3分）			
		21.与其他环保社团、绿色组织等有联系并进行信息交流等（2分）			
		22.对校内、社会、政府在环境建设上有独到的建议并参与策划（3分）			
		23.环保社团组织有自己的环保网页并有一定比例的点击率（1分）			
	专题教育（3分）	24."6·5"世界环境日有全校或环保社团组织参加的教育专题宣传活动，并有专题活动方案、活动记录，效果好（3分）	活动方案、总结		

项目指标		评估标准	信息来源	满分100	
				自评分	评估分
教育效果（18分）	环境常识（2分）	25.学生问卷抽测合格率为100%（2分），90%（1分）	师生问卷测试		
	环境行为（11分）	26.师生净化校园，美化校园劳动参与率达90%以上（1分）	巡视校园、学生座谈、社会调查		
		27.师生参加市、区、社区等环保宣传、调研、监督等活动达50%以上（3分）			
		28.教师、学生具有绿色消费观念。使用环境友好产品，不用或少用对环境有污染、耗能高及一次性的用品（3分）			
		29.实施节水、节电、节能，垃圾分类、废物回收等措施，效果明显（4分）			
	教育成果（5分）	30.师生以环保为主题的论文、征文、艺术作品等受市级以上表彰、奖励的（3分）	查阅获奖证书		
		31.学校、师生个人获市、区、县级以上环保相关部门奖励的（2分）			
环境管理（32分）	校园环境（5分）	32.校园清洁优美，无乱丢、乱吐、乱写、乱画现象，校园内可绿化地均能得到绿化，无折枝毁木现象，可绿化面积绿化率达90%以上（5分）	走访学校所在地环保局；检查学校设施设备		
	环境管理（13分）	33.自觉遵守环保法规，无违反环保法行为，参评年限内无环保部门行政处罚的（8分）			

项目指标		评估标准	信息来源	满分100	
				自评分	评估分
污染控制（14分）		34.校园内无对师生和周边居民产生危害的污染（2分）	检查锅炉房、食堂、实验室、净水厂、垃圾场、噪声源等		
		35.对正在使用的老设备及环保设施有计划积极更新改进，以保证设施的平稳运行（3分）			
		36.锅炉房、食堂和三产项目等产生的水、气、声、渣等污染物达标排放（4分）			
		37.危险废物、辐射等污染物管理符合国家规定（4分）			
		38.校园内逐步实行清污分流（3分）			
		39.对污水合理处置，逐步实现循环利用（3分）			
特色加分（15分）		1.学校在评定年限内获市级以上环保先进单位（5分）	查阅获奖证书或下发文件、刊物等		
		2.师生在评定年限内获市级以上环保先进个人（3分）			
		3.师生论文在评定年限内获国家级以上环保奖项或在国家级专业刊物发表（3分）；省级（2分）；市级（2分）			
		4.学生在国家级各类环保活动中获奖（4分）			

注：大连市评选的绿色大学称为"环境友好型大学"，据资料记载大连只有"辽宁对外贸易学院"是绿色大学。